DUMONT's Gartenhandbuch

BLUMENZWIEBELN UND KNOLLEN

THE ROYAL
HORTICULTURAL
SOCIETY

DUMONT's Gartenhandbuch

BLUMENZWIEBELN UND KNOLLEN

DUMONT

EIN DORLING KINDERSLEY BUCH

Die Deutsche Bibliothek – CIP-Einheitsaufnahme

Blumenzwiebeln und Knollen : mit mehr als 500 Pflanzen,
gegliedert nach Grösse, Jahreszeit und Farbe /
The Royal Horticultural Society.
[Aus dem Engl. von Susanne Vogel]. – Köln :
DuMont, 1998
(DuMont's Gartenhandbuch)
Einheitssacht.: Bulbs <dt.>
ISBN 3-7701-4336-1

Originaltitel: RHS Plant Guides, Bulbs

Aus dem Englischen von Susanne Vogel
Redaktion der deutschen Ausgabe:
Werkstatt Gillhofer, München
Satz: Anja Dengler / Werkstatt Gillhofer

Printed and bound by Star Standard Industries, Singapore
ISBN 3-7701-4336-1

Inhalt

Klein

Mitarbeiter

Rod Leeds
Fachliche Beratung

Ronald Hedge
Dahlien

Linden Hawthorne
Text

Hinweise zur Benutzung dieses Buchs

Dieses Buch ist das ideale Nachschlagewerk für die Auswahl und Bestimmung von Blumenzwiebeln und Knollen für den Garten.

Im Kapitel **Blumenzwiebeln und Knollen im Garten** erfährt man, welche Pflanzen sich für bestimmte Standorte oder Verwendungszwecke am besten eignen, zum Beispiel als Rabattenpflanzen, zur Kübelkultur oder auch als Solitärgewächse.

Wer eine Pflanze bestimmen möchte oder für seinen Garten sucht, findet im **Verzeichnis der Blumenzwiebeln und Knollen** einen umfassenden Katalog mit Fotografien, die durch prägnante Beschreibungen und wertvolle Hinweise zu Standort und Vermehrung ergänzt werden. Dabei sind die Pflanzen nach ihrer Höhe und der Jahreszeit, in der sie am interessantesten sind, sowie innerhalb dieser einzelnen Kapitel nach Farben geordnet (siehe untenstehende Farbpalette).

Eingehende Informationen über Kultur, Pflege und Vermehrung enthält das Kapitel **Die Pflege von Blumenzwiebeln und Knollen**.

Im anschließenden Glossar werden wesentliche Fachbegriffe erklärt. Ein detailliertes Register mit allen im Buch verwendeten botanischen und deutschen Namen sowie einer Kurzbeschreibung der jeweiligen Gattung erleichtert das Auffinden.

Die Farbpalette

Alle Pflanzen in diesem Buch sind innerhalb der einzelnen Kapitel nach der Farbe ihres wesentlichen Merkmals geordnet. Dabei wird stets die in der folgenden Farbpalette vorgegebene Reihenfolge von Weiß über Rot und Blau bis zu Gelb und Orange eingehalten.

Pflanzenhöhe

Die im Verzeichnis vorgestellten Pflanzen sind nach ihrer durchschnittlichen Höhe gruppiert. Diese kann allerdings je nach Standort, Wuchsbedingungen, Klima und Alter der Gewächse variieren.

Die Kategorien:
Gross über 60 cm
Mittelgross 25–60 cm
Klein bis 25 cm

Symbole

Im **Verzeichnis der Blumenzwiebeln und Knollen** sind die bevorzugten Standortbedingungen und Temperaturen jeder Pflanze durch Symbole angegeben. Zusätzlich sollten jedoch die tatsächlichen Boden- und Klimaverhältnisse berücksichtigt werden, da sie ebenfalls das Wachstum beeinflussen.

🏆 Mit diesem Symbol werden Pflanzen von außergewöhnlicher Qualität und Verläßlichkeit gekennzeichnet. Sie sind sehr robust und widerstandsfähig gegen Schädlingsbefall oder Krankheiten. Überdies kommen sie ohne spezielle Pflege aus.

- Bevorzugt Sonne
- Bevorzugt Halbschatten
- Verträgt Schatten
- Bevorzugt gut durchlässige Böden
- Bevorzugt feuchte Böden
- Bevorzugt nasse Böden
- pH Braucht sauren Boden

- ❄ Frostempfindlich – verträgt Temperaturen bis 0 °C
- ❄❄ Halbwinterhart – verträgt Temperaturen bis -5 °C
- ❄❄❄ Vollständig winterhart

- Empfohlene Pflanztiefe
- Zwiebelspitze auf Bodenniveau
- Zwiebelhals auf Bodenniveau

SYSTEMATIK DER PFLANZENBESCHREIBUNGEN

GRUNDSÄTZLICHE ZUORDNUNG
Das Verzeichnis ist nach der durchschnittlichen Höhe der Pflanzen und der Jahreszeit geordnet, in der sie am interessantesten sind.

Die Familie

Deutscher Name

Botanischer Name

PFLANZENPORTRÄTS
Das Farbfoto zeigt das charakteristischste Merkmal der jeweiligen Pflanzen. Diese sind innerhalb der Kapitel nach ihrer Farbe geordnet (siehe Farbpalette auf der vorhergehenden Seite).

EINTRÄGE
Hier werden Wuchs, Blüten, Früchte und Blätter der Pflanzen beschrieben. Es folgen Informationen über Herkunft, Kultur und Vermehrung sowie gegebenenfalls weitere botanische Namen.

SONDERKAPITEL
Für Gärtner besonders interessante Pflanzengruppen oder -gattungen sind in separaten Sonderkapiteln zusammengefaßt. Ein kurzer Einführungstext enthält die wichtigsten Informationen über Aussehen, Verwendung, Kultur und Vermehrung.

GROSS/Sommer • 35

Alliaceae/Liliaceae | RIESENLAUCH

ALLIUM GIGANTEUM
Wuchs Robust; Zwiebel, mehrjährig. ***Blüten*** Violettblau oder weiß; klein, sternförmig, zu 50 und mehr in dichten, kugeligen Dolden von 10–15 cm Größe. April–Mai. ***Blätter*** Grundständig, halbaufrecht und riemenförmig, ziehen mit der Blüte ein; graugrün.
• HERKUNFT Zentralasien, Gebirgsausläufer.
• KULTUR In Staudenrabatten in nährstoffreichem, gut drainiertem Boden ziehen. Ideale Trockenblume.
• VERMEHRUNG Samen nach der Reife bzw. im Frühjahr aussäen oder in der Vegetationsruhe im Spätsommer Nebenzwiebeln abnehmen.

HÖHE 1,5–2 m
BREITE 30–35 cm
8–10 cm

Alliaceae/Liliaceae

DICHELOSTEMMA CONGESTUM
Wuchs Aufrecht; Zwiebelknolle, mehrjährig. ***Blüten*** Fliederblau; klein, röhrenförmig, in dichten, 5 cm breiten Büscheln an kahlen Stielen. Blütezeit Juni–Juli. ***Blätter*** Lang und grasartig; mittelgrün.
• HERKUNFT Westen Nordamerikas, Grasland.
• KULTUR An einen gut drainierten, warmen und geschützten Standort pflanzen. Im Sommer vor starker Nässe schützen.
• VERMEHRUNG Aussaat nach der Reife bzw. im Frühjahr. Im Spätsommer Brutknollen abtrennen.
• WEITERER NAME *Brodiaea congesta.*

HÖHE 40–90 cm
BREITE 5–10 cm
10 cm

Alliaceae/Liliaceae | IRANLAUCH

ALLIUM AFLATUNENSE
Wuchs Kräftig; Zwiebel, mehrjährig. ***Blüten*** Violett; kleine Sternblüten, in Kugeldolden von 10 cm Größe. Mai–Juni. ***Blätter*** Grundständig, halbaufrecht, riemenförmig, ziehen mit der Blüte ein; graugrün.
• HERKUNFT Zentralasien, Gebirgsausläufer.
• KULTUR In Staudenrabatten mit nährstoffreichem, durchlässigem Boden ziehen. Ideal als Trockenblume.
• VERMEHRUNG Durch Samen nach der Reife oder im Frühjahr bzw. Nebenzwiebeln in der Ruheperiode im Spätsommer. Auch Selbstaussaat.
• WEITERER NAME *A. hollandicum.*

HÖHE Bis 75 cm
BREITE 15–20 cm
8–10 cm

Iridaceae

ARISTEA MAJOR
Wuchs Horstbildend; Rhizom, mehrjährig.
Blüten Purpurblau; klein, tellerförmig, in lockeren Ähren. Den Sommer hindurch in Folge blühend.
Blätter Immergrün, schwertförmig; mittelgrün.
• HERKUNFT Südafrika, Kapland.
• KULTUR Verlangt gute Drainage, Wärme und Schutz. Übersteht mitunter leichte Fröste, sollte aber im Kalthaus stehen. Im Winter sparsam gießen. Beim Umtopfen Wurzeln nicht verletzen.
• VERMEHRUNG Aussaat bei Reife oder im Frühjahr.
• WEITERER NAME *A. thyrsiflora.*

HÖHE Bis 1 m
BREITE 45–60 cm
2–3 cm

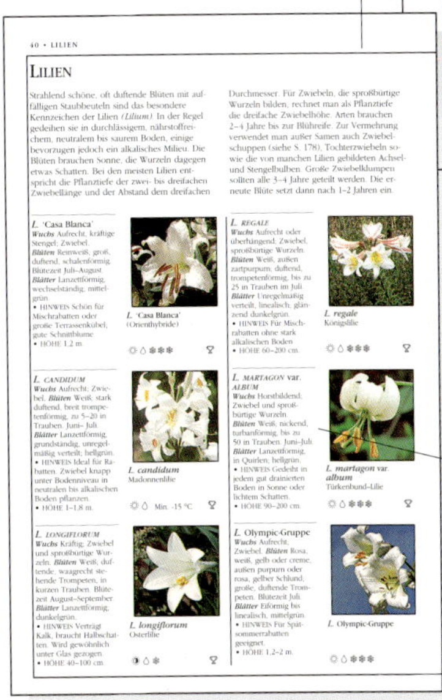

40 • LILIEN

LILIEN

Strahlend schöne, oft duftende Blüten mit auffälligen Staubbeuteln sind das besondere Kennzeichen der Lilien *(Lilium).* In der Regel gedeihen sie in durchlässigem, nährstoffreichem, neutralem bis saurem Boden, einige bevorzugen jedoch ein alkalisches Milieu. Die Blüten brauchen Sonne, die Wurzeln dagegen etwas Schatten. Bei den meisten Lilien entspricht die Pflanztiefe der zwei- bis dreifachen Zwiebellänge und der Abstand dem dreifachen Durchmesser. Für Zwiebeln, die sproßbürtige Wurzeln bilden, rechnet man als Pflanztiefe die dreifache Zwiebelhöhe. Arten brauchen 2–4 Jahre bis zur Blühreife. Zur Vermehrung verwendet man außer Samen auch Zwiebelschuppen (siehe S. 178), Tochterzwiebeln sowie die von manchen Lilien gebildeten Achsel- und Stengelbulben. Große Zwiebelklumpen sollten alle 3–4 Jahre geteilt werden. Die erneute Blüte setzt dann nach 1–2 Jahren ein.

L. 'Casa Blanca'
Wuchs Aufrecht, kräftige Stengel; Zwiebel. ***Blüten*** Reinweiß, groß, duftend, schalenförmig. Blütezeit Juli–August. ***Blätter*** Lanzettförmig, wechselständig; mittelgrün.
• HINWEIS Schön für Mischrabatten oder große Terrassenkübel; gute Schnittblume.
• HÖHE 1,2 m.
L. 'Casa Blanca' (Orienthybride)

L. REGALE
Wuchs Aufrecht oder überhängend; Zwiebel, sproßbürtige Wurzeln. ***Blüten*** Weiß, außen zartpurpurn, duftend, trompetenförmig, bis zu 25 in Trauben im Juli. ***Blätter*** Unregelmäßig verteilt, linealisch; glänzend dunkelgrün.
• HINWEIS Für Mischrabatten ohne stark alkalischen Boden.
• HÖHE 60–200 cm.
L. regale Königslilie

L. CANDIDUM
Wuchs Aufrecht; Zwiebel. ***Blüten*** Weiß; stark duftend, breit trompetenförmig, zu 5–20 in Trauben. Juni–Juli. ***Blätter*** Lanzettförmig, grundständig, unregelmäßig verteilt; hellgrün.
• HINWEIS Ideal für Rabatten. Zwiebel knapp unter Bodenniveau in neutralen bis alkalischen Boden pflanzen.
• HÖHE 1–1,8 m.
L. candidum Madonnenlilie
Min. -15 °C

L. MARTAGON var. *ALBUM*
Wuchs Horstbildend; Zwiebel und sproßbürtige Wurzeln. ***Blüten*** Weiß, nickend, turbanförmig, bis zu 50 in Trauben. Juni–Juli. ***Blätter*** Lanzettförmig, in Quirlen; hellgrün.
• HINWEIS Gedeiht in jedem gut drainierten Boden in Sonne oder lichtem Schatten.
• HÖHE 90–200 cm.
L. martagon* var. *album Türkenbund-Lilie

L. LONGIFLORUM
Wuchs Kräftig; Zwiebel und sproßbürtige Wurzeln. ***Blüten*** Weiß; duftende, waagrecht stehende Trompeten, in kurzen Trauben. Blütezeit August–September. ***Blätter*** Lanzettförmig; dunkelgrün.
• HINWEIS Verträgt Kalk, braucht Halbschatten. Wird gewöhnlich unter Glas gezogen.
• HÖHE 40–100 cm.
L. longiflorum Osterlilie

L. Olympic-Gruppe
Wuchs Aufrecht; Zwiebel. ***Blüten*** Rosa, weiß, gelb oder creme, außen purpurn oder rosa, gelber Schlund, große, duftende Trompeten. Blütezeit Juli. ***Blätter*** Eiförmig bis linealisch, mittelgrün.
• HINWEIS Für Spätsommerrabatten geeignet.
• HÖHE 1,2–2 m.
L. Olympic-Gruppe

SYMBOLE
Sie geben Hinweise auf bevorzugte Lichtverhältnisse, Bodenfeuchtigkeit sowie die Winterhärte (siehe Symbole auf der vorhergehenden Seite). Bei manchen kälteempfindlichen Pflanzen werden die Mindesttemperaturen angegeben.

MASSE
Hier sind die durchschnittliche Höhe und Breite angegeben. Allerdings kann der Wuchs einer Pflanze je nach Standort, Bodenbedingungen, Klima und Alter variieren.

EINTRÄGE IN DEN SONDERKAPITELN
Wie das Hauptverzeichnis enthalten auch die Sonderkapitel kurze Beschreibungen der Pflanzen mit nützlichen Hinweisen zu Standort und Vermehrung, sofern darauf nicht bereits in der allgemeinen Einführung eingegangen wurde.

Blumenzwiebeln und Knollen im Garten

Blumenzwiebeln und Knollen bringen einen überraschenden Farben- und Formenreichtum und oft auch schöne Düfte in den Garten. Nach der Blüte ziehen die meisten von ihnen ein, um in eine Ruheperiode zu treten. Bei sorgfältiger Planung läßt sich diese charakteristische Eigenschaft geschickt nutzen, um eine Anlage vielfältiger oder interessanter zu gestalten. Das Gros der Zwiebel- und Knollengewächse blüht vom Frühjahr bis zum Frühsommer, noch bevor viele Sträucher und Stauden ihren Höhepunkt erreichen. Sommerblühende Zwiebeln wie manche Lauchgewächse *(Allium)* oder die Riesenhyazinthe *(Galtonia candicans)* eignen sich besonders für Misch- und Staudenrabatten, wo sie von Fall zu Fall das Bild entscheidend prägen oder auch feine Kontraste erzeugen.

Die Herbst- und Winterblüher unter ihnen erfüllen den Garten mit ihren reizvollen Farben und Formen in einer Zeit, in der viele Pflanzen welken oder schon in den Winterschlaf gefallen sind. Eine ganze Reihe von Blumenzwiebeln und Knollen gedeiht auch in Gefäßen und liefert so einen attraktiven Blumenschmuck für das Haus, den Wintergarten oder die Terrasse.

Die idealen Bedingungen

Mit Ausnahme der auf Feuchtwiesen und in Wäldern heimischen Arten entwickeln sich Blumenzwiebeln und Knollen am besten an einem sonnigen Platz mit gut durchlässigem Boden. Auf Wärme und gute Drainage sind vor allem sonnenliebende Arten wie *Nerine bowdenii*, die äußerst dekorative *Crinum x powellii* und die Belladonnalilie *(Amaryllis bella-donna)* angewiesen. Wo sie nicht ausreichend winterhart sind, pflanzt man sie am besten an einer warmen Mauer und möglichst im Schutz

Zwiebeln in Mischrabatten
Während die Blütendolden des Kugellauchs Allium sphaerocephalon *wegen ihrer Form ins Auge fallen, dient ihr dunkles Purpurrot in der in Rosatönen gehaltenen Rabatte als verbindendes Element.*

einer Dachtraufe, die starken Regen abhält. Unter optimalen Bedingungen zeigen diese Zwiebelpflanzen ihre herrlichen Blüten bis in den Herbst, wenn die Zeit der goldgelben *Sternbergia lutea* und der farbenfrohen, herbstblühenden Krokusse und Zeitlosen *(Colchicum)* anbricht.

Misch- und Staudenrabatten

Blumenzwiebeln und Knollen haben sich als Ergänzung der oft nur kurz blühenden Stauden und Sträucher schon vielfach bewährt, vor allem in kleinen Gärten, wo Lükken besonders ins Auge fallen. Geschickt eingesetzt, entfalten sie ein prächtiges Farbenspiel, dienen als verbindendes Element innerhalb eines Farbthemas und erfüllen den Garten beinahe ganzjährig mit Leben. Mischrabatten mit Stauden, Einjährigen, Zweijährigen und Sträuchern sind hervorragend für phantasievolle Pflanzenensembles geeignet, mit denen sich ein dauerhafter Blickfang schaffen läßt.

Noch bevor Sträucher und Stauden im Frühjahr austreiben, bilden Schneeglöckchen *(Galanthus)*, Winterling *(Eranthis)* oder Strahlenanemone *(Anemone blanda)* auf der Erde dichte Blütenfelder in Weiß sowie Rosa- und Blautönen. Teppiche aus frühblühenden niedrigen *Narcissus*-Hybriden, kleinen Netziris *(Iris reticulata)*, strahlendblauem Schneeglanz *(Chionodoxa)* und Blaustern *(Scilla)* setzen einen Kontrapunkt zum Gelb früher Sträucher wie Forsythie, Scheinhasel *(Corylopsis)* und Zaubernuß *(Hamamelis)*.

Während der Frühling richtig Einzug hält, wird das zarte Grün der Stauden durch Frühlings- und Frühsommerzwiebeln wirkungsvoll unterstrichen. *Tulipa* 'Apricot Beauty', abgelöst von weiteren Sorten bis hin zur spätblühenden *T.* 'Greuze', das Spanische Hasenglöckchen *(Hyacinthoides hispanica)* und Fritillarien liefern bis in den Frühsommer ein farbenfrohes oder auch fein nuanciertes Schauspiel.

Formale Pflanzungen

Mit ihren emporstrebenden, skulpturhaften Formen sind Hyazinthen und Tulpen aus Frühlingsbeeten nicht wegzudenken. Einzeln oder in Gruppen, auch in Gesellschaft

Ein farbenprächtiges Schauspiel
Mit ihren klaren Formen und Farben sind Tulpen ideal für flächige Pflanzungen. Ordentlich gruppiert, erzeugen sie den Eindruck strenger Eleganz.

mit niedrigeren, eher breitwachsenden Pflanzen wie Stiefmütterchen *(Viola)*, Vergißmeinnicht *(Myosotis)* oder stark duftendem Schöterich *(Erysimum)* bringen sie Farbe ins Bild. Generell eignen sich die farbenfrohen Blüten von Zwiebelhybriden am besten für formale Beete. Allerdings machen sich manche anmutigen und leuchtkräftigen Arten, etwa *Muscari aucheri* oder die Breitblättrige Traubenhyazinthe *(M. latifolium)*, auch hübsch als Einfassung weniger strenger Arrangements.

Die vornehme Erscheinung einiger im Sommer oder Spätsommer blühender Blumenzwiebeln und Knollen, etwa Dahlien und die meisten Gladiolen, bietet sich für formale Pflanzungen geradezu an. Doch passen manche Zwiebeln genauso in ein eher zwangloses Gartenambiente. So bestechen viele Lilienzüchtungen in Terrassenkübeln durch elegante Strenge, präsentieren sich aber ebenso attraktiv in einer natür-

Fröhliche Akzente
In lockerer Anordnung wachsen schlanke Tulpen in einer Mischrabatte und beleben sie mit bunten Farbtupfern. Daß sie sich in naturnahe Pflanzungen ebenso einfügen wie in formale Arrangements, wird hier anschaulich deutlich.

lichen Zusammenstellung mit Stauden und Strauchrosen.

Die zarteren Blüten und Formen von Wildarten fügen sich schön in naturnahe Rabatten und Landhausgärten. Wenn sie inmitten von Bodendeckern wachsen oder zwischen dem frischen, dichten Laub von Stauden emporsprießen, lenken sie mit ihren Farben und Formen unweigerlich die Blicke auf sich.

Im Hochsommer wetteifern Zwiebelpflanzen wie Blaulauch *(Allium caeruleum)* und Iranlauch *(A. hollandicum)* mit ihren aparten, purpurn schimmernden Kugeldolden oder auch die äußerst eleganten, sonnenliebenden Lilien mit den vollerblühten Stauden um die Gunst des Betrachters. Die hohen Blütentrauben der Riesenhya-zinthe oder – in wärmeren Lagen – der Schopflilie *(Eucomis)* verleihen einem Arrangement Struktur, und das glühende Rot von *Crocosmia*-Sorten wie 'Bressingham Blaze' und 'Lucifer' steigert die Wirkung »feuriger« Kompositionen. In gemischten Pflanzungen legt man die Zwiebeln in größeren, aber lockeren Gruppen, so daß die Lücken, die nach der Blüte und Laubwelke bleiben, von den benachbarten Stauden und Sträuchern geschlossen werden.

Natürlicher Zauber

An einem geeigneten Platz sich selbst überlassen, bilden viele Blumenzwiebeln und Knollen durch Selbstaussaat oder vegetative Vermehrung rasch ganze Inseln. Dies erweist sich in Gartenbereichen als nützlich, die für höhere Blütenpflanzen ungeeignet sind. Um ein ungekünsteltes Bild zu schaffen, legt man die Blumenzwiebeln und Knollen in größeren, unregelmäßigen Gruppen. Bevorzugt sollte man Wildarten verwenden, denn diese besitzen in der Regel zartere Blütenformen und -farben als die Züchtungen, von Krokussen und den kleineren *Narcissus*-Sorten einmal abgesehen. Überdies passen sie mit ihrer Größe und Erscheinung oft besser in eine natürliche Szenerie.

Zarter Flor unter Bäumen

Viele Zwiebeln gedeihen unter sommergrünen Bäumen und Sträuchern, wo sich größere Blütenpflanzen nur schwer oder überhaupt nicht ansiedeln lassen. Im Vorfrühling und Herbst blühende Zwiebelgewächse kommen dort indes meist gut zurecht, vor allem solche, die im Sommer eine Ruhephase mit Trockenheit brauchen. In dieser Zeit profitieren sie vom Schutz des Blätterdaches, das übermäßigen Regen abhält. Im Frühjahr dagegen, ihrer aktiven Wachstumsperiode, erhalten sie unter den noch unbelaubten Gehölzen die nötige Besonnung und Feuchtigkeit. Einige in Wäldern heimische Zwiebelpflanzen wie das Schneeglöckchen *(Galanthus)* und das Gemeine Hasenglöckchen *(Hyacinthoides non-scripta)* bevorzugen während der Vegetationsruhe einen kühlen, schattigen und leicht feuchten Platz. In einem Boden, der das Wasser gut hält und mit Laubkompost angereichert wurde, entwickeln sie in Gehölzpartien malerische Horste.

Herbstliches Idyll
Im lichten Schatten einer Birke breitet sich Colchicum byzantinum *ungehindert aus und entfaltet im Herbst anmutige Blüten.*

Der Zauber des Waldes
Wenn der übrige Garten noch weitgehend im Winterschlaf liegt, stellen Krokusse und Cyclamen coum *unter kahlen Gehölzen ihre reizenden Blüten zur Schau.*

Frühlingserwachen
Verwilderte Krokusse bieten einen geradezu atemberaubenden Anblick, wenn sie sich, nach Farben getrennt, über größere und unregelmäßig verlaufende Flächen ausbreiten dürfen. Das Weiß der Schneeglöckchen setzt inmitten der leuchtenden Farbtöne einen effektvollen Kontrapunkt.

Blühende Rasenflächen

Im Frühjahr oder Herbst können Zwiebelgewächse grasbewachsene Böschungen, Rasenflächen und Wiesen in ein schillerndes Blütenmeer verwandeln. Um solche Bestände zu erhalten, die von Jahr zu Jahr üppiger werden, sind nur zwei Grundregeln zu beachten. Erstens muß die Größe und Wuchskraft der Zwiebeln der Stärke des Grases entsprechen, und zweitens darf nicht zu jeder Zeit gemäht werden. Die Pflanzen müssen wachsen, blühen, Samen bilden und natürlich welken, bevor sie geschnitten werden. Die volle Entwicklung der Blätter ist unerläßlich, damit die Zwiebel Nährstoffe speichern und somit im Folgejahr erneut Blüten hervorbringen kann. Bei frühblühenden Zwiebeln erfolgt der erste Schnitt ab der Frühjahrsmitte, bei Sommerblühern, die zum Beispiel auf einer Wiese zwischen höheren Gräsern wachsen, wird erstmals zwischen Hoch- und Spätsommer gemäht. Meist vor dem Ende der Mähsaison setzt bei herbstblühenden Zwiebeln das Wachstum ein, weshalb man das Gras ab Spätsommer nicht mehr schneidet. Man beginnt damit erst wieder nach dem Einziehen des Laubes, also mitunter nicht vor dem nächsten Frühjahr.

Derberes Gras verlangt größere Zwiebeln, etwa die robusten *Narcissus*-Arten und -Hybriden oder auch die widerstandsfähigen Holländischen Krokusse *(Crocus vernus)*. In feinerem oder lichtem Gras unter Bäumen oder Sträuchern gedeihen einige der kleineren Zwiebeln wie Elfenkrokusse *(C. tommasinianus)*, die stärkeren Abkömmlinge von *C. sieberi* und *C. chrysanthus* sowie die wuchsfreudigen, herbstblühenden Zeitlosen. Hier fühlen sich auch die Alpenveilchen-Narzisse *(Narcissus cyclamineus)* und *N. minor* wohl, die mit den Wurzeln derberer Gräser nicht konkurrieren können.

Zwiebeln in Pflanzgefäßen

Die Kultur in Pflanzgefäßen bietet verschiedene Vorteile. Dekorative Töpfe, Blumenkästen oder andere Behältnisse eröffnen zusätzliche gestalterische Dimensionen. Zwiebeln in Pflanzgefäßen können als besonderer Blickfang eingesetzt werden oder auch, nach Wuchshöhe und Form gruppiert, Terrassen und Innenhöfe mit ihrer Blütenfülle beleben. Eine Reihe von Zwiebelgewächsen wie Lilien und *Crinum x powellii* verströmen einen betörenden Duft, der besonders zur Geltung kommt, wenn man die Pflanzen zu mehreren beim Hauseingang oder an einem Fenster plaziert. Sorgfältig ausgewählt, erfreuen Zwiebeln in Töpfen vom Spätwinter bis in den Herbst das Auge mit ihrer Farbenpracht. Nach der Blüte kann man sie aufnehmen und einlagern oder auch in den Garten setzen. Die Größe und Wuchskraft der Zwiebeln und die Abmessungen des Pflanzgefäßes müssen aufeinander abgestimmt werden. Kleinere Arten und Sorten eignen sich für Fensterkästen. Dabei läßt sich der vorhandene Platz optimal nutzen, indem man die Zwiebeln unter andere Pflanzen legt. Die meisten großen Lilien wie auch Hakenlilien *(Crinum)* brauchen relativ weite und tiefe Pflanzgefäße, damit ihre hoch aufragenden Blütenstiele kein Übergewicht bekommen – ob tatsächlich oder auch nur optisch.

Die Unterglaskultur

Im Alpinenhaus, Gewächshaus oder Zwiebelkasten kann man die Bedürfnisse der einzelnen Pflanzen hinsichtlich Bodenart, Licht, Wärme und Feuchtigkeit optimal berücksichtigen. Dies ist besonders für Liebhaber seltener Arten von Interesse. Außerdem lassen sich so in Gegenden mit nassen Sommern ohne weiteres Pflanzen kultivieren, die während der Vegetationsruhe Trockenheit verlangen. Ebenso gedeihen auf diese Weise in kühlen oder gar kalten Regionen Blumenzwiebeln und Knollen, die dort im Freien nicht überleben würden. Manche von ihnen, etwa *Watsonia* und Hakenlilien *(Crinum)*, können während der Blüte nach draußen gestellt und später wieder hereingeholt werden, um sie in ihrer Ruhephase vor Nässe, Kälte und Frost zu bewahren. Andere, zum Beispiel *Veltheimia* und *Nerine*, bringt man gern zur Blütezeit ins Haus, um sich ihren zauberhaften Anblick nicht entgehen zu lassen.

Das Alpinenhaus und der Zwiebelkasten sind ideal für kleinere Zwiebelgewächse, die zwar halb- oder sogar völlig winterhart sind, während des Wachstums aber nicht übermäßig gegossen werden dürfen und in der sommerlichen oder winterlichen Ruhezeit Regenschutz benötigen. In einem Zwiebelkasten stehen die Töpfe eingesenkt unter einem abnehmbaren Fenster. Dieses hält während der Ruhephase Niederschläge ab, erlaubt zugleich aber eine optimale Besonnung und Belüftung.

Zwiebeln in Topfkultur
Die Trichterblüten der Königslilie Lilium regale *bilden die Hauptattraktion in diesem Arrangement. Weiße Pelargonien und die warmen Terrakottatöne sorgen für einen gefälligen Kontrast.*

Pflanzvorschläge für Blumenzwiebeln und Knollen

Für exponierte oder windige Standorte
Amaryllis bella-donna
Anemone
Canna 'Assault'
Chionodoxa
Colchicum
Crocus
Cyclamen (einige Arten)
Fritillaria (niedrige Arten)
Galanthus
Iris-reticulata-Sorten
Muscari (einige Arten)
Narcissus (niedrige Arten und Sorten)
Ornithogalum (einige Arten)
Scilla (einige Arten)
Triteleia
Tulipa (niedrige Arten)

Für geschützte Standorte, z. B. an einer Mauer
Amaryllis bella-donna
Eucomis
Fritillaria persica
Ixia
Nerine bowdenii
Rhodophiala advenum
Scilla peruviana
Sparaxis
Sternbergia lutea
Watsonia
Zephyranthes candida

Für feuchten Schatten
Anemone blanda
Arisaema (die meisten Arten)
Arum italicum
Cardiocrinum giganteum
Eranthis
Erythronium
Fritillaria camschatcensis
Fritillaria cirrhosa
Galanthus
Leucojum aestivum
Leucojum vernum
Narcissus cyclamineus
Narcissus triandrus
Nomocharis
Notholirion
Tulipa sylvestris

Für trockenen Schatten
Arum italicum ssp. *italicum* 'Marmoratum'
Cyclamen coum ssp. *coum*
Cyclamen hederifolium
Galanthus-nivalis-Sorten
Hyacinthoides non-scripta

Als Schnittblumen
Allium (einige Arten)
Amaryllis bella-donna
Camassia
Crocosmia
Freesia
Galtonia
Gladiolus (einige Arten)
Ixia
Lilium
Narcissus
Ornithogalum
Ranunculus asiaticus
Sparaxis
Tulipa

Als Strukturelement
Allium christophii
Allium giganteum
Canna
Cardiocrinum giganteum
Crinum x *powellii*
Fritillaria imperialis
Lilium (die meisten Arten und Sorten)

Für den Steingarten
Albuca humilis
Allium (niedrige Arten)
Bellevalia hyacinthoides
Bulbocodium vernum
Colchicum (kleine Arten)
Crocus
Cyclamen (winterharte Arten)
Fritillaria (viele Arten)
Galanthus
Ipheion
Iris (niedrige Arten und Sorten)
Merendera
Muscari
Narcissus (niedrige Arten)
Puschkinia
Rhodohypoxis
Scilla (einige Arten)
Sternbergia lutea
Tulipa (niedrige Arten)
Zigadenus

Für das Alpinenhaus
Albuca humilis
Babiana
Bellevalia
Biarum
Bulbocodium vernum
Calochortus
Colchicum (kleine Arten)
Crocus
Cyclamen (einige Arten)
Fritillaria (die meisten Arten)
Iris (niedrige Arten)
Leucocoryne
Leucojum
Merendera
Narcissus (niedrige Arten)
Rhodohypoxis
Scilla
Sternbergia
Tecophilaea

VERZEICHNIS DER

BLUMENZWIEBELN UND KNOLLEN

Amaryllidaceae/ Liliaceae	SOMMER-KNOTENBLUME, SOMMERTÜRCHEN

Leucojum aestivum 'Gravetye Giant'

Wuchs Robust, reichblühend; Zwiebel, mehrjährig. ***Blüten*** Weiß, mit grünen Zipfeln; nickende Glocken, jeweils zu 2–7 an langen, blattlosen Stielen. Blütezeit Mai–Juni. ***Blätter*** Grundständig, lang und riemenförmig, halbaufrecht; sattgrün.

- HERKUNFT Züchtung.
- KULTUR In feuchtem, schwerem, nährstoffreichem, sogar sumpfigem Grund. Verträgt in feuchtem Boden auch Sonne. Zum Verwildern geeignet.
- VERMEHRUNG Im Herbst oder Frühjahr teilen.

HÖHE
70 –100 cm

BREITE
10 – 15 cm

3 – 5 cm

Amaryllidaceae/ Liliaceae	HAKENLILIEN-HYBRIDE

Crinum x powellii 'Album'

Wuchs Kräftig; Zwiebel, mehrjährig. ***Blüten*** Weiß; große, duftende Trichter, in Dolden an blattlosen Stengeln. Blütezeit Juli–August. ***Blätter*** Lang und riemenförmig, halbaufrecht; frischgrün.

- HERKUNFT Züchtung.
- KULTUR Bei kühlem Klima in geschützter Lage vor einer sonnigen Mauer pflanzen. Verlangt nährstoffreichen, feuchten, aber durchlässigen Humusboden. Zwiebel im Winter reichlich trocken mulchen.
- VERMEHRUNG Im Frühjahr oder Frühsommer Brutzwiebeln abnehmen.

HÖHE
Bis 1 m

BREITE
60 cm

Spitze auf Bodenniveau

Hyacinthaceae/ Liliaceae	RIESENHYAZINTHE

Galtonia candicans

Wuchs Robust, aufrecht; Zwiebel. ***Blüten*** Weiß; duftende, überhängende Glocken mit kurzer Röhre, in schlanken Trauben. Blütezeit Juli–September. ***Blätter*** Fleischig, lang und schmal lanzettförmig, halbaufrecht; graugrün.

- HERKUNFT Südafrika, feuchtes Grasland.
- KULTUR Ideal für geschützte, sonnige Staudenrabatten. Braucht nährstoffreichen und feuchten, aber gut drainierten Boden.
- VERMEHRUNG Durch Aussaat im Frühjahr oder Nebenzwiebeln im Herbst oder Frühjahr.

HÖHE
1–1,2 m

BREITE
20 – 25 cm

12 cm

Araceae	ZIMMERKALLA

Zantedeschia aethiopica 'Crowborough'

Wuchs Wurzelknolle, mehrjährig. ***Blüten*** Weiß, mit goldgelbem Kolben; trichterförmig eingerollte Blütenscheiden. Juli–August. ***Blätter*** Immergrün, pfeilförmig; dunkelgrün glänzend.

- HERKUNFT Züchtung.
- KULTUR Kann an einem günstigen Standort im Freien stehen, verliert jedoch in kaltem Klima das Laub. Eignet sich als Uferbepflanzung (bis 30 cm vom Wasserrand) und verlangt nährstoffreichen, feuchten, drainierten und humosen Boden.
- VERMEHRUNG Ausläufer und Teilung im Frühjahr.

HÖHE
50 –100 cm

BREITE
30 – 50 cm

10 cm

Hyacinthaceae/
Liliaceae

CAMASSIA LEICHTLINII

Wuchs Büschelig; Zwiebel, mehrjährig. ***Blüten*** Rahmweiß bis bläulichviolett; sternförmig, 5–7 cm breit, in aufrechten Trauben. Mai–Juli. ***Blätter*** Grundständig, lang und schmal linealisch; leuchtendgrün.

- HERKUNFT Westliches Nordamerika, meist an Flüssen und auf Feuchtwiesen.
- KULTUR Verträgt Halbschatten, bevorzugt aber Sonne und liebt nährstoffreichen, feuchten und gut drainierten Boden.
- VERMEHRUNG Durch Aussaat der reifen Samen oder Brutzwiebeln im Spätsommer.

HÖHE
60–130 cm

BREITE
20–30 cm

12 cm

Amaryllidaceae/
Liliaceae

SCHÖNHÄUTCHEN-HYBRIDE

HYMENOCALLIS X MACROSTEPHANA

Wuchs Zwiebel, mehrjährig. ***Blüten*** Grünlichweiß; duftend, von langen Blütenblättern umgebene Schale, 15–20 cm breit. Blütezeit Frühjahr–Sommer. ***Blätter*** Immergrün, grundständig, riemenförmig und halbaufrecht; sattgrün.

- HERKUNFT Züchtung.
- KULTUR Als Substrat Lehm, Laubkompost und grobkörnigen Sand mischen. Während des Wachstums reichlich gießen, im Winter leicht feucht halten.
- VERMEHRUNG Durch Nebenzwiebeln zwischen Frühjahr und Frühsommer.

Min. 7 °C

HÖHE
Bis 80 cm

BREITE
30–45 cm

5–10 cm

Hyacinthaceae/
Liliaceae

EUCOMIS PALLIDIFLORA

Wuchs Kräftig, langsam; Zwiebel. ***Blüten*** Grünlichweiß; kleine Sterne in dichten, von laubartigen Hochblättern gekrönten Trauben. Sommer. ***Blätter*** Grundständig, schwertförmig, Rand gewellt; frischgrün.

- HERKUNFT Südafrika, Grasland.
- KULTUR Der Boden muß nährstoffreich und gut drainiert, aber stets feucht sein. Im Winter mit reichlich trockenem Mulch vor Frost schützen.
- VERMEHRUNG Nebenzwiebeln im Herbst, Aussaat nach der Reife oder im Frühjahr unter Glas.
- WEITERER NAME *E. punctata* var. *concolor.*

HÖHE
Bis 75 cm

BREITE
30–60 cm

12 cm

Hyacinthaceae/Liliaceae	

CAMASSIA LEICHTLINII 'Semiplena'

Wuchs Horstbildend; Zwiebel, mehrjährig. ***Blüten*** Rahmweiß; halbgefüllt, sternförmig, 4–8 cm breit, mit zahlreichen schlanken Kronblättern, in dichten, aufrechten Trauben an kahlen Stengeln. Blütezeit April–Mai. ***Blätter*** Grundständig, lang und schmal linealisch; leuchtendgrün.

• HERKUNFT Westen Nordamerikas, von Britisch-Kolumbien bis Kalifornien, gewöhnlich an Flüssen und auf Feuchtwiesen.

• KULTUR Verträgt Halbschatten, ideal ist jedoch ein sonniger Platz. Der Boden muß nährstoffreich und feucht, aber gut durchlässig und reich an organischem Material sein. Wie die Art eignet sich die Sorte zum Verwildern auf feuchten Wiesen oder freien Lichtungen. Auf kargerem Boden treibt sie zierlichere Blütenstände. Die Sorte 'Semiplena' ist besser für Gärten geeignet als die Art und kommt insbesondere als Blickfang in einer Staudenrabatte gut zur Geltung. Sie liefert dekorative und haltbare Schnittblumen.

• VERMEHRUNG Durch Brutzwiebeln im Spätsommer.

☼ ◐
❄❄❄

HÖHE
1–1,5 m

BREITE
20–30 cm

12 cm

Araceae	ZIMMERKALLA

ZANTEDESCHIA AETHIOPICA 'Green Goddess'

Wuchs Wurzelknolle, mehrjährig. ***Blüten*** Blaßgrün, Schlund weiß-grün gesprenkelt; tütenförmig eingerollte Blütenscheiden. Blütezeit Sommer. ***Blätter*** Pfeilförmig, immergrün; dunkelgrün glänzend.
• HERKUNFT Züchtung.
• KULTUR In nährstoffreichen, feuchten, aber gut durchlässigen und humosen Boden pflanzen. Auch als Uferbepflanzung (bis 30 cm vom Wasserrand) geeignet. Verliert im Herbst das Laub.
• VERMEHRUNG Ausläufer oder Teilung im Frühjahr.

HÖHE
40–100 cm

BREITE
45–60 cm

10 cm

Liliaceae	RIESENLILIE

CARDIOCRINUM GIGANTEUM

Wuchs Robust; Zwiebel, mehrjährig. ***Blüten*** Weiß, Schlund purpurbraun überhaucht; duftend, trompetenförmig, 15 cm breit, an kräftigen Schäften. Blütezeit Juli–August. ***Blätter*** Grundständig, breit eiförmig, nach oben hin kleiner werdend; dunkelgrün.
• HERKUNFT Himalaja, feuchte Wälder.
• KULTUR In nährstoffreichem, mit organischem Material verbessertem Boden. Schneckenschutz!
• VERMEHRUNG Brutzwiebeln im Herbst. Aus Samen gezogene Pflanzen blühen nach 7 Jahren.
• WEITERER NAME *Lilium giganteum.*

HÖHE
1,5–4 m

BREITE
75 cm

Spitze auf Bodenniveau

Iridaceae	

IRIS MAGNIFICA

Wuchs Aufrecht; Zwiebel, mehrjährig. ***Blüten*** Blaßlila, Hängeblätter gelb gefleckt; aus den oberen Blattachseln sprießend, 6–8 cm breit. Blütezeit April–Mai. ***Blätter*** Vereinzelt entlang der Stengel, lanzettförmig und gerillt; glänzend mittelgrün.
• HERKUNFT Zentralasien, auf Kalkgestein.
• KULTUR In Hochbeeten oder warmen, sonnigen Rabatten mit tiefgründigem, mäßig nährstoffreichem und stark drainiertem Boden. Im Winter abdecken.
• VERMEHRUNG Nebenzwiebeln im Spätsommer vorsichtig abtrennen, ohne die Wurzeln zu verletzen.

HÖHE
30–60 cm

BREITE
15 cm

5 cm

Hyacinthaceae/ Liliaceae	

EUCOMIS COMOSA

Wuchs Büschelig; Zwiebel, mehrjährig. ***Blüten*** Weiß bis zart grünlich, oft rosa überhaucht; klein, sternförmig, in Trauben, die in einem Schopf aus Hochblättern enden. Juni–Juli. ***Blätter*** Riemenförmig, am Rand gewellt; grün, unterseits purpurn gesprenkelt.
• HERKUNFT Südafrika, Grasland.
• KULTUR Verlangt nährstoffreichen, gut durchlässigen und in der Wachstumsperiode feuchten Boden. Guter Winterschutz wichtig.
• VERMEHRUNG Brutzwiebeln im Herbst, Aussaat nach der Reife oder im Frühjahr unter Glas.

HÖHE
Bis 70 cm

BREITE
30–60 cm

12 cm

Amaryllidaceae/Liliaceae

CRINUM MOOREI

Wuchs Kräftig; Zwiebel, mehrjährig. ***Blüten*** Weiß, oft mit rosa Einschlag oder in Rosatönen; duftende Trichter mit langer Röhre, zu 6–12 in Dolden an blattlosen Stielen. Blütezeit Juli–August.
Blätter Riemenförmig, halbaufrecht; leuchtendgrün.
• HERKUNFT Südafrika, Waldgebiete von Natal.
• KULTUR Im Schutz einer warmen, besonnten Mauer und gut mit trockenem Material abgedeckt, übersteht diese Art kurzfristig Minusgrade. Ansonsten ist sie im Kalthaus oder Wintergarten am besten aufgehoben. In tiefgründigen, nährstoffreichen und feuchten, aber gut drainierten und humosen Boden pflanzen. Unter Glas sollte junges Laub beschattet werden. In der Vegetationszeit reichlich gießen, im Winter hingegen nur geringfügig feucht halten.
• VERMEHRUNG Die kleinen Brutzwiebeln im Frühjahr abtrennen, ohne die fleischigen Wurzeln zu verletzen. Aussaat gleich nach Samenreife oder im Frühjahr; bis zur ersten Blüte vergehen 3–4 Jahre.
• WEITERE NAMEN *C. colensoi* hort., *C. mackenii* hort., *C. makoyanum* hort. und *C. natalense* hort.

HÖHE
50–120 cm

BREITE
45 cm

Hals über Boden-niveau

Liliaceae/Liliaceae	

NOMOCHARIS PARDANTHINA

Wuchs Aufrecht; Zwiebel, mehrjährig. ***Blüten*** Weiß bis blaßrosa, Auge purpurn, karminrot getüpfelt; nickend, flach, schmetterlingsförmig, innere Segmente gefranst, an drahtigen Stielen. Juni–Juli. ***Blätter*** Lanzettförmig, quirlständig; mittelgrün.

- HERKUNFT Westchina, Gebirge.
- KULTUR Blüht am schönsten in kühlen Sommern. Für Torfbeete oder Waldgärten; braucht Windschutz und feuchte, gut drainierte Laubhumusböden.
- VERMEHRUNG Aussaat im Frühjahr.
- WEITERER NAME *N. mairei.*

HÖHE
Bis 1 m

BREITE
10–15 cm

10 cm

Amaryllidaceae/ Liliaceae	HAKENLILIEN-HYBRIDE

CRINUM X POWELLII

Wuchs Robust; mehrjährig. ***Blüten*** Blaß- bis mittelrosa; groß, duftend, breit trichterförmig, bis zu 10 in Dolden an blattlosen Stielen. Blütezeit Juli–August. ***Blätter*** Lang, riemenförmig, halbaufrecht; frischgrün.

- HERKUNFT Züchtung.
- KULTUR Bevorzugt den Schutz einer warmen, sonnigen Mauer und nährstoffreichen, feuchten, aber durchlässigen Boden, angereichert mit organischem Material. Im Winter dick mit Laub abdecken.
- VERMEHRUNG Durch Abtrennen kleiner Brutzwiebeln im Frühjahr.

HÖHE
Bis 1 m

BREITE
60 cm

Spitze auf Bodenniveau

Alliaceae/Liliaceae	

NECTAROSCORDUM SICULUM ssp. *BULGARICUM*

Wuchs Schlank, aufrecht; Zwiebel. ***Blüten*** Weiß, rosa und grün schattiert; nickende Glöckchen in Dolden. Blütezeit Mai. ***Blätter*** Riemenförmig, nach der Blüte einziehend; mittelgrün.

- HERKUNFT Türkei und Bulgarien, Wälder.
- KULTUR In Gehölzen zum Verwildern geeignet, wuchert aber. Entfernen welker Blüten verhindert Selbstaussaat. Liebt feuchte, durchlässige Böden.
- VERMEHRUNG Aussaat im Frühjahr.
- WEITERER NAME *N. dioscoridis.*

HÖHE
Bis 1,2 m

BREITE
30–45 cm

5 cm

GLADIOLEN

Gladiolus-Arten sind ideal für Mischrabatten. Die Sorten werden meist als Schnitt- oder Ausstellungsblumen gezogen. Man legt die Zwiebelknollen im Frühjahr 10–15 cm tief an einem sonnigen, geschützten Platz mit nährstoffreichem, durchlässigem Boden. Ein Bett aus grobem Sand verhindert Staunässe. Für reiche Blüte gibt man alle 10 bis 14 Tage einen konzentrierten Kalidünger, sobald die Ähren ein Drittel ihrer Höhe erreicht haben.

Die Knollen halbwinterharter Gladiolen nimmt man auf, wenn das Laub welkt, und läßt sie trocknen. Von ihnen werden die neuen Knollen abgenommen, mit einem Fungizid behandelt und frostfrei sowie trokken gelagert. Aus Samen gezogene Arten sind nach 2–3 Jahren blühreif; Sorten fallen nicht samenecht aus. Alternativ erfolgt die Vermehrung durch Teilen (siehe S. 180) oder Abtrennen der Brutknöllchen (siehe S. 174).

G. 'Ice Cap'

Wuchs Aufrecht; Zwiebelknolle, mehrjährig.
Blüten Reinweiß; gewellt, 14 cm breit, an jeder der gleichmäßigen Ähren jeweils 10 Blüten gleichzeitig geöffnet. Blütezeit Spätsommer.
Blätter Schmal, schwertförmig; mittelgrün.
- HINWEIS Schnitt- und Gesteckblume.
- HÖHE 1,7 m.
- BREITE 25 cm.

G. 'Ice Cap'

G. TRISTIS

Wuchs Aufrecht; Zwiebelknolle, mehrjährig.
Blüten Blaß rahmgelb; duftend, trichterförmig, 6 cm lang, an drahtigen Stielen. Blütezeit Frühjahr. ***Blätter*** Linealisch, an den Spitzen verdreht; mittelgrün.
- HINWEIS Gedeiht am besten im Kalthaus.
- HÖHE 45–150 cm.
- BREITE 5 cm.

G. tristis

G. 'Bride'

Wuchs Aufrecht; Zwiebelknolle, mehrjährig.
Blüten Weiß mit gelben Streifen; trichterförmig, Ähren schlank. Frühjahr und Frühsommer.
Blätter Schmal, schwertförmig; mittelgrün.
- HINWEIS Gut für Rabatten und Gefäße.
- WEITERER NAME *G. x colvillei* 'Bride'.
- HÖHE 40 cm.
- BREITE 5 cm.

G. 'Bride'

G. 'Dancing Queen'

Wuchs Aufrecht; Zwiebelknolle, mehrjährig.
Blüten Elfenbeinfarben, mit weinrot geflecktem Schlund; seidig, 11–14 cm breit, in gleichmäßigen Ähren. Blütezeit Spätsommer.
Blätter Schmal, schwertförmig; mittelgrün.
- HINWEIS Schön als Schnittblume und für Gestecke.
- HÖHE 1,4 m.
- BREITE 25 cm.

G. 'Dancing Queen'

G. 'Nymph'
Wuchs Aufrecht; Zwiebelknolle, mehrjährig. ***Blüten*** Weiß, mit rahmweißer, rot gerandeter Zeichnung auf den unteren Kronblättern; etwa 5 cm breit, in Ähren. Blütezeit Frühsommer. ***Blätter*** Schmal, schwertförmig; mittelgrün.
• HINWEIS Ideale Schnittblume.
• HÖHE 70 cm.
• BREITE 10 cm.

G. 'Nymph'

G. *CALLIANTHUS*
Wuchs Aufrecht; Zwiebelknolle, mehrjährig. ***Blüten*** Weiß, Schlund purpurrot; duftend, mit langer Röhre. Blütezeit Spätsommer. ***Blätter*** Linealisch; grün.
• HINWEIS Rabatten- und Schnittblume.
• WEITERE NAMEN *Acidanthera bicolor* var. *murielae, A. murielae.*
• HÖHE Bis 1 m.
• BREITE 5 cm.

G. callianthus

G. 'Rose Supreme'
Wuchs Aufrecht; Zwiebelknolle, mehrjährig. ***Blüten*** Mindestens 14 cm breit, in gleichmäßigen Ähren im Spätsommer; rosa, mit dunkleren Streifen und cremefarbenem Schlund. ***Blätter*** Schmal, schwertförmig; mittelgrün.
• HINWEIS Als Vasenschmuck und für Gestecke geeignet.
• HÖHE 1,7 m.
• BREITE 25 cm.

G. 'Rose Supreme'

G. *PURPUREOAURATUS*
Wuchs Aufrecht, horstbildend; Zwiebelknolle, mehrjährig. ***Blüten*** Gelb, purpurn gefleckt; helmförmige Glocken. Spätsommer. ***Blätter*** Schwertförmig; mittelgrün.
• HINWEIS Mit unterirdischen Ausläufern.
• WEITERER NAME *G. papilio.*
• HÖHE Bis 90 cm.
• BREITE 8 cm.

G. purpureoauratus

G. 'Amanda Mahy'
Wuchs Aufrecht; Zwiebelknolle, mehrjährig. ***Blüten*** Lachsrosa, am Saum weiß und violett gefleckt; etwa 5 cm breit, in lockeren, schlanken Ähren. Blütezeit Spätsommer. ***Blätter*** Schmal, schwertförmig; mittelgrün.
• HINWEIS Schnitt- und Ansteckblume.
• HÖHE 50 cm.
• BREITE Bis 10 cm.

G. 'Amanda Mahy'

G. 'Miss America'
Wuchs Aufrecht; Zwiebelknolle, mehrjährig. ***Blüten*** Tiefrosa; stark gewellte Ränder, 9–11 cm breit, in gleichmäßigen Ähren. Blütezeit Spätsommer. ***Blätter*** Schmal, schwertförmig; mittelgrün.
• HINWEIS Ideal für Ausstellungen. Gute Schnittblume.
• HÖHE 1,5 m.
• BREITE 25 cm.

G. 'Miss America'

G. 'Deliverance'

Wuchs Aufrecht; Zwiebelknolle, mehrjährig. ***Blüten*** Orange überhauchtes Lachsrosa; gewellte Ränder, mindestens 14 cm breit, in gleichmäßigen Ähren. Blütezeit Spätsommer. ***Blätter*** Schmal, schwertförmig; mittelgrün.

- HINWEIS Als Schnittblume und für Gestecke geeignet.
- HÖHE 1,7 m.
- BREITE 25 cm.

G. 'Deliverance'

G. 'Inca Queen'

Wuchs Aufrecht; Zwiebelknolle, mehrjährig. ***Blüten*** Tief lachsrosa mit zitronengelbem Schlund; wachsartig und gewellt, bis 14 cm breit, in gleichmäßigen Ähren. Blütezeit Spätsommer. ***Blätter*** Schmal, schwertförmig; mittelgrün.

- HINWEIS Schnitt- und Ausstellungsblume.
- HÖHE 1,5 m.
- BREITE 25 cm.

G. 'Inca Queen'

G. 'Gigi'

Wuchs Aufrecht; Zwiebelknolle, mehrjährig. ***Blüten*** Tiefrosa, mit weißem Schlund; gewellt, 6–9 cm breit, in gleichmäßigen Ähren. Blütezeit Spätsommer. ***Blätter*** Schmal, schwertförmig; mittelgrün.

- HINWEIS Attraktiv in Rabatten und als Schnittblume.
- HÖHE 1 m.
- BREITE 15 cm.

G. 'Gigi'

G. 'Mexicali Rose'

Wuchs Aufrecht; Zwiebelknolle, mehrjährig. ***Blüten*** Tief rosarot, mit silberweißem Rand; gewellt, bis 14 cm breit, in gleichmäßigen Ähren. Blütezeit Spätsommer. ***Blätter*** Schmal, schwertförmig; mittelgrün.

- HINWEIS Vorzüglich als Schnittblume und für Arrangements.
- HÖHE 1,5 m.
- BREITE 30 cm.

G. 'Mexicali Rose'

G. ITALICUS

Wuchs Aufrecht; Zwiebelknolle, mehrjährig. ***Blüten*** Violettrosa, hell gezeichnet; schmal trichterförmig. Blütezeit Frühsommer. ***Blätter*** Schwertförmig; mittelgrün.

- HINWEIS Rabatten- und Schnittblume.
- WEITERER NAME *G. segetum.*
- HÖHE Bis 90 cm.
- BREITE 8 cm.

G. italicus
Saatgladiole

G. COMMUNIS ssp. *BYZANTINUS*

Wuchs Aufrecht; Zwiebelknolle, mehrjährig. ***Blüten*** Magentarot, hell gezeichnet; trichterförmig, in lockeren Ähren im Juni. ***Blätter*** Linealisch; grün.

- HINWEIS Rabatten- und Schnittblume.
- WEITERER NAME *G. byzantinus.*
- HÖHE Bis 1 m.
- BREITE 8 cm.

G. communis* ssp. *byzantinus
Byzantinische Siegwurz

G. 'Drama'

Wuchs Aufrecht; Zwiebelknolle, mehrjährig.
Blüten Tiefrosa, mit rot geflecktem, gelbem Schlund; leicht gewellt, in gleichmäßigen Ähren. Blütezeit Spätsommer.
Blätter Schmal, schwertförmig; mittelgrün.
- HINWEIS Ideale Schnitt- und Ausstellungsgladiole.
- HÖHE 1,7 m.
- BREITE 25 cm.

G. 'Drama'

G. 'Robin'

Wuchs Aufrecht; Zwiebelknolle, mehrjährig.
Blüten Tief purpurrosa; oberes Blütenblatt helmförmig herabgebogen, 3,5–7 cm breit, in mehrseitswendigen, aufgelockerten Ähren. Blütezeit Spätsommer.
Blätter Schmal, schwertförmig; mittelgrün.
- HINWEIS Schöne Schnitt- und Gesteckgladiole.
- HÖHE 1,2 m.
- BREITE 20 cm.

G. 'Robin'

G. 'Pink Lady'

Wuchs Aufrecht; Zwiebelknolle, mehrjährig.
Blüten Tief rosarot, mit weißem Schlund; leicht gewellt, bis zu 14 cm breit, in gleichmäßigen Ähren. Blütezeit Spätsommer. ***Blätter*** Schmal, schwertförmig; mittelgrün.
- HINWEIS Zum Schnitt und für Gestecke.
- HÖHE 1,5 m.
- BREITE 25 cm.

G. 'Pink Lady'

G. CARDINALIS

Wuchs Aufrecht; Zwiebelknolle, mehrjährig.
Blüten Leuchtendrot, mit weißer Zeichnung an den unteren Kronblättern; weite Trichter, 5 cm breit, an gebogenen Schäften. Sommer.
Blätter Schwertförmig; mittelgrün.
- HINWEIS Schön in der Vase und in Rabatten.
- HÖHE Bis 90 cm.
- BREITE 8 cm.

G. cardinalis

G. 'Black Lash'

Wuchs Aufrecht; Zwiebelknolle, mehrjährig.
Blüten Tief rosenrot; Kronblätter zugespitzt, leicht zurückgebogen und gewellt, bis 9 cm breit, ebenmäßige Ähren im September.
Blätter Schmal, schwertförmig; mittelgrün.
- HINWEIS Gute Schnitt- und Gesteckblume.
- HÖHE 1,35 m.
- BREITE 15 cm.

G. 'Black Lash'

G. 'Renegade'

Wuchs Aufrecht; Zwiebelknolle, mehrjährig.
Blüten Samtig dunkelrot; fein gewellt, 11–14 cm breit, an jeder der gleichmäßigen Ähren 7–8 Blüten geöffnet. Spätsommer.
Blätter Schmal, schwertförmig; mittelgrün.
- HINWEIS Eignung für Vasen und Gestecke.
- HÖHE 1,5 m.
- BREITE 25 cm.

G. 'Renegade'

G. 'Rutherford'

Wuchs Aufrecht; Zwiebelknolle, mehrjährig. ***Blüten*** Tiefrot, cremeweiß gefleckt; oberes Blütenblatt helmförmig herabgebogen, 3,5–7 cm breit, in mehrseitswendigen, aufgelockerten Ähren. Blütezeit Spätsommer. ***Blätter*** Schmal, schwertförmig; mittelgrün.

- HINWEIS Exzellent für Vasen und Arrangements.
- HÖHE 1 m.
- BREITE 15 cm.

G. 'Rutherford'

G. 'Moon Mirage'

Wuchs Aufrecht; Zwiebelknolle, mehrjährig. ***Blüten*** Kanariengelb, untere Kronblätter dunkler; gewellt, mindestens 14 cm breit, in gleichmäßigen Ähren. Blütezeit Spätsommer. ***Blätter*** Schmal, schwertförmig; mittelgrün.

- HINWEIS Als Schnittblume und für Gestecke geeignet.
- HÖHE 1,7 m.
- BREITE 30 cm.

G. 'Moon Mirage'

G. 'Victor Borge'

Wuchs Aufrecht; Zwiebelknolle, mehrjährig. ***Blüten*** Samtiges Zinnoberrot, Schlund weiß gezeichnet; bis 14 cm breit, in gleichmäßigen Ähren. Blütezeit Spätsommer. ***Blätter*** Schmal, schwertförmig; mittelgrün.

- HINWEIS Zum Schnitt und für Sträuße geeignet.
- HÖHE 1,7 m.
- BREITE 30 cm.

G. 'Victor Borge'

G. 'Green Woodpecker'

Wuchs Aufrecht; Zwiebelknolle, mehrjährig. ***Blüten*** Zitronengelb, mit weinrotem Schlund; gewellt, 9–11 cm breit, in gleichmäßigen Ähren. Blütezeit Spätsommer. ***Blätter*** Schmal, schwertförmig; mittelgrün.

- HINWEIS Eindrucksvolle Ausstellungsblume.
- HÖHE 1,5 m.
- BREITE 30 cm.

G. 'Green Woodpecker'

G. 'Tesoro'

Wuchs Aufrecht; Zwiebelknolle, mehrjährig. ***Blüten*** Satt schimmerndes Gelb; seidig, leicht gewellt, 9–11 cm breit, in gleichmäßigen Ähren. Blütezeit Frühherbst. ***Blätter*** Lanzettförmig bis eiförmig, gezähnt; mittelgrün.

- HINWEIS Schöne Ausstellungsblume.
- HÖHE 1,5 m.
- BREITE 25 cm.

G. 'Tesoro'

G. 'Christabel'

Wuchs Aufrecht; Zwiebelknolle, mehrjährig. ***Blüten*** Blaßgelb, mit purpurbrauner Aderung; duftende, weite Trichter, 8–10 cm breit, in lokkeren Ähren mit je 6–10 Blüten. Blütezeit Frühjahr. ***Blätter*** Sehr schmal; mittelgrün.

- HINWEIS Gedeiht optimal im Kalthaus.
- HÖHE 45 cm.
- BREITE 8 cm.

G. 'Christabel'

G. 'Little Darling'

Wuchs Aufrecht; Zwiebelknolle, mehrjährig.
Blüten Rosarot bis lachsrosa, zitronengelbe Zeichnung; etwa 3,5 cm breit, in lockeren Ähren im Hochsommer.
Blätter Schmal, schwertförmig; mittelgrün.
• HINWEIS Auffällige Schnittblume, ideal für Arrangements.
• HÖHE 1,1 m.
• BREITE Bis 10 cm.

G. 'Little Darling'

G. 'Café au Lait'

Wuchs Aufrecht; Zwiebelknolle, mehrjährig.
Blüten Hell kaffeebraun, Schlund beige; mit herabgebogenem oberem Blütenblatt, bis 7 cm breit, in lockeren Ähren. Blütezeit Spätsommer.
Blätter Schmal, schwertförmig; mittelgrün.
• HINWEIS Schnitt- und Gesteckblume.
• HÖHE 1,1 m.
• BREITE Bis 20 cm.

G. 'Café au Lait'

G. 'Melodie'

Wuchs Aufrecht; Zwiebelknolle, mehrjährig.
Blüten Lachsrosa, mit geflammtem Schlund; 6–9 cm breit, in mehrseitswendigen, aufgelockerten Ähren. Blütezeit Spätsommer.
Blätter Schmal, schwertförmig; mittelgrün.
• HINWEIS Vorzüglich zum Schnitt und für Arrangements geeignet.
• HÖHE 1,2 m.
• BREITE Bis 20 cm.

G. 'Melodie'

G. 'Peter Pears'

Wuchs Aufrecht; Zwiebelknolle, mehrjährig.
Blüten Lachsrosa, mit rotem Schlund; bis 14 cm breit, in gleichmäßigen Ähren. Blütezeit Spätsommer.
Blätter Schmal, schwertförmig; mittelgrün.
• HINWEIS Ideale Schnittblume für Gestecke und Ausstellungen.
• HÖHE 1,7 m.
• BREITE 35 cm.

G. 'Peter Pears'
Großblütige Gartengladiole

G. 'Carioca'

Wuchs Aufrecht; Zwiebelknolle, mehrjährig.
Blüten Reines Orange, mit rotem Schlund; gewellt, 9–11 cm breit, in gleichmäßigen Ähren. Blütezeit Hochsommer.
Blätter Schmal, schwertförmig; mittelgrün.
• HINWEIS Bestens zum Schnitt geeignet, eindrucksvoll in Arrangements.
• HÖHE 1,35 m.
• BREITE Bis 30 cm.

G. 'Carioca'

Iridaceae

DIERAMA PULCHERRIMUM

Wuchs In Büscheln; Zwiebel, mehrjährig. ***Blüten*** Tief lavendelrosa, mit grünen Spitzen; hängend, trichterförmig, je 10–40 in Trauben an belaubten Stielen. Blütezeit Mai–Juni. ***Blätter*** Büschelig, grundständig und schmal lanzettförmig; frischgrün.

- HERKUNFT Tibet und Burma, Grashänge.
- KULTUR Liebt kühle Sommer und Halbschatten bis lichten Schatten. In leichten, feuchten, aber gut drainierten, humusreichen Boden pflanzen.
- VERMEHRUNG Im zeitigen Frühjahr durch Brutzwiebeln oder Samen.

HÖHE
1–1,5 m

BREITE
60 cm

8–10 cm

Liliaceae

NOTHOLIRION CAMPANULATUM

Wuchs Aufrecht; Zwiebelknolle, mehrjährig. ***Blüten*** Blaß- bis tiefrosa, außen silbrig; klein, seidig und trichterförmig, an schlanken Stielen in überhängenden Trauben. Blütezeit September–Oktober. ***Blätter*** Immergrün, steif linealisch; graugrün.

- HERKUNFT Südafrika, feuchtes Grasland.
- KULTUR Verlangt tiefgründigen, nährstoffreichen und feuchten, aber durchlässigen, Humusboden. Ideale Uferbepflanzung (über dem Wasserspiegel).
- VERMEHRUNG Nach der Blüte Tochterknollen abnehmen oder die Samen aussäen.

HÖHE
Bis 1 m

BREITE
8–10 cm

8 cm

Iridaceae

WATSONIA PYRAMIDATA

Wuchs Kräftig; Zwiebelknolle, mehrjährig. ***Blüten*** Lachsrosa; leicht duftende, weite und unregelmäßige Trichter, in großen Ähren. Blützeit Mai–Juni. ***Blätter*** Schmal schwertförmig, zweizeilig angeordnet; mittelgrün.

- HERKUNFT Südafrika, Hügelgebiete.
- KULTUR In kühleren Lagen ausgraben, sobald das Laub welkt, und frostfrei lagern.
- VERMEHRUNG In der Ruhezeit Brutknöllchen ablösen; im Frühjahr Aussaat. Blüht ab 3. Jahr.
- WEITERE NAMEN *W. rosea, W. borbonica.*

HÖHE
1–1,5 m

BREITE
45 cm

8–10 cm

Iridaceae	

Watsonia beatricis

Wuchs Kräftig, langsamwachsend; Zwiebelknolle. ***Blüten*** Leuchtend orangerot; unregelmäßig röhrenförmig, in verzweigten Ähren. Blütezeit Juni–September. ***Blätter*** Immergrün, steif linealisch; mittelgrün.
- HERKUNFT Südafrika, offenes Grasland.
- KULTUR In kühlen Gegenden im Kalthaus oder Wintergarten. Verlangt ein Substrat auf Lehmbasis mit Zusatz von grobem Sand und Laubkompost.
- VERMEHRUNG In der Ruhezeit Brutknöllchen ablösen; im Frühjahr Aussaat. Blüht ab 3. Jahr.
- WEITERER NAME *W. pillansii.*

HÖHE
Bis 1 m

BREITE
30–45 cm

8–10 cm

Amaryllidaceae/ Liliaceae	

Phaedranassa carmiolii

Wuchs Aufrecht; Zwiebel, mehrjährig. ***Blüten*** Satt purpurrot, grüne Spitzen; nickend, röhrenförmig, zu 6–10 in überhängenden Büscheln an blattlosen Stielen. Frühjahr bis Frühsommer. ***Blätter*** Grundständig, aufrecht, lanzettförmig; bläulichgrün.
- HERKUNFT Peru, Anden.
- KULTUR Im Kalthaus oder Wintergarten. Mäßig wässern und im Sommer einen konzentrierten Kalidünger verabreichen. Im Winter sparsam gießen.
- VERMEHRUNG Durch Nebenzwiebeln in der Vegetationsruhe.

HÖHE
50–70 cm

BREITE
30 cm

5–8 cm

Cannaceae	GARTENCANNA

Canna 'Rosemond Coles'

Wuchs Kräftig; Rhizom, mehrjährig. ***Blüten*** Scharlachrot, am Schlund und Saum gelb, außen goldgelb; in Ähren. Blütezeit Juni–Oktober. ***Blätter*** Groß und breit lanzettförmig; grün.
- HERKUNFT Züchtung.
- KULTUR Als Zimmerpflanze oder im Wintergarten ziehen. Alternativ in Sommerbeete setzen und den Wurzelstock im Herbst ausgraben. Verlangt nährstoffreichen, humosen Boden.
- VERMEHRUNG Die Rhizome während der Ruhe im Spätwinter oder zeitigen Frühjahr teilen.

Min. 10 °C

HÖHE
1,5 m

BREITE
50 cm

10–15 cm

Iridaceae	

CROCOSMIA 'Lucifer'

Wuchs Kräftig, horstbildend; Zwiebelknolle, mehrjährig. *Blüten* Leuchtend tomatenrot; trichterförmig, 6–8 cm lang, in dichten, überhängenden, kaum verzweigten Rispen. Blütezeit Juli–September. *Blätter* Grundständig, schwertförmig, aufrecht und gefaltet; leuchtendgrün.

- HERKUNFT Züchtung.
- KULTUR Diese hohe Sorte, eine der wuchsfreudigsten Montbretien überhaupt, ist ideal für Misch- und Staudenrabatten, vor allem solche mit kräftiger Farbwirkung. Sie empfiehlt sich als dekorative und haltbare Schnittblume. Die Sorte 'Lucifer' akzeptiert einen sonnigen bis absonnigen Standort. Optimal ist ein nährstoffreicher und feuchter, aber durchlässiger, mit organischem Material angereicherter Boden. Im späteren Sommer wird auch etwas Trockenheit toleriert. In sehr kalten Gegenden im Winter gut mit trockenem Mulch abdecken. Um die Wuchsstärke und Blühfreudigkeit zu erhalten, dichte Bestände alle 3–4 Jahre ausgraben und teilen.
- VERMEHRUNG Zwiebelknolle im Frühjahr teilen. Vor Ende der Ruheperiode Brutknollen abnehmen.

HÖHE
1–1,2 m

BREITE
20–25 cm

8–10 cm

Araceae	DRACHENWURZ, RIESENARONSTAB

DRACUNCULUS VULGARIS

Wuchs Aufrecht; Wurzelknolle, mehrjährig. ***Blüten*** Purpurbraune Blütenscheide, schwärzlich-purpurner Kolben; unangenehm riechend, tütenförmig, 35–90 cm lang. Blüht ab Mai. ***Blätter*** Gelappt, beinahe dreieckig; grün mit purpurbraunen Flecken.

- HERKUNFT Mittelmeerraum, Felshänge.
- KULTUR Verlangt nährstoffreichen Boden und Winterschutz. Alle 3–4 Jahre aufnehmen und teilen.
- VERMEHRUNG Durch Brutknollen im Herbst oder Frühjahr, alternativ Aussaat im Herbst.
- WEITERER NAME *Arum dracunculus*.

HÖHE
Bis 1,5 m

BREITE
45–60 cm

15 cm

Colchicaceae/Liliaceae	FLAMMENLILIE

GLORIOSA SUPERBA 'Rothschildiana'

Wuchs Kletterpflanze; Wurzelknolle, mehrjährig. ***Blüten*** Sattrot, mit gewelltem, gelbem Rand; groß, achselständig, mit 6 stark zurückgebogenen Kronblättern. Blütezeit Juni–August. ***Blätter*** Locker verteilt, breit lanzettförmig; leuchtendgrün glänzend.

- HERKUNFT Südafrika, Buschland.
- KULTUR Gedeiht in kieshaltigem Lehm. Reichlich gießen, im Sommer alle 14 Tage einen Flüssigdünger geben. Knolle im Winter trocken halten. In kühleren Gegenden Kultur im Zimmer oder Wintergarten.
- VERMEHRUNG Im Frühjahr teilen.

Min.
8–10 °C

HÖHE
Bis 2 m

BREITE
30–45 cm

5 cm

Iridaceae	

CROCOSMIA 'Bressingham Blaze'

Wuchs Robust, horstbildend; Zwiebelknolle, mehrjährig. ***Blüten*** Orange- bis feuerrot, gelber Schlund; trichterförmig, in verzweigten Rispen. Blütezeit Juli–September. ***Blätter*** Aufrecht, schwertförmig, gefaltet; leuchtendgrün.

- HERKUNFT Züchtung.
- KULTUR In Rabatten. Verlangt nährstoffreichen, feuchten, aber durchlässigen und humosen Boden. Im Winter gut mit trockenem Mulch abdecken.
- VERMEHRUNG Durch Teilung der Knolle oder Abnehmen der Brutknollen im Frühjahr.

HÖHE
75–90 cm

BREITE
15–20 cm

8–10 cm

Cannaceae	

CANNA 'Assault'

Wuchs Kräftig; Rhizom, mehrjährig. ***Blüten*** Kräftig scharlachrot, mit purpurnen Hochblättern; gladiolenähnliche Ähren. Blütezeit Juni–Oktober. ***Blätter*** Groß, paddelförmig; grün bis purpurn.

- HERKUNFT Züchtung.
- KULTUR Im Zimmer oder in einem Sommerbeet kultivieren und den Wurzelstock im Herbst ausgraben. Liebt nährstoffreichen, humosen Boden.
- VERMEHRUNG Im Spätwinter oder zeitigen Frühjahr teilen.
- WEITERER NAME *C. x generalis* 'Assault'.

Min. 10 °C

HÖHE
Bis 1,2 m

BREITE
45–60 cm

10–15 cm

Iridaceae	HOHE MONTBRETIE

CROCOSMIA MASONIORUM

Wuchs Kräftig; Zwiebelknolle, mehrjährig.
Blüten Zinnoberrot; trichterförmig, an überhängenden, beinahe waagrechten Stielen. Juni–September.
Blätter Aufrecht, gefaltet; dunkelgrün.

- HERKUNFT Südafrika, SO-Küste.
- KULTUR Benötigt nährstoffreichen, feuchten, aber durchlässigen und humosen Boden. Im Winter gut mit trockenem Mulch abdecken. Für Rabatten geeignet und ideal für Gärten in Küstennähe.
- VERMEHRUNG Teilung oder Abtrennen der Brutknollen im Frühjahr, Aussaat im Frühjahr unter Glas.

HÖHE
1,2–1,5 m

BREITE
30–45 cm

8–10 cm

Alliaceae/Liliaceae	PAUKENSCHLAGERLAUCH, HOHER ZIERLAUCH

ALLIUM STIPITATUM

Wuchs Aufrecht; Zwiebel, mehrjährig. ***Blüten*** Violettrosa; winzige Sterne mit leichtem Zwiebelduft, jeweils bis zu 50 in kugeligen Dolden auf blattlosen Stielen. Blütezeit Mai–Juni. ***Blätter*** Grundständig und halbaufrecht, riemenförmig; mittelgrün.

- HERKUNFT Zentralasien.
- KULTUR In Rabatten mit nährstoffreichem, gut drainiertem Boden. Ideal als Schnitt- und Trockenblume. Das Laub zieht während der Blüte ein. Winterschutz!
- VERMEHRUNG Aussaat oder Teilen dichter Zwiebelklumpen im Frühjahr.

HÖHE
1–1,5 m

BREITE
15–20 cm

8–10 cm

Amaryllidaceae/ Liliaceae	

SCADOXUS MULTIFLORUS ssp. KATHERINAE

Wuchs Kräftig, horstbildend; Zwiebel, mehrjährig.
Blüten Rot; kleine Sterne, jeweils bis zu 200 in kugeligen Dolden. Blütezeit April–Mai.
Blätter Lanzettförmig, am Rand gewellt; mittelgrün.

- HERKUNFT Südafrika, Grasland.
- KULTUR Im Zimmer oder Wintergarten ziehen. In der Wachstumsperiode mäßig gießen, im Winter lediglich etwas feucht halten.
- VERMEHRUNG Durch Aussaat oder Brutzwiebeln im Frühjahr.
- WEITERER NAME *Haemanthus katherinae.*

Min. 10 °C

HÖHE
Bis 1,2 m

BREITE
30–45 cm

Spitze auf Bodenniveau

Iridaceae	

DIERAMA PENDULUM

Wuchs Überhängend, büschelig; Zwiebelknolle, mehrjährig. ***Blüten*** Purpurrosa, außen silbrig; kleine, seidige Trichter an schlanken Stielen, in lockeren Ähren. Blütezeit Juli–August. ***Blätter*** Immergrün, überhängend, grasartig; graugrün.

- HERKUNFT Südafrika, Ostküste.
- KULTUR Optimal ist ein tiefgründiger, nährstoffreicher und feuchter, aber durchlässiger Boden. Gut als Uferbepflanzung (über dem Wasserspiegel).
- VERMEHRUNG Durch Brutknollen nach der Blüte oder Aussaat im Frühjahr. Auch Selbstaussaat möglich.

HÖHE
Bis 1,5 m

BREITE
30 cm

8–10 cm

Alliaceae/Liliaceae	RIESENLAUCH

ALLIUM GIGANTEUM

Wuchs Robust; Zwiebel, mehrjährig. ***Blüten*** Violettblau oder weiß; klein, sternförmig, zu 50 und mehr in dichten, kugeligen Dolden von 10–15 cm Größe. April–Mai. ***Blätter*** Grundständig, halbaufrecht und riemenförmig, ziehen mit der Blüte ein; graugrün.
- HERKUNFT Zentralasien, Gebirgsausläufer.
- KULTUR In Staudenrabatten in nährstoffreichem, gut drainiertem Boden ziehen. Ideale Trockenblume.
- VERMEHRUNG Samen nach der Reife bzw. im Frühjahr aussäen oder in der Vegetationsruhe im Spätsommer Nebenzwiebeln abnehmen.

HÖHE 1,5–2 m

BREITE 30–35 cm

8–10 cm

Alliaceae/Liliaceae	IRANLAUCH

ALLIUM AFLATUNENSE

Wuchs Kräftig; Zwiebel, mehrjährig. ***Blüten*** Violett; kleine Sternblüten, in Kugeldolden von 10 cm Größe. Mai–Juni. ***Blätter*** Grundständig, halbaufrecht, riemenförmig, ziehen mit der Blüte ein; graugrün.
- HERKUNFT Zentralasien, Gebirgsausläufer.
- KULTUR In Staudenrabatten mit nährstoffreichem, durchlässigem Boden ziehen. Ideal als Trockenblume.
- VERMEHRUNG Durch Samen nach der Reife oder im Frühjahr bzw. Nebenzwiebeln in der Ruheperiode im Spätsommer. Auch Selbstaussaat.
- WEITERER NAME *A. hollandicum.*

HÖHE Bis 75 cm

BREITE 15–20 cm

8–10 cm

Alliaceae/Liliaceae	

DICHELOSTEMMA CONGESTUM

Wuchs Aufrecht; Zwiebelknolle, mehrjährig. ***Blüten*** Fliederblau; klein, röhrenförmig, in dichten, 5 cm breiten Büscheln an kahlen Stielen. Blütezeit Juni–Juli. ***Blätter*** Lang und grasartig; mittelgrün.
- HERKUNFT Westen Nordamerikas, Grasland.
- KULTUR An einen gut drainierten, warmen und geschützten Standort pflanzen. Im Sommer vor starker Nässe schützen.
- VERMEHRUNG Aussaat nach der Reife bzw. im Frühjahr. Im Spätsommer Brutknollen abtrennen.
- WEITERER NAME *Brodiaea congesta.*

HÖHE 40–90 cm

BREITE 5–10 cm

10 cm

Iridaceae	

ARISTEA MAJOR

Wuchs Horstbildend; Rhizom, mehrjährig. ***Blüten*** Purpurblau; klein, tellerförmig, in lockeren Ähren. Den Sommer hindurch in Folge blühend. ***Blätter*** Immergrün, schwertförmig; mittelgrün.
- HERKUNFT Südafrika, Kapland.
- KULTUR Verlangt gute Drainage, Wärme und Schutz. Übersteht mitunter leichte Fröste, sollte aber im Kalthaus stehen. Im Winter sparsam gießen. Beim Umtopfen Wurzeln nicht verletzen.
- VERMEHRUNG Aussaat bei Reife oder im Frühjahr.
- WEITERER NAME *A. thyrsiflora.*

HÖHE Bis 1 m

BREITE 45–60 cm

2–3 cm

Iridaceae

NEOMARICA CAERULEA

Wuchs Rhizom, mehrjährig. ***Blüten*** Blau; duftend, flach ausgebreitet, irisähnlich, öffnen sich nur kurz. April–Juli. ***Blätter*** Immergrün, aufrecht, schwertförmig, in grundständigem Fächer; mittelgrün.

- HERKUNFT Brasilien, Gebirge.
- KULTUR Im Gewächshaus oder Wintergarten ziehen. Braucht einen nährstoffreichen, feuchten, aber gut drainierten und humosen Boden. In der Wachstumsphase mäßig, im Winter sparsam gießen.
- VERMEHRUNG Durch Teilen im Frühjahr oder Sommer, alternativ Aussaat im Frühjahr.

Min. 10 °C

HÖHE
Bis 1 m

BREITE
1 m

Spitze auf Bodenniveau

Hyacinthaceae/
Liliaceae

GALTONIA VIRIDIFLORA

Wuchs Kräftig, aufrecht; Zwiebel, mehrjährig. ***Blüten*** Blaßgrün; duftende, nickende Trichter mit kurzer Röhre, bis zu 30 in schlanken Trauben. Blütezeit Juli–September. ***Blätter*** Lang, fleischig, halbaufrecht und riemenförmig; graugrün.

- HERKUNFT Südafrika, Grasland.
- KULTUR Ideal für geschützte Staudenrabatten in sonniger Lage mit nährstoffreichem, feuchtem, durchlässigem Boden. Empfindlich gegen Störungen.
- VERMEHRUNG Durch Aussaat im Frühjahr bzw. Nebenzwiebeln im Herbst oder Frühjahr.

HÖHE
1–1,2 m

BREITE
20–25 cm

15 cm

Araceae

ARISAEMA CONSANGUINEUM

Wuchs Robust; Wurzelknolle, mehrjährig. ***Blüten*** Blaßgrün, blaßpurpurn oder weiß gestreift; Kolben von helmartig übergebogener Blütenscheide umhüllt. Mai. ***Blätter*** Einzeln, aus 11–20 Blättchen, schirmförmig; mittelgrün.

- HERKUNFT Zentralchina, Waldgebiete.
- KULTUR Verträgt etwas Sonne. Liebt feuchten, gut drainierten, neutralen bis sauren Boden mit Laubhumus. Im Herbst mit Laubkompost mulchen.
- VERMEHRUNG Aussaat nach der Samenreife; im Spätsommer Nebenknollen abtrennen.

HÖHE
1 m

BREITE
30–45 cm

25 cm

Iridaceae	

DIETES BICOLOR

Wuchs In Büscheln; Rhizom, mehrjährig. ***Blüten*** Blaßbis tiefgelb, mit braunem Fleck auf den unteren Kronblättern; flach ausgebreitet, irisartig, 4 cm breit, an verzweigten Stielen. Kurzlebig, aber von Frühjahr bis Sommer in Folge blühend. ***Blätter*** Immergrün, grundständig und aufrecht, schmal riemenförmig, ledrig; hell- bis mittelgrün.

- HERKUNFT Südafrika, östliches Kap.
- KULTUR Verträgt kargen, trockenen Boden und einen absonnigen bis halbschattigen Platz. Optimal sind jedoch ein eher nährstoffreicher und feuchter, aber gut drainierter Boden sowie volle Sonne. In kälterem Klima Kultur im Wintergarten oder Kalthaus bei guter Belüftung und voller Besonnung. Großzügig gießen und während der Wachstumsperiode alle 2 Wochen einen ausgewogenen Flüssigdünger geben. Nach der Blüte weniger gießen, im Winter die Erde geringfügig feucht halten.
- VERMEHRUNG Durch Aussaat im Herbst oder Frühjahr. Die Rhizome können nach der Blüte vorsichtig geteilt werden, brauchen aber mitunter länger bis zur erneuten Eingewöhnung.

HÖHE
Bis 1 m

BREITE
30 – 60 cm

Spitze auf Bodenniveau

Iridaceae

Crocosmia 'Golden Fleece'

Wuchs Mäßig wuchsfreudig, horstbildend; Zwiebelknolle, mehrjährig. ***Blüten*** Weiches, warmes Goldgelb; trichterförmig, 5–8 cm lang, in dichten, leicht überhängenden, stark verzweigten Rispen. Blütezeit Juli–September. ***Blätter*** Grundständig, aufrecht, schwertförmig und gefaltet; leuchtendgrün.

• HERKUNFT Züchtung.

• KULTUR In nährstoffreichem, gut drainiertem Boden ziehen. Braucht im Frühjahr und Frühsommer viel Feuchtigkeit, verträgt aber im späteren Sommer auch etwas Trockenheit; kommt mit Sonne, einer absonnigen Lage oder lichtem Schatten gleichermaßen zurecht. Im Winter zum Schutz gegen strenge oder anhaltende Fröste gut mit trockenem Material mulchen. Zur Erhaltung der Wuchskraft die dichten Horste alle 3–4 Jahre ausgraben und teilen. Die Blüten eignen sich zum Schnitt.

• VERMEHRUNG Durch Teilen im Frühjahr, alternativ unmittelbar vor Beginn der Wachstumsphase Nebenknollen nehmen.

• WEITERE NAMEN Bisweilen fälschlich als *C.* 'George Davison' oder *C.* 'Citronella' im Handel.

Min. -15 °C

Höhe
60–75 cm

Breite
15–20 cm

5 cm

Iridaceae	

MORAEA HUTTONII

Wuchs Aufrecht; Zwiebelknollen, mehrjährig. ***Blüten*** Sattgelb, mit brauner Zeichnung; irisähnlich, 5–7 cm breit, auf kräftigen Stielen. Einzelblüten kurzlebig, Pflanze aber kontinuierlich den ganzen Sommer blühend. ***Blätter*** Grundständig, flach linealisch; mittelgrün.

- HERKUNFT Südafrika, an Flußufern.
- KULTUR Schätzt einen warmen, geschützten und sonnigen Platz ohne Staunässe.
- VERMEHRUNG Im Frühjahr aussäen oder in der Ruhezeit Brutknollen abnehmen.

HÖHE
75–100 cm

BREITE
15–25 cm

5 cm

Colchicaceae/Liliaceae	

LITTONIA MODESTA

Wuchs Kletternd; Wurzelknolle, mehrjährig. ***Blüten*** Goldgelb; hängende Glocken, 4–5 cm breit, achselständig. Blütezeit Juni–Juli. ***Blätter*** Lanzettförmig, Spitzen zu Ranken ausgebildet; leuchtendgrün.

- HERKUNFT Südafrika, Buschsteppe und Wälder.
- KULTUR In kühlen Gegenden im Zimmer oder Wintergarten halten. Braucht eine Stütze und nährstoffreichen Boden. Knolle im Winter lediglich etwas feucht halten und vor Frost schützen.
- VERMEHRUNG Aussaat im Frühjahr, Teilung der Knolle in der Ruhezeit.

Min. 16 °C

HÖHE
1–2 m

BREITE
10–15 cm

5 cm

Araceae	GELBE KALLA

ZANTEDESCHIA ELLIOTTIANA

Wuchs Wurzelknolle, mehrjährig. ***Blüten*** Gelb; trichterförmige Blütenscheide, 15 cm lang. Blütezeit Juni–August. ***Blätter*** Immergrün, herzförmig; tiefgrün, silbrig gesprenkelt.

- HERKUNFT Ungewiß, wahrscheinlich eine Hybride.
- KULTUR Im Wintergarten oder Zimmer ziehen. Verlangt nährstoffreiche, feuchte, aber durchlässige und humusreiche Erde. In der Wachstumsphase alle 2 Wochen einen ausgewogenen Flüssigdünger geben. Im Winter Knolle geringfügig feucht halten.
- VERMEHRUNG Ausläufer oder Teilen im Frühjahr.

Min. 10 °C

HÖHE
60–100 cm

BREITE
45–60 cm

10 cm

Cannaceae	

CANNA IRIDIFLORA

Wuchs Kräftig; Rhizom, mehrjährig. ***Blüten*** Rosarot oder orange; trompetenförmig, in hängenden Büscheln. Blütezeit Juni–September. ***Blätter*** Breit eiförmig, bis 1 m lang; bläulichgrün.

- HERKUNFT Peru, feuchte Waldlichtungen.
- KULTUR Schön auf Mischrabatten in warmen, frostfreien Gegenden. Im Zimmer oder Wintergarten ziehen, alternativ in Sommerbeete setzen und im Herbst ausgraben. Verlangt nährstoffreichen Boden.
- VERMEHRUNG Teilen der Rhizome in der Ruhezeit oder Aussaat der eingeweichten Samen im Frühjahr.

Min. 15 °C

HÖHE
Bis 3 m

BREITE
50 cm

15 cm

LILIEN

Strahlend schöne, oft duftende Blüten mit auffälligen Staubbeuteln sind das besondere Kennzeichen der Lilien *(Lilium).* In der Regel gedeihen sie in durchlässigem, nährstoffreichem, neutralem bis saurem Boden, einige bevorzugen jedoch ein alkalisches Milieu. Die Blüten brauchen Sonne, die Wurzeln dagegen etwas Schatten. Bei den meisten Lilien entspricht die Pflanztiefe der zwei- bis dreifachen Zwiebellänge und der Abstand dem dreifachen Durchmesser. Für Zwiebeln, die sproßbürtige Wurzeln bilden, rechnet man als Pflanztiefe die dreifache Zwiebelhöhe. Arten brauchen 2–4 Jahre bis zur Blühreife. Zur Vermehrung verwendet man außer Samen auch Zwiebelschuppen (siehe S. 178), Tochterzwiebeln sowie die von manchen Lilien gebildeten Achsel- und Stengelbulben. Große Zwiebelklumpen sollten alle 3–4 Jahre geteilt werden. Die erneute Blüte setzt dann nach 1–2 Jahren ein.

L. 'Casa Blanca'

Wuchs Aufrecht, kräftige Stengel; Zwiebel.
Blüten Reinweiß; groß, duftend, schalenförmig. Blütezeit Juli–August.
Blätter Lanzettförmig, wechselständig; mittelgrün.
• HINWEIS Schön für Mischrabatten oder große Terrassenkübel; gute Schnittblume.
• HÖHE 1,2 m.

L. 'Casa Blanca'
(Orienthybride)

L. CANDIDUM

Wuchs Aufrecht; Zwiebel. ***Blüten*** Weiß; stark duftend, breit trompetenförmig, zu 5–20 in Trauben. Juni– Juli.
Blätter Lanzettförmig, grundständig, unregelmäßig verteilt; hellgrün.
• HINWEIS Ideal für Rabatten. Zwiebel knapp unter Bodenniveau in neutralen bis alkalischen Boden pflanzen.
• HÖHE 1–1,8 m.

L. candidum
Madonnenlilie

Min. -15 °C

L. LONGIFLORUM

Wuchs Kräftig; Zwiebel und sproßbürtige Wurzeln. ***Blüten*** Weiß; duftende, waagrecht stehende Trompeten, in kurzen Trauben. Blütezeit August–September.
Blätter Lanzettförmig; dunkelgrün.
• HINWEIS Verträgt Kalk, braucht Halbschatten. Wird gewöhnlich unter Glas gezogen.
• HÖHE 40–100 cm.

L. longiflorum
Osterlilie

L. REGALE

Wuchs Aufrecht oder überhängend; Zwiebel, sproßbürtige Wurzeln.
Blüten Weiß, außen zartpurpurn; duftend, trompetenförmig, bis zu 25 in Trauben im Juli.
Blätter Unregelmäßig verteilt, linealisch; glänzend dunkelgrün.
• HINWEIS Für Mischrabatten ohne stark alkalischen Boden.
• HÖHE 60–200 cm.

L. regale
Königslilie

L. MARTAGON var. *ALBUM*

Wuchs Horstbildend; Zwiebel und sproßbürtige Wurzeln.
Blüten Weiß; nickend, turbanförmig, bis zu 50 in Trauben. Juni–Juli.
Blätter Lanzettförmig, in Quirlen; hellgrün.
• HINWEIS Gedeiht in jedem gut drainierten Boden in Sonne oder lichtem Schatten.
• HÖHE 90–200 cm.

L. martagon var. ***album***
Türkenbund-Lilie

L. Olympic-Gruppe

Wuchs Aufrecht; Zwiebel. ***Blüten*** Rosa, weiß, gelb oder creme, außen purpurn oder rosa, gelber Schlund; große, duftende Trompeten. Blütezeit Juli.
Blätter Eiförmig bis linealisch, mittelgrün.
• HINWEIS Für Spätsommerrabatten geeignet.
• HÖHE 1,2–2 m.

L. Olympic-Gruppe

L. 'Black Magic'
Wuchs Kräftig; Zwiebel.
Blüten Außen rotbraun, innen schimmernd weiß; groß, duftend, in Trauben. Blütezeit Juli–August.
Blätter Eiförmig bis linealisch; mittelgrün.
• HINWEIS Für Misch- und Staudenrabatten und als Schnittblumen empfehlenswert.
• HÖHE 1,5–2 m.

L. 'Black Magic'
(Trompetenhybride)

☼ 💧 ❄❄❄

L. DUCHARTREI
Wuchs Zwiebel und sproßbürtige Wurzeln.
Blüten Weiß, innen purpurn gefleckt, außen purpurn überhaucht; trompetenförmig, nikkend, turbanförmig, bis zu 12 in Dolden im Juli.
Blätter Lanzettförmig, ungestielt, unregelmäßig verteilt; mittelgrün.
• HINWEIS Gut für feuchte Mischrabatten.
• HÖHE 60–100 cm.

L. duchartrei
Marmor-Türkenbund

☼ 💧 ❄❄❄ 🏆

L. AURATUM* var. *PLATYPHYLLUM
Wuchs Kräftig, mit starken Stengeln; Zwiebel.
Blüten Weiß, mit gelben Mittelstreifen; duftend, schalenförmig. Blütezeit Juli–September.
Blätter Breit lanzettförmig, unregelmäßig verteilt; dunkelgrün.
• HINWEIS Eine Bereicherung für Mischrabatten.
• HÖHE Bis 1,5 m.

L. auratum* var. *platyphyllum
Goldbandlilie

☼ 💧 ❄❄❄ 🏆

L. 'Mont Blanc'
Wuchs Niedrig; Zwiebel.
Blüten Groß, schalenförmig, in Trauben im Früh- und Hochsommer; rahmgelb, braun gefleckt.
Blätter Schmal eiförmig, wechselständig; mittelgrün.
• HINWEIS Ideal für Rabattenvorpflanzungen und Gefäße.
• HÖHE 60–70 cm.

L. 'Mont Blanc'

☼ 💧 ❄❄❄

L. 'Sterling Star'
Wuchs Kräftig; Zwiebel.
Blüten Rahmweiß, braun gefleckt; groß, leicht duftend, becherförmig, in Trauben. Blütezeit Juli.
Blätter Schmal eiförmig, wechselständig; mittelgrün.
• HINWEIS Gut geeignet für Pflanzkübel oder Mischrabatten, ideale Schnittblume.
• HÖHE 1–1,2 m.

L. 'Sterling Star'
(Asiatische Hybride)

☼ 💧 ❄❄❄

L. 'Bright Star'
Wuchs Robust; Zwiebel.
Blüten Rahmweiß, mit orangefarbenen Mittelstreifen; groß, duftend, Kronblätter zurückgebogen. Juli–August.
Blätter Eiförmig bis linealisch; mittelgrün.
• HINWEIS Schön für Rabatten und große Pflanzgefäße, auch als Schnittblume. Verträgt Kalk.
• HÖHE 1–1,5 m.

L. 'Bright Star'
(Trompetenhybride)

☼ 💧 ❄❄❄

L. 'Imperial Gold'
Wuchs Robust; Zwiebel.
Blüten Schimmernd weiß, mit gelbem Mittelstreifen; duftend, sternförmig, Spitzen zurückgeschlagen, in Trauben. Juli–August. ***Blätter*** Lanzettförmig, wechselständig; mittelgrün.
• HINWEIS Ideal, um dem Hintergrund von Rabatten Höhe zu verleihen.
• HÖHE 1,8–2 m.

L. 'Imperial Gold'
(Orienthybride)

☼ 💧 ❄❄❄

L. 'Corsage'
Wuchs Kräftig; Zwiebel.
Blüten Blaßrosa, mit weißer, braun gepunkteter Mitte, außen gelb überhaucht; flach sternförmig, Kronblätter zurückgebogen. Blütezeit Juli. ***Blätter*** Schmal eiförmig, wechselständig; mittelgrün.
• HINWEIS Als Rabatten- und Schnittblume geeignet.
• HÖHE 1,2 m.

L. 'Corsage'
(Asiatische Hybride)

☼ 💧 ❄❄❄

L. 'Magic Pink'
Wuchs Horstbildend; Zwiebel. ***Blüten*** Reinrosa; halb überhängend, zart duftend, schalenförmig, in Trauben. Blütezeit August–September. ***Blätter*** Lanzettförmig, wechselständig; mittelgrün.
• HINWEIS Ideal als Schnittblume, für Misch- und Staudenrabatten sowie große Gefäße.
• HÖHE 1,2 m.

L. 'Magic Pink'
(Auratum-Hybride)

L. 'Bronwen North'
Wuchs Horstbildend; Zwiebel. ***Blüten*** Lilarosa, mit hellrosa Schlund, purpurne Sprenkel und Linien; hängend, turbanförmig, schwach duftend, in Trauben im Frühsommer. ***Blätter*** Schmal eiförmig, wechselständig; mittelgrün.
• HINWEIS Für Rabatten und große Kübel.
• HÖHE Bis 1 m.

L. 'Bronwen North'

L. MARTAGON
Wuchs Kräftig, horstbildend; Zwiebel und sproßbürtige Wurzeln. ***Blüten*** Rosa bis purpurrot; unangenehmer Geruch, nickend, turbanförmig, in Trauben. Juni–Juli. ***Blätter*** Lanzettförmig, quirlständig; leuchtendgrün.
• HINWEIS Gedeiht in jedem durchlässigen Boden.
• HÖHE 90–200 cm.

L. martagon
Türkenbund-Lilie

L. RUBELLUM
Wuchs Zwiebel und sproßbürtige Wurzeln. ***Blüten*** Reinrosa, mit braun getupfter Mitte; trichterförmig, duftend, aus den oberen Blattachseln sprießend. Blütezeit Mai–Juni. ***Blätter*** Schmal eiförmig und unregelmäßig verteilt; mittelgrün.
• HINWEIS Blickfang in Gehölzpartien.
• HÖHE 30–80 cm.

L. rubellum

L. MACKLINIAE
Wuchs Zwiebel und sproßbürtige Wurzeln. ***Blüten*** Rosa, purpurn überlaufen; nickend, schalenförmig, in Trauben. Blütezeit Juni–Juli. ***Blätter*** Schmal lanzettförmig, quirlständig, locker verteilt; dunkelgrün.
• HINWEIS Für Misch- und Staudenrabatten geeignet.
• HÖHE 30–60 cm.

L. mackliniae

L. 'Montreux'
Wuchs Niedrig; Zwiebel. ***Blüten*** Rosa, mit braun getupfter Mitte und gelbbraunen Staubbeuteln; becherförmig, in Trauben im Hochsommer. ***Blätter*** Schmal eiförmig, wechselständig; mittelgrün.
• HINWEIS Hübsch für den vorderen Rabattenbereich und Pflanzgefäße.
• HÖHE 80–100 cm.

L. 'Montreux'

L. 'Star Gazer'
Wuchs Kräftig; Zwiebel. ***Blüten*** Rot, mit dunkleren Tupfen; groß, aufrecht, sternförmig, Spitzen zurückgebogen, in Trauben. Juli–August. ***Blätter*** Lanzettförmig, wechselständig; mittelgrün.
• HINWEIS Für Rabatten und große Pflanzkübel, zum Schnitt und Treiben geeignet.
• HÖHE 1–1,5 m.

L. 'Star Gazer'
(Orienthybride)

L. 'Côte d'Azur'
Wuchs Mit kräftigen Stengeln; Zwiebel. ***Blüten*** Reines Tiefrosa, mit heller Mitte; schalenförmig, zurückgebogene Spitzen, in Trauben vom Früh- bis Hochsommer. ***Blätter*** Schmal eiförmig, wechselständig; mittelgrün.
• HINWEIS Für den vorderen Rabattenbereich und große Kübel.
• HÖHE 70–100 cm.

L. 'Côte d'Azur'

L. 'Journey's End'
Wuchs Robust; Zwiebel. ***Blüten*** Tiefrosa, rotbraun getupft, Ränder und Spitzen weiß; groß, turbanförmig. Blütezeit Juli–August.
Blätter Lanzettförmig, wechselständig; mittelgrün.
• HINWEIS Für Misch- und Staudenrabatten sowie für große Pflanzgefäße geeignet. Auch schön in der Vase.
• HÖHE 1–2 m.

L. 'Journey's End'
(Orienthybride)

L. SPECIOSUM var. RUBRUM
Wuchs Kräftig; Zwiebel und sproßbürtige Wurzeln. ***Blüten*** Tief karminrot; duftend, nickend, turbanförmig, in Trauben. Blütezeit August–September.
Blätter Breit lanzettförmig; dunkelgrün.
• HINWEIS Gut für Gehölzpartien geeignet.
• HÖHE 1–1,7 m.

L. speciosum* var. *rubrum
Prachtlilie

L. 'Angela North'
Wuchs Horstbildend; Zwiebel. ***Blüten*** Weinrot; leicht duftend, nickend, turbanförmig, in Trauben im Hochsommer. ***Blätter*** Schmal eiförmig, wechselständig; mittelgrün.
• HINWEIS Zu empfehlen für Stauden- und Mischrabatten oder große Pflanzkübel.
• HÖHE 70–120 cm.

L. 'Angela North'

L. X DALHANSONII
Wuchs Zwiebel und sproßbürtige Wurzeln.
Blüten Rötlichbraun, mit goldgelben Tupfen; unangenehm riechend, turbanförmig, in lockeren Trauben. Blütezeit Juni–Juli.
Blätter Lanzettförmig, in Quirlen; mittelgrün.
• HINWEIS Gedeiht in den meisten Böden mit gutem Wasserabzug und kommt mit Sonne oder Halbschatten zurecht.
• WEITERER NAME *L. martagon* var. *cattaniae x L. hansonii.*
• HÖHE 1–1,5 m.

L. x dalhansonii
(Martagon-Hybride)

L. 'Black Beauty'
Wuchs Kräftig; Zwiebel. ***Blüten*** Dunkelrot, Mitte und Ränder grün; turbanförmig, in Trauben. Blütezeit Juli–August.
Blätter Lanzettförmig und wechselständig; mittelgrün.
• HINWEIS Schön als Rabattenbepflanzung.
• HÖHE 1,4–2 m.

L. 'Black Beauty'
(Orienthybride)

L. 'Lady Bowes Lyon'
Wuchs Robust; Zwiebel. ***Blüten*** Lebhaft rot, schwarzgepunktet; turbanförmig, in Trauben. Blütezeit Juli.
Blätter Schmal eiförmig, wechselständig; mittelgrün.
• HINWEIS Eignung für Misch- und Staudenrabatten sowie große Pflanzkübel.
• HÖHE 1–1,2 m.

L. 'Lady Bowes Lyon'
(Asiatische Hybride)

L. 'Karen North'

Wuchs Robust; Zwiebel. ***Blüten*** Tiefes Orangerosa, mit dunkleren Tupfen; nickend, turbanförmig, in lockeren Trauben im Hochsommer.
Blätter Schmal eiförmig, wechselständig; mittelgrün.
• HINWEIS Gut für große Kübel sowie Rabatten, auch zum Schnitt.
• HÖHE 1–1,4 m.

L. 'Karen North'

L. CHALCEDONICUM

Wuchs Zwiebel und sproßbürtige Wurzeln.
Blüten Mandarinrot; nickend, turbanförmig, in Trauben. Juli–August.
Blätter Lanzettförmig, spiralförmig am Stengel; dunkelgrün, Rand silbrig behaart.
• HINWEIS Gedeiht in gut drainiertem Boden an sonnigen bis halbschattigen Standorten.
• HÖHE 60–120 cm.

L. chalcedonicum
Scharlach-Türkenbund, Griechische Lilie

L. PYRENAICUM var. RUBRUM

Wuchs Horstbildend; Zwiebel und sproßbürtige Wurzeln.
Blüten Orangerot; nickend, turbanförmig, in Trauben. Blütezeit Mai–Juni.
Blätter Schmal lanzettförmig; leuchtendgrün.
• HINWEIS Benötigt neutralen bis alkalischen Boden und gedeiht an sonnigen bis halbschattigen Standorten.
• HÖHE 30–100 cm.

L. pyrenaicum var. ***rubrum***
Pyrenäenlilie

L. PARDALINUM

Wuchs Horstbildend; Rhizomzwiebel.
Blüten Orange- bis blutrot, gelb und rot getupft; nickend, turbanförmig, in Trauben. Blütezeit Juli. ***Blätter*** Linealisch, unregelmäßig verteilt; leuchtendgrün.
• HINWEIS Braucht feuchten, gut drainierten Boden in sonniger bis halbschattiger Lage.
• HÖHE 1,5–2,5 m.

L. pardalinum
Pantherlilie, Leopardlilie

L. NEPALENSE

Wuchs Rhizomzwiebel und sproßbürtige Wurzeln. ***Blüten*** Gelb- bis blaßgrün, mit rotbrauner Mitte; große, nickende Trichter. Blütezeit Juli.
Blätter Lanzettförmig, unregelmäßig angeordnet; dunkelgrün.
• HINWEIS Muß kühl und geschützt stehen und trocken überwintert werden.
• HÖHE 60–100 cm.

L. nepalense

L. 'Golden Splendor'

Wuchs Kräftig, mit starkem Schaft; Zwiebel und sproßbürtige Wurzeln.
Blüten Sattgelb, außen rotbraune Mittelstreifen; groß, duftend, offen trichterförmig. Blütezeit Juli–August.
Blätter Schmal eiförmig bis linealisch; mittelgrün.
• HINWEIS Schön für Rabatten und als Schnittblume.
• HÖHE 1,2–2 m.

L. 'Golden Splendor'
(Trompetenhybride)

L. 'Roma'

Wuchs Kräftig; Zwiebel. ***Blüten*** Rahmgelb bis blaß gelbgrün; flach sternförmig, Spitzen zurückgeschlagen, im Hochsommer aus grünen Knospen sprießend. ***Blätter*** Schmal eiförmig, wechselständig; mittelgrün.
- HINWEIS Für Misch- oder Staudenrabatten. Schöne Schnittblume.
- HÖHE 1,5 m.

L. 'Roma'

☼ ◊ ❄❄❄

L. 'Golden Clarion'

Wuchs Kräftig, starker Schaft; Zwiebel und sproßbürtige Wurzeln. ***Blüten*** Blaß- bis tiefgelb, außen oft rot überlaufen; große, duftende Trompeten. Juli–August. ***Blätter*** Schmal eiförmig bis linealisch; mittelgrün.
- HINWEIS Ein herrlicher Rabatten- und Vasenschmuck.
- HÖHE 1,5–2 m.

L. 'Golden Clarion' (Trompetenhybride)

☼ ◊ ❄❄❄

L. 'Connecticut King'

Wuchs Kräftig, horstbildend; Zwiebel. ***Blüten*** Tiefgelb, mit helleren Spitzen; sternförmig, Spitzen zurückgeschlagen. Blütezeit Juli. ***Blätter*** Schmal eiförmig, wechselständig; mittelgrün.
- HINWEIS Schön für Rabatten und große Pflanzkübel. Als Schnittblume sehr dekorativ und haltbar.
- HÖHE 1 m.

L. 'Connecticut King' (Asiatische Hybride)

☼ ◊ ❄❄❄

L. 'Rosemary North'

Wuchs Horstbildend; Zwiebel. ***Blüten*** Orange, mit ockerfarbenem Einschlag; apart, zart duftend, turbanförmig. Blütezeit Früh- bis Hochsommer. ***Blätter*** Schmal eiförmig, wechselständig; mittelgrün.
- HINWEIS Für Rabatten und große Pflanzgefäße eine gute Wahl.
- HÖHE 90–100 cm.

L. 'Rosemary North'

☼ ◊ ❄❄❄ 🏆

L. MONADELPHUM

Wuchs Horstbildend; Zwiebel. ***Blüten*** Gelb, purpurne Spitzen, im Schlund purpurrot gesprenkelt; duftend, trompetenförmig. Juli. ***Blätter*** Lanzettförmig, unregelmäßig angeordnet; smaragdgrün.
- HINWEIS Für warme, sonnige Rabatten mit trockenem oder schwerem Boden geeignet.
- HÖHE 1–1,5 m.

L. monadelphum
Kaukasuslilie

☼ ◊ ❄❄❄ 🏆

L. 'Destiny'

Wuchs Kräftig, horstbildend; Zwiebel. ***Blüten*** Gelb, braun gesprenkelt; schalenförmig, mit zurückgebogenen Spitzen. Blütezeit Juni. ***Blätter*** Schmal eiförmig, wechselständig; mittelgrün.
- HINWEIS Gut für Rabatten und große Kübel. Auch als Schnittblume geeignet.
- HÖHE 1–1,2 m.

L. 'Destiny' (Asiatische Hybride)

☼ ◊ ❄❄❄

L. 'Amber Gold'

Wuchs Horstbildend; Zwiebel. ***Blüten*** Bernsteingolden, mit rotbraunem Schlund; turbanförmig, in Trauben. Blütezeit Juli. ***Blätter*** Schmal eiförmig und wechselständig; mittelgrün.
- HINWEIS Für Stauden- und Mischrabatten zu empfehlen.
- HÖHE 1–1,2 m.

L. 'Amber Gold'

☼ ◊ ❄❄❄

L. HANSONII
Wuchs Kräftig; Zwiebel und sproßbürtige Wurzeln. ***Blüten*** Goldorange, purpurbraun gepunktet; duftend, turbanförmig, in Trauben. Blütezeit Juni. ***Blätter*** Lanzettförmig, in Quirlen; blaßgrün.
• HINWEIS Ideal für Gehölze oder schattige Rabatten. Vor Spätfrösten schützen.
• HÖHE 1–1,5 m.

L. hansonii
Gold-Türkenbund

L. CANADENSE
Wuchs Rhizome mit Zwiebeln. ***Blüten*** Gelb, mit rotbraun gesprenkeltem Schlund; zart duftend, anmutig, breit trompetenförmig, mit zurückgebogenen Spitzen. Blütezeit Juni–Juli. ***Blätter*** Lanzettförmig, quirlständig; mittelgrün.
• HINWEIS Für Rabatten oder Naturgärten.
• HÖHE 1–1,6 m.

L. canadense
Kanadische Wiesenlilie, Kanadalilie

L. 'Apollo'
Wuchs Horstbildend; Zwiebel. ***Blüten*** Blaß goldorange, Schlund vereinzelt braun gesprenkelt; turbanförmig. Blütezeit Hochsommer. ***Blätter*** Schmal eiförmig, wechselständig; mittelgrün.
• HINWEIS Gut für Misch- und Staudenrabatten sowie zum Schnitt.
• HÖHE 1,2 m.

L. 'Apollo'

L. PYRENAICUM
Wuchs Horstbildend; Zwiebel und sproßbürtige Wurzeln. ***Blüten*** Gelb, rotbraun gesprenkelter Schlund; unangenehmer Geruch, nickend, turbanförmig. Mai–Juni. ***Blätter*** Lanzettförmig; smaragdgrün.
• HINWEIS Für neutralen bis alkalischen Boden in sonniger oder halbschattiger Lage.
• HÖHE 30–100 cm.

L. pyrenaicum
Pyrenäenlilie

L. SUPERBUM
Wuchs Stengelwurzeln, Zwiebel an kräftigen Stolonen. ***Blüten*** Rot, mit grünem Schlund und rotbraunen Tupfen; nickend, turbanförmig, in Trauben. Juli–August. ***Blätter*** Linealisch-lanzettförmig, quirlständig; mittelgrün.
• HINWEIS Bevorzugt einen sonnigen oder halbschattigen Standort.
• HÖHE 1,5–3 m.

L. superbum

L. MEDEOLOIDES
Wuchs Zwiebel und sproßbürtige Wurzeln. ***Blüten*** Orangerot, mit dunkleren Tupfen; nickend, turbanförmig. Blütezeit Juli–August. ***Blätter*** Ungestielt, lanzettförmig, in Quirlen und unregelmäßig verteilt; mittelgrün.
• HINWEIS Ein Blickfang für Gehölzpartien oder schattige Rabatten.
• HÖHE 40–75 cm.

L. medeoloides

L. LANCIFOLIUM var. *SPLENDENS*
Wuchs Horstbildend; Zwiebel und sproßbürtige Wurzeln. ***Blüten*** Feuerrot, schwarz gesprenkelt; turbanförmig. Juli–September. ***Blätter*** Lanzettförmig; mittelgrün.
• HINWEIS Verträgt etwas Kalk.
• WEITERER NAME *L. tigrinum* var. *splendens*.
• HÖHE 60–150 cm.

L. lancifolium var. ***splendens***
Tigerlilie

L. 'Brushmarks'
Wuchs Horstbildend; Zwiebel. ***Blüten*** Tieforange, dunkelrote Zeichnung im Schlund, grüne Mitte; becherförmig, mit zurückgebogenen Spitzen. Blütezeit Früh- bis Hochsommer. ***Blätter*** Schmal eiförmig, wechselständig; mittelgrün.
• HINWEIS Rabatten, Trog- und Schnittblume.
• HÖHE Bis 1 m.

L. 'Brushmarks'

L. BULBIFERUM var. *CROCEUM*
Wuchs Horstbildend; Zwiebel und Stengelwurzeln. ***Blüten*** Kräftig goldorange; aufrecht, schalenförmig, in Dolden. Blütezeit Früh- bis Hochsommer. ***Blätter*** Lanzettförmig, unregelmäßig verteilt; stumpfgrün.
• HINWEIS Gedeiht in sauren oder alkalischen Böden. Eignung für Stauden- und Mischrabatten. Im Gegensatz zur Art bildet diese Varietät keine Achselbulben.
• HÖHE 40–150 cm.

L. bulbiferum var. *croceum*
Safranlilie

L. 'Enchantment'
Wuchs Kräftig, horstbildend; Zwiebel.
Blüten Warmes Orange, schwarz getupft; becherförmig. Blütezeit Juni.
Blätter Schmal eiförmig, wechselständig; mittelgrün.
• HINWEIS Gut für Rabatten, ausgezeichnete Schnittblume.
• HÖHE 60–100 cm.

L. 'Enchantment'
(Asiatische Hybride)

L. TSINGTAUENSE
Wuchs Zwiebel und sproßbürtige Wurzeln.
Blüten Orange, mit rotbraunen Sprenkeln; aufrecht, sternförmig, in Trauben. Blütezeit Juni–Juli. ***Blätter*** Lanzettförmig, quirlständig; mittelgrün.
• HINWEIS Bevorzugt sauren Boden, verträgt aber etwas Kalk.
• HÖHE 70–100 cm

L. tsingtauense

L. 'Harmony'
Wuchs Kräftig, horstbildend; Zwiebel.
Blüten Orange, rotbraun gesprenkelt; becherförmig, mit zurückgebogenen Spitzen. Blütezeit Juni. ***Blätter*** Schmal eiförmig und wechselständig; mittelgrün.
• HINWEIS Ideal für Rabatten und große Pflanzkübel, ebenso für die Vase.
• HÖHE 50–100 cm.

L. 'Harmony'
(Asiatische Hybride)

L. DAVIDII var. *WILLMOTTIAE*
Wuchs Überhängend; Zwiebel, mit Rhizomen.
Blüten Zinnoberrot, mit purpurschwarzen Sprenkeln; langgestielt, turbanförmig. Juli–August.
Blätter Linealisch, unregelmäßig angeordnet; dunkelgrün.
• HINWEIS Für den Hintergrund einer Misch- oder Staudenrabatte.
• HÖHE Bis 2 m.

L. davidii var. *willmottiae*
Davidslilie, Pyramidenlilie

Dahlien

Dahlia-Hybriden werden nach der Größe und Form ihrer Blüten in verschiedene Klassen eingeteilt. Die meisten eignen sich zum Schnitt, Ausstellungspflanzen sollten separat in Beeten gezogen werden. Alle Dahlien mit Ausnahme der niedrigwachsenden müssen gestützt werden (siehe S. 169). Sie brauchen einen tiefgründigen, nährstoffreichen und feuchten, aber gut drainierten Boden in geschützter, vollsonniger Lage. Beetdahlien lassen sich gut im zeitigen Frühjahr aus Samen vermehren. Beim Teilen der Wurzelknollen muß jedes Stück einen Triebansatz aufweisen. Zudem kann man von Knollen, die ab März unter Glas vorgetrieben wurden, grundständige Stecklinge nehmen. Man gräbt die Knollen nach dem ersten Frost aus, läßt sie umgedreht trocknen und bestäubt sie mit einem Fungizid. In einer Schale mit Torf oder ähnlichem Substrat überwintert man sie an einem trockenen, luftigen und frostfreien Platz.

Einfachblühende Dahlien

Ungefüllt, 8–10 breite Strahlenblüten umgeben kranzförmig eine flache Scheibe.

Anemonenblütige Dahlien

Dicht gefüllt, bestehend aus einem oder mehreren Ringen flacher Strahlenblüten, die um ein gedrängtes Kissen kurzer Röhrenblüten stehen; diese sind gewöhnlich länger als bei der vorherigen Gruppe.

Halskrausendahlien

Ungefüllt, 8–10 breite Strahlenblüten und ein innerer Ring kleiner Strahlenblüten umkränzen eine offene Scheibe.

Seerosendahlien

Dicht gefüllt mit großen, meist locker angeordneten Strahlenblüten; sie sind glatt oder besitzen leicht einwärts oder auswärts gebogene Ränder und verleihen der Blüte insgesamt ein flaches Aussehen.

Schmuckdahlien

Dicht gefüllt mit breiten, flachen Strahlenblüten, die am Rand leicht einwärts und gewöhnlich insgesamt nach außen gebogen sind.

Balldahlien

Abgeflacht bis kugelig, gefüllt mit dicht angeordneten, tütenförmig eingerollten Strahlenblüten.

Pompondahlien

Abgeflacht bis kugelig und dicht gefüllt, höchstens 5 cm Durchmesser; eine Miniaturform der Balldahlien.

Kaktusdahlien

Dicht gefüllt mit schmalen, zugespitzten Strahlenblüten; diese sind gerade oder weisen nach innen und haben über mehr als zwei Drittel ihrer Länge eingerollte Ränder.

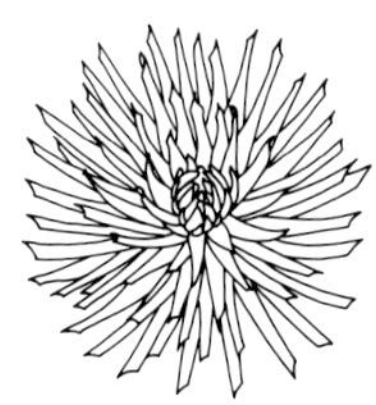

Semikaktusdahlien

Dicht gefüllt, ähnlich den Kaktusdahlien; die Strahlenblüten sind jedoch am Ansatz breiter und am Rand zur Spitze hin eingerollt.

Sonstige Dahlien

Verschiedene einfache und gefüllte Typen, die sich keiner bestimmten Gruppe zuordnen lassen, darunter die Orchideenblütigen (siehe rechts).

D. 'Angora'
Wuchs Horstbildend.
Blüten Reinweiß; etwa 10 cm groß, Kronblätter am Ende geschlitzt. Blütezeit Hochsommer.
Blätter Gefiedert, eiförmige Blättchen; mittelgrün.
- HINWEIS Vorzüglich für Rabatten und als Schnittblume.
- HÖHE 1,1 m.
- BREITE 60 cm.

D. 'Angora'
(Schmuckdahlie)

D. 'Nina Chester'
Wuchs Horstbildend.
Blüten Weiß, Spitzen fliederfarben überlaufen; an kräftigen Stielen, 10–15 cm groß. Blütezeit Spätsommer.
Blätter Gefiedert, eiförmige Blättchen; mittelgrün.
- HINWEIS Ideal als Rabatten, Schnitt- und Ausstellungsblume.
- HÖHE 1,1 m.
- BREITE 60 cm.

D. 'Nina Chester'
(Schmuckdahlie)

D. 'Easter Sunday'
Wuchs Horstbildend.
Blüten Rahmweiß, goldgelbe Mitte; etwa 12 cm groß. Blütezeit Spätsommer und Herbst.
Blätter Eiförmige Blättchen; glänzend dunkelgrün.
- HINWEIS Schön als Rabatten-, Vasen- und Ausstellungsblume.
- HÖHE 1 m.
- BREITE 50 cm.

D. 'Easter Sunday'
(Halskrausendahlie)

D. 'White Klankstad'
Wuchs Horstbildend.
Blüten Weiß; etwa 10–15 cm groß. Blütezeit Sommer und Herbst.
Blätter Eiförmige Blättchen; glänzend dunkelgrün.
- HINWEIS Ideal für Rabatten und zum Schnitt, gut als Solitärpflanze für Ausstellungen.
- HÖHE Bis 1,2 m.
- BREITE 60 cm.

D. 'White Klankstad'
(Kaktusdahlie)

D. 'Small World'
Wuchs Horstbildend.
Blüten Reinweiß; nur 5 cm groß. Blütezeit Sommer und Herbst.
Blätter Gefiedert, mit eiförmigen Blättchen; glänzend dunkelgrün.
- HINWEIS Ausgezeichnete Rabatten- und Schnittblume, für Ausstellungen geeignet.
- HÖHE 1 m.
- BREITE 60 cm.

D. 'Small World'
(Pompondahlie)

D. 'Majestic Kerkrade'
Wuchs Horstbildend.
Blüten Sanft lachsrosa, am Ansatz gelb; etwa 10–15 cm groß. Blütezeit Sommer und Herbst.
Blätter Gefiedert, eiförmige Blättchen; glänzend dunkelgrün.
- HINWEIS Ideal für Rabatten sowie als Schnitt- und Ausstellungsblume.
- HÖHE 1,2 m.
- BREITE 60 cm.

D. 'Majestic Kerkrade'
(Kaktusdahlie)

D. 'Rhonda'
Wuchs Horstbildend.
Blüten Weiß, Ränder fliederfarben überhaucht; nur 5 cm groß. Blütezeit Sommer und Herbst. ***Blätter*** Gefiedert, eiförmige Blättchen; mittelgrün.
- HINWEIS Ideale Rabatten- und Schnittblume, gut für Ausstellungen geeignet.
- HÖHE 1,1 m.
- BREITE 60 cm.

D. 'Rhonda'
(Pompondahlie)

D. 'Vicky Crutchfield'
Wuchs Horstbildend.
Blüten Muschelrosa; etwa 10–15 cm groß, Strahlenblüten leicht eingerollt. Sommer und Herbst. ***Blätter*** Gefiedert, eiförmige Blättchen; mittelgrün.
- HINWEIS Ideal für Rabatten und zum Schnitt; Ausstellungsblume.
- HÖHE 1,1 m.
- BREITE 60 cm.

D. 'Vicky Crutchfield'
(Seerosendahlie)

D. 'Monk Marc'

Wuchs Horstbildend. ***Blüten*** Blaßrosa; etwa 10–15 cm groß. Blütezeit Sommer und Herbst. ***Blätter*** Gefiedert, eiförmige Blättchen; dunkelgrün.
- HINWEIS Exzellent für Rabatten und zum Schnitt, gute Einzelpflanze für Ausstellungen.
- HÖHE 1 m.
- BREITE 60–100 cm.

D. 'Monk Marc'
(Kaktusdahlie)

D. 'Noreen'

Wuchs Horstbildend. ***Blüten*** Blaß violettrosa in verschiedenen Nuancen; nur 5 cm groß. Blütezeit Sommer und Herbst. ***Blätter*** Gefiedert, eiförmige Blättchen; mittelgrün.
- HINWEIS Schöne Rabatten-, Vasen- und Ausstellungsblume.
- HÖHE 1 m.
- BREITE 50 cm.

D. 'Noreen'
(Pompondahlie)

D. 'Pink Symbol'

Wuchs Horstbildend. ***Blüten*** Sanftrosa, zum Ansatz hin zu Gelb verlaufend; etwa 15–20 cm groß. Blütezeit Sommer. ***Blätter*** Gefiedert, eiförmige Blättchen; mittelgrün.
- HINWEIS Gut als Schaupflanze für Ausstellungen.
- HÖHE 1,3 m.
- BREITE 60 cm.

D. 'Pink Symbol'
(Semikaktusdahlie)

D. 'Candy Keene'

Wuchs Horstbildend. ***Blüten*** Fliederrosa, mit weißlichen Nuancen; zwischen 10 und 25 cm groß. Blütezeit Sommer und Herbst. ***Blätter*** Gefiedert, eiförmige Blättchen; mittelgrün.
- HINWEIS Erfolgversprechende Ausstellungsblume.
- HÖHE 1,2 m.
- BREITE 60 cm.

D. 'Candy Keene'
(Semikaktusdahlie)

D. 'Athalie'

Wuchs Horstbildend. ***Blüten*** Tiefrosa, am Ansatz zu Zitronengelb verlaufend; bis 15 cm groß. Blütezeit Sommer und Herbst. ***Blätter*** Gefiedert, eiförmige Blättchen; glänzend dunkelgrün.
- HINWEIS Für Rabatten und zum Schnitt geeignet, auch als Ausstellungsblume zu empfehlen.
- HÖHE 1,2 m.
- BREITE 60 cm.

D. 'Athalie'
(Kaktusdahlie)

D. 'Gilt Edge'

Wuchs Horstbildend. ***Blüten*** Fliederrosa, Spitzen zartgolden überlaufen; zahlreich, an kräftigen Stielen, 15–20 cm groß. Sommer und Herbst. ***Blätter*** Gefiedert, eiförmige Blättchen; mittelgrün.
- HINWEIS Als Schnitt- und Wettbewerbsblume geeignet.
- HÖHE 1,1 m.
- BREITE 60 cm.

D. 'Gilt Edge'
(Schmuckdahlie)

D. 'Gay Princess'

Wuchs Horstbildend. ***Blüten*** Sattes Fliederrosa; an kräftigen Stielen, 10–15 cm groß, deutlich vom Laub abgehoben. Sommer und Herbst. ***Blätter*** Gefiedert, eiförmige Blättchen; mittelgrün.
- HINWEIS Als Schnitt- und Ausstellungspflanze geeignet.
- HÖHE 1,5 m.
- BREITE 75 cm.

D. 'Gay Princess'
(Seerosendahlie)

D. 'By the Cringe'

Wuchs Horstbildend. ***Blüten*** Fliederrosa; etwa 12 cm groß. Blütezeit Sommer und Herbst. ***Blätter*** Gefiedert, eiförmige Blättchen; mittelgrün.
- HINWEIS Exzellente Rabatten- und Schnittblume.
- HÖHE 1,1 m.
- BREITE 60 cm.

D. 'By the Cringe'
(Kaktusdahlie)

D. 'Wootton Cupid'

Wuchs Horstbildend. ***Blüten*** Klares Lachsrosa; etwa 8–10 cm groß, an kräftigen Stielen, deutlich vom Laub abgehoben. Sommer–Herbst. ***Blätter*** Gefiedert, eiförmige Blättchen; mittelgrün.
- HINWEIS Schöne Rabatten-, Schnitt- und Schaudahlie.
- HÖHE 1,1 m.
- BREITE 60 cm.

D. 'Wootton Cupid'
(Balldahlie)

D. 'Pontiac'

Wuchs Horstbildend. ***Blüten*** Leuchtendrosa, Ansatz violettgetönt; zahlreich, 10–15 cm groß. Blütezeit Sommer und Herbst. ***Blätter*** Gefiedert, eiförmige Blättchen; glänzend dunkelgrün.
- HINWEIS Schöne Rabatten- und Schnittblume.
- HÖHE 1,2 m.
- BREITE 60 cm.

D. 'Pontiac'
(Kaktusdahlie)

D. 'Fascination'

Wuchs Horstbildend. ***Blüten*** Blaß purpurrosa; 8–10 cm groß. Blütezeit Sommer. ***Blätter*** Gefiedert, eiförmige Blättchen; glänzendes, dunkles Bronzegrün.
- HINWEIS Als Beetdahlie gezüchtet, auch für große Kübel und zum Schnitt geeignet.
- HÖHE 60 cm.
- BREITE 45 cm.

D. 'Fascination'
(Niedrige Beetdahlie)

D. 'Jocondo'

Wuchs Horstbildend. ***Blüten*** Strahlend violettrot; an kräftigen Stielen, Breite 30 cm und mehr. Blütezeit Hochsommer bis Herbst. ***Blätter*** Gefiedert, eiförmige Blättchen; dunkelgrün.
- HINWEIS Für Ausstellungen zu empfehlen.
- HÖHE 1,2 m.
- BREITE 60 cm.

D. 'Jocondo'
(Schmuckdahlie)

D. 'Betty Bowen'

Wuchs Horstbildend. ***Blüten*** Samtig purpurn; ebenmäßig und symmetrisch, 10–15 cm groß. Blütezeit Sommer und Herbst. ***Blätter*** Gefiedert, eiförmige Blättchen; glänzend dunkelgrün.
- HINWEIS Gute Schnittblume, für Ausstellungen geeignet.
- HÖHE 1,5 m.
- BREITE 75 cm.

D. 'Betty Bowen'
(Schmuckdahlie)

D. 'Whale's Rhonda'

Wuchs Horstbildend.
Blüten Samtig braunrot, außen silbrig; nur 5 cm groß. Blütezeit Sommer und Herbst.
Blätter Gefiedert, eiförmige Blättchen; glänzendes, sattes Dunkelgrün.
• HINWEIS Ideal als Rabatten- und Schnittblume, sehr gut für Ausstellungen.
• HÖHE 1 m.
• BREITE 45 cm.

D. 'Whale's Rhonda'
(Pompondahlie)

D. 'Comet'

Wuchs Horstbildend.
Blüten Satt dunkelrot; samtig, 10–15 cm groß. Sommer und Herbst.
Blätter Gefiedert, eiförmige Blättchen; glänzend dunkelgrün.
• HINWEIS Schöne Rabatten- und Vasenblume.
• HÖHE 1,1 m.
• BREITE 60 cm.

D. 'Comet'
(Anemonenblütige Dahlie)

D. 'Brunton'

Wuchs Horstbildend.
Blüten Reinrot leuchtend; etwa 8–10 cm groß. Blütezeit Sommer und Herbst.
Blätter Gefiedert, eiförmige Blättchen; dunkelgrün.
• HINWEIS Ideale Rabatten- und Schnittblume, als Solitär für Blumenschauen zu empfehlen.
• HÖHE 1,1 m.
• BREITE 60 cm.

D. 'Brunton'
(Schmuckdahlie)

D. 'Bishop of Llandaff'

Wuchs Horstbildend.
Blüten Satt dunkelrot, Staubbeutel goldgelb; päonienartig, 10–12 cm groß. Sommer–Herbst.
Blätter Gefiedert, eiförmige Blättchen; dunkel bronzerot.
• HINWEIS Schön für Beete und Rabatten, als Schnittblume geeignet.
• HÖHE 1,1 m.
• BREITE 45 cm.

D. 'Bishop of Llandaff'
(Sonstige)

D. 'Corona'

Wuchs Horstbildend.
Blüten Feuerrot; an kräftigen Stielen, 8–10 cm groß. Blütezeit Sommer und Herbst.
Blätter Gefiedert, eiförmige Blättchen; glänzend dunkelgrün.
• HINWEIS Schöner Schmuck für Beete und Rabatten, muß nicht gestützt werden.
• HÖHE 45–60 cm.
• BREITE 45–60 cm.

D. 'Corona'
(Semikaktusdahlie, niedrige Beetdahlie)

D. 'Scarlet Beauty'

Wuchs Horstbildend.
Blüten Satt scharlachrot; ebenmäßig, 10–15 cm groß. Blütezeit Sommer und Herbst. ***Blätter*** Gefiedert, eiförmige Blättchen; mittelgrün.
• HINWEIS Ideale Rabatten- und Schnittblume, gut für Ausstellungen.
• HÖHE 1,1 m.
• BREITE 60 cm.

D. 'Scarlet Beauty'
(Seerosendahlie)

D. 'Chimborazo'

Wuchs Horstbildend.
Blüten Samtig braunrot, innere Strahlenblüten und Scheibe gelb; zahlreich, 10 cm groß. Blütezeit Sommer und Herbst. ***Blätter*** Gefiedert, eiförmige Blättchen; glänzend dunkelgrün.
• HINWEIS Für Rabatten und zum Schnitt, gut für Ausstellungen.
• HÖHE 1,2 m.
• BREITE 60 cm.

D. 'Chimborazo'
(Halskrausendahlie)

D. 'Flutterby'

Wuchs Horstbildend.
Blüten Gelb, zu den Spitzen hin rötlich überlaufen; bis 10 cm groß. Blütezeit Sommer und Herbst. ***Blätter*** Gefiedert, eiförmige Blättchen; mittelgrün.
• HINWEIS Für Misch- und Staudenrabatten geeignet. Dekorative Schnittblume.
• HÖHE 1 m.
• BREITE 45 cm.

D. 'Flutterby'
(Schmuckdahlie)

D. 'Bassingbourne Beauty'

Wuchs Horstbildend. ***Blüten*** Blaßgelb, orangerosa überhaucht; etwa 10–15 cm groß. Sommer und Herbst. ***Blätter*** Gefiedert, eiförmige Blättchen; mittelgrün.
- HINWEIS Ideal als Rabatten-, Schnitt- und Ausstellungsblume.
- HÖHE 1,2 m.
- BREITE 60 cm.

D. 'Bassingbourne Beauty' (Schmuckdahlie)

D. 'Hamari Katrina'

Wuchs Horstbildend. ***Blüten*** Etwa 20–25 cm groß, im Sommer und Herbst; blaß zitronengelb. ***Blätter*** Gefiedert, eiförmige Blättchen; mittelgrün.
- HINWEIS Als Schaupflanze zu empfehlen.
- HÖHE 1,3 m.
- BREITE 60 cm.

D. 'Hamari Katrina' (Semikaktusdahlie)

D. 'Yellow Hammer'

Wuchs Horstbildend. ***Blüten*** Sattgelb; deutlich vom Laub abgehoben, 8 cm groß. Blütezeit Hochsommer bis Herbst. ***Blätter*** Gefiedert, eiförmige Blättchen; tief bronzefarben.
- HINWEIS Gut für große Pflanzgefäße, Rabatten und Beete, auch zum Schnitt geeignet.
- HÖHE 60 cm.
- BREITE 45 cm.

D. 'Yellow Hammer' (Einfachblühende, niedrige Beetdahlie)

D. 'Clair de Lune'

Wuchs Horstbildend. ***Blüten*** Zitronengelb, innere Strahlenblüten rahmgelb, Staubbeutel goldgelb; etwa 8–10 cm groß. Blütezeit Sommer. ***Blätter*** Gefiedert, eiförmige Blättchen; mittelgrün.
- HINWEIS Ideal als Rabatten-, Schnitt- und Ausstellungsblume.
- HÖHE 1,1 m.
- BREITE 60 cm.

D. 'Clair de Lune' (Halskrausendahlie)

D. 'Butterball'

Wuchs Horstbildend. ***Blüten*** Leuchtendgelb; etwa 8–10 cm groß. Blütezeit Frühsommer. ***Blätter*** Gefiedert, eiförmige Blättchen; mittelgrün.
- HINWEIS Empfehlenswerte Rabatten- und Schnittblume.
- HÖHE 1 m.
- BREITE 45 cm.

D. 'Butterball' (Schmuckdahlie, niedrige Beetdahlie)

D. 'Early Bird'

Wuchs Horstbildend. ***Blüten*** Goldgelb; etwa 10–15 cm groß. Blütezeit Sommer und Herbst. ***Blätter*** Gefiedert, eiförmige Blättchen; mittelgrün.
- HINWEIS Für Rabatten und als Schnittblume zu empfehlen.
- HÖHE 1,2 m.
- BREITE 60 cm.

D. 'Early Bird' (Schmuckdahlie)

D. 'Cortez Sovereign'

Wuchs Horstbildend. ***Blüten*** Blaßgelb; etwa 10–15 cm groß. Blütezeit Sommer und Herbst. ***Blätter*** Gefiedert, eiförmige Blättchen; mittelgrün.
- HINWEIS Gut für Rabatten, auch als Schnittblume geeignet.
- HÖHE 1–1,2 m.
- BREITE 60 cm.

D. 'Cortez Sovereign' (Semikaktusdahlie)

D. 'Davenport Sunlight'
Wuchs Horstbildend.
Blüten Strahlendgelb; deutlich vom Laub abgehoben, 15–20 cm groß. Sommer und Herbst.
Blätter Gefiedert, eiförmige Blättchen; mittelgrün.
• HINWEIS Für Rabatten und Ausstellungen gut geeignet.
• HÖHE 1,2 m.
• BREITE 60 cm.

D. 'Davenport Sunlight' (Semikaktusdahlie)

D. 'Gay Mini'
Wuchs Horstbildend.
Blüten Gelb, mit tief bronzegelben Schattierungen; etwa 8–10 cm groß. Blütezeit Sommer und Herbst.
Blätter Gefiedert, eiförmige Blättchen; mittelgrün.
• HINWEIS Empfehlenswerte Rabatten- und Schnittblume.
• HÖHE 1 m.
• BREITE 45 cm.

D. 'Gay Mini' (Schmuckdahlie)

D. 'East Anglian'
Wuchs Horstbildend.
Blüten Warme Goldorangetöne; etwa 10–15 cm groß. Blütezeit Sommer und Herbst.
Blätter Gefiedert, eiförmige Blättchen; mittelgrün.
• HINWEIS Schön für Rabatten und als Schnittblume.
• HÖHE 1 m.
• BREITE 45 cm.

D. 'East Anglian' (Schmuckdahlie, niedrige Beetdahlie)

D. 'So Dainty'
Wuchs Horstbildend.
Blüten Bronzegolden, lachsrosa überlaufen; an kräftigen Stielen, 8–10 cm groß. Blütezeit Sommer und Herbst.
Blätter Gefiedert, eiförmige Blättchen; mittelgrün.
• HINWEIS Ideal für Rabatten und Vasen, gute Ausstellungssorte.
• HÖHE 1,1 m.
• BREITE 60 cm.

D. 'So Dainty' (Semikaktusdahlie)

D. 'Shandy'
Wuchs Horstbildend.
Blüten Orangefarbene und zartrosa Nuancen; etwa 10–15 cm groß. Blütezeit Sommer und Herbst. ***Blätter*** Gefiedert, eiförmige Blättchen; mittelgrün.
• HINWEIS Empfehlenswerte Rabatten- und Schnittblume.
• HÖHE 1 m.
• BREITE 45 cm.

D. 'Shandy' (Semikaktusdahlie)

D. 'Chinese Lantern'
Wuchs Horstbildend.
Blüten Gelb, zu feurigem Orangerot verlaufend; etwa 10–15 cm groß. Blütezeit Hochsommer bis Frühherbst.
Blätter Gefiedert, eiförmige Blättchen; mittelgrün.
• HINWEIS Schön als Rabattenblume und in der Vase.
• HÖHE 1,1 m.
• BREITE 60 cm.

D. 'Chinese Lantern' (Schmuckdahlie)

D. 'Corton Olympic'
Wuchs Horstbildend.
Blüten Sattes Bronzeorange; an kräftigen Stielen, 25–30 cm groß. Blütezeit Spätsommer.
Blätter Gefiedert, eiförmige Blättchen; dunkelgrün.
• HINWEIS Für Ausstellungen geeignet.
• HÖHE 1,2 m.
• BREITE 60 cm.

D. 'Corton Olympic' (Schmuckdahlie)

D. 'Frank Hornsey'

Wuchs Horstbildend. ***Blüten*** Zartrosa und bronzegelb in verschiedenen Schattierungen; an kräftigen Stielen, 10–15 cm groß. Blütezeit Hochsommer bis Herbst. ***Blätter*** Gefiedert, eiförmige Blättchen; glänzend dunkelgrün.

- HINWEIS Rabatten-, Schnitt- und Schaublume.
- HÖHE 1,2 m.
- BREITE 60 cm.

D. 'Frank Hornsey'
(Schmuckdahlie)

D. 'Paul Chester'

Wuchs Horstbildend. ***Blüten*** Orangegelb, mit pfirsichfarbenem Einschlag; etwa 10–15 cm groß. Blütezeit Sommer und Herbst. ***Blätter*** Gefiedert, eiförmige Blättchen; mittelgrün.

- HINWEIS Für Rabatten und zum Schnitt zu empfehlen. Hervorragende Ausstellungsblume.
- HÖHE 1 m.
- BREITE 45 cm.

D. 'Paul Chester'
(Kaktusdahlie)

D. 'Biddenham Sunset'

Wuchs Horstbildend. ***Blüten*** Tief orangerot, am Ansatz goldgelb; an kräftigen Stielen, 10–12 cm groß. Blütezeit Hochsommer bis Herbst. ***Blätter*** Gefiedert, eiförmige Blättchen; dunkelgrün.

- HINWEIS Rabatten- und Schnittblume.
- HÖHE 1,3 m.
- BREITE 60 cm.

D. 'Biddenham Sunset'
(Schmuckdahlie)

D. 'Quel Diable'

Wuchs Horstbildend. ***Blüten*** Intensives, feuriges Orangerot; etwa 20–25 cm groß. Blütezeit Sommer und Herbst. ***Blätter*** Gefiedert, eiförmige Blättchen; dunkelgrün.

- HINWEIS Ideal für Rabatten und zum Schnitt, auch als Ausstellungspflanze.
- HÖHE 1,2 m.
- BREITE 60 cm.

D. 'Quel Diable'
(Semikaktusdahlie)

D. 'Highgate Torch'

Wuchs Horstbildend. ***Blüten*** Sattes, feuriges Orange; an kräftigen Stielen, 15–20 cm groß. Blütezeit Sommer und Herbst. ***Blätter*** Lanzettförmige bis eiförmige Blättchen, gezähnt; mittelgrün.

- HINWEIS Gute Rabatten- und Schnittblume.
- HÖHE 1–1,2 m.
- BREITE 45–60 cm.

D. 'Highgate Torch'
(Semikaktusdahlie)

Amaryllidaceae/Liliaceae	BELLADONNALILIE

AMARYLLIS BELLA-DONNA 'Hathor'

Wuchs Kräftig; Zwiebel, mehrjährig. ***Blüten*** Weiß, mit gelbem Schlund; duftend, trichterförmig, 10 cm lang, zu 6 oder mehr in Dolden an kräftigen Schäften. Blütezeit August–September. ***Blätter*** Riemenförmig, fleischig, nach den Blüten austreibend; frischgrün.

- HERKUNFT Züchtung.
- KULTUR Gedeiht am besten an einer warmen, sonnigen Mauer in tiefgründigem, durchlässigem, möglichst sandigem Boden. Eine reiche Blüte setzt angemessene Wärme voraus; am Fuß einer Mauer findet die Pflanze etwas Schutz vor Frost und starkem Regen. Wo strenge Kälteeinbrüche zu erwarten sind, die Zwiebel und das Laub im Winter durch eine Abdeckung mit trockenem Reisig, abgestützte Frühbeetfenster oder Faservlies schützen. Zwar ziehen sich *Amaryllis* mit ihren Wurzeln in der Regel selbst in die ideale Wuchstiefe, doch können die Zwiebeln in zu dichten Kolonien an die Erdoberfläche gedrückt werden.
- VERMEHRUNG Durch Abnehmen von Brutzwiebeln im Frühjahr.

HÖHE
50–80 cm

BREITE
30–45 cm

Spitze auf Boden-niveau

Amaryllidaceae/ Liliaceae	

X *AMARYGIA PARKERI*

Wuchs Robust; Zwiebel, mehrjährig. ***Blüten*** Blaßrosa, Schlund gelb und weiß; 10 cm lange Trichter mit gewelltem Saum, auf kräftigem Schaft. August–September. ***Blätter*** Grundständig, halbaufrecht, riemenförmig, erscheinen nach der Blüte; mittelgrün.

- HERKUNFT Züchtung.
- KULTUR Für das Kalthaus geeignet. Das Laub im Winter durch Faservlies vor strengem Frost schützen.
- VERMEHRUNG Die Nebenzwiebeln im Frühjahr abtrennen.
- WEITERER NAME *x Brunsdonna parkeri.*

HÖHE
Bis 1 m

BREITE
60 cm

Hals auf Bodenniveau

Amaryllidaceae/ Liliaceae	

X *AMARCRINUM MEMORIA-CORSII*

Wuchs Büschelig; Zwiebel, mehrjährig.
Blüten Warmes Rosa; 10 cm lange, duftende Trichter, zu 10 in lockeren Dolden an kräftigen Stielen im August. ***Blätter*** Sommergrün, riemenförmig, halbaufrecht; dunkelgrün.

- HERKUNFT Züchtung.
- KULTUR Steht gern am Fuß einer warmen, besonnten Mauer. Gut als Kübelpflanze im Kalthaus.
- VERMEHRUNG Durch Nebenzwiebeln im April.
- WEITERE NAMEN *x A. howardii, x Crinodonna corsii.*

HÖHE
1 m

BREITE
60 cm

Spitze auf Bodenniveau

Amaryllidaceae/ Liliaceae	BELLADONNALILIE

AMARYLLIS BELLA-DONNA

Wuchs Robust; Zwiebel, mehrjährig. ***Blüten*** Rosa; duftend, trichterförmig, jeweils 6 in Dolden, an purpurgrünen Stielen. Blütezeit August–September. ***Blätter*** Riemenförmig, halbaufrecht, nach den Blüten sprießend; dunkelgrün.

- HERKUNFT Südafrika, an Küsten und Flüssen.
- KULTUR Am Fuß einer warmen, sonnigen, geschützten Mauer pflanzen, möglichst in sandigen, humusreichen Boden. Im Winter durch Faservlies vor starkem Frost schützen. Welkes Laub entfernen.
- VERMEHRUNG Mit Brutzwiebeln oder Samen.

HÖHE
50–80 cm

BREITE
30–45 cm

Spitze auf Bodenniveau

Liliaceae

ERYTHRONIUM OREGONUM

Wuchs Kräftig, horstbildend; Zwiebel, mehrjährig. ***Blüten*** Rahmweiß mit gelbem Auge, an der Basis orangebraune Zeichnung, Staubbeutel gelb; nickend, mit 6 Kronblättern, die sich allmählich zurückbiegen, einzeln oder zu 6 in endständigen Trauben an kahlen Stengeln. Blütezeit April–Mai. ***Blätter*** Grundständig, halbaufrecht, eiförmig, bis 15 cm lang; glänzend mittel- bis dunkelgrün, heller gefleckt.

• HERKUNFT Nordamerika von Britisch-Kolumbien bis Oregon und NW-Kalifornien, auf Wiesen und in feuchten Wäldern.

• KULTUR Ausgezeichnet zum Verwildern in Waldgärten und hübsch als Unterpflanzung auf Strauchrabatten sowie für halbschattige Lagen in Steingärten. Gedeiht an absonnigen bis halbschattigen Standorten in nährstoffreichem, feuchtem und durchlässigem, humosen Boden. Die Zwiebeln dürfen während der Lagerung wie auch nach dem Pflanzen nicht austrocknen.

• VERMEHRUNG Durch Teilen großer, alter Horste oder Abnehmen der zahlreichen Brutzwiebeln nach der Blüte.

HÖHE
35 cm

BREITE
10–15 cm

10–15 cm

Alliaceae/Liliaceae	NEAPOLITANISCHER LAUCH

Allium neapolitanum

Wuchs Schlank; Zwiebel, mehrjährig. ***Blüten*** Weiß; klein, sternförmig, in lockeren Dolden an schlanken Stielen. Mai–Juni. ***Blätter*** Schmal und zugespitzt, halbaufrecht, ziehen vor der Blüte ein; mittelgrün.

- HERKUNFT Südeuropa und Nordafrika.
- KULTUR Verlangt gut drainierten, mäßig nährstoffreichen, möglichst sandigen Boden in vollsonniger Lage. Unproblematisch, breitet sich rasch aus.
- VERMEHRUNG Durch Nebenzwiebeln im Herbst, alternativ Aussaat bei Samenreife oder im Frühjahr.
- WEITERER NAME *A. cowanii.*

HÖHE
20–50 cm

BREITE
10–12 cm

8–10 cm

Liliaceae	

Calochortus albus

Wuchs Schlank, mit verzweigten Stengeln; Zwiebel, mehrjährig. ***Blüten*** Weiß; nickende, rundliche, hauchzarte Glockenblumen. Blütezeit Mai–Juni. ***Blätter*** Linealisch; graugrün.

- HERKUNFT Kalifornien, Ausläufer der Küstengebirge.
- KULTUR Liebt kiesigen, stark durchlässigen Boden. Winternässe vermeiden. Gut im Kalthaus zu kultivieren; die Ruhephase dauert von Juli bis November.
- VERMEHRUNG Durch Aussaat im Frühjahr oder Brutzwiebeln im Spätsommer.

HÖHE
20–50 cm

BREITE
5–10 cm

10–15 cm

Amaryllidaceae	

Pamianthe peruviana

Wuchs Elegant; Zwiebel, mehrjährig. ***Blüten*** Cremeweiß; duftende, glockenförmige Schalen mit 6 abgespreizten Kronblättern, jeweils 2–4 in Büscheln. Frühjahr. ***Blätter*** Riemenförmig und gekielt, halbaufrecht; mittelgrün.

- HERKUNFT Peru, Anden.
- KULTUR Bevorzugt ein nährstoffreiches Substrat. Im Zimmer oder Wintergarten ziehen. Während des Wachstums mäßig, sonst sparsam gießen.
- VERMEHRUNG Durch Nebenzwiebeln im Herbst oder Aussaat gleich nach der Samenreife.

Min.
12–15 °C

HÖHE
50 cm

BREITE
45 cm

8–10 cm

Liliaceae/Liliaceae	

Calochortus venustus

Wuchs Schlank, verzweigte Stiele; Zwiebel, mehrjährig. ***Blüten*** Weiß, an der Basis mit gelbbraunem Fleck; aufrechte Schalen, zu mehreren vom späten Frühjahr bis Sommer. ***Blätter*** Linealisch; mittelgrün.

- HERKUNFT Kalifornien, Grasland.
- KULTUR An einen warmen, geschützten Platz mit sandigem, extrem durchlässigem Boden pflanzen. Verträgt keine Winternässe. Läßt sich gut im Kalthaus ziehen; Ruhephase fällt zwischen Juli und November.
- VERMEHRUNG Durch Aussaat der reifen Samen oder Nebenzwiebeln im Spätsommer.

HÖHE
Bis 60 cm

BREITE
5–10 cm

10–15 cm

Liliaceae

ERYTHRONIUM CALIFORNICUM 'White Beauty'

Wuchs Sehr kräftig, horstbildend; Zwiebel, mehrjährig. ***Blüten*** Rahmweiß, mit weißen Staubbeuteln; nickend, je 1–3 an schlanken, kahlen Stielen; die 6 stark zurückgebogenen Kronblätter zeigen an der Basis rostrote Flecken, die sich zu einem dekorativen Ring verbinden. Blütezeit April–Mai. ***Blätter*** Grundständig, eiförmig; glänzend dunkelgrün mit blaßgrünen Sprenkeln.

• HERKUNFT Nordkalifornien, zwischen Gebüsch, in feuchten und schattigen Gehölzen und in immergrünen Mischwäldern.

• KULTUR Diese robuste Sorte empfiehlt sich zum Verwildern in Gehölzpartien oder als Unterpflanzung in Strauchrabatten. Sie ist unkompliziert, läßt sich leicht und schnell vermehren und gedeiht an absonnigen wie halbschattigen Plätzen. Der Boden sollte nährstoffreich, feucht und gut drainiert sowie mit Laubhumus und anderem organischem Material angereichert sein. Die Zwiebeln dürfen weder während der Lagerung noch in der Erde austrocknen.

• VERMEHRUNG Alte, dichte Bestände teilen oder nach der Blüte Brutzwiebeln abnehmen.

HÖHE
20–30 cm

BREITE
10–12 cm

10–15 cm

Tulpen

Tulpen *(Tulipa)* bieten eine enorme Farbpalette. Man unterscheidet 15 Klassen:

1. **Einfache frühe Tulpen** Ungefüllt, becherförmig.
2. **Gefüllte frühe Tulpen** Haltbar.
3. **Triumphtulpen** Ungefüllt, kegelförmig bis rundlich, kräftige Stiele.
4. **Darwin-Hybriden** Ungefüllt, groß, kräftige Stiele.
5. **Einfache späte Tulpen** Ungefüllt, vielgestaltig, meist zugespitzte Blütenblätter.
6. **Lilienblütige Tulpen** Ungefüllt, lang und schlank, zugespitzte Blütenblätter, auf hohen Stielen.
7. **Gefranste Tulpen (Crispa-Tulpen)** Ähnlich wie Klasse 6, aber gefranst.
8. **Viridiflora-Tulpen** Ungefüllt, vielgestaltig, grünliche Blütenblätter.
9. **Rembrandt-Tulpen** Meist alte Züchtungen, gestreift oder geflammt, ähnlich Klasse 6.
10. **Papageientulpen** Ungefüllt, groß, variabel, Blütenblätter gewellt oder gefranst, oft verdreht.
11. **Gefüllte späte Tulpen (Päonienblütige Tulpen)** Schalenförmig.
12. **Kaufmanniana-Hybriden (Seerosentulpen)** Ungefüllt, gesprenkeltes oder gestreiftes Laub.
13. **Fosteriana-Hybriden** Ungefüllt, groß, Laub oft gesprenkelt oder gestreift.
14. **Greigii-Hybriden** Ungefüllt, groß, Laub gesprenkelt oder gestreift und gewelltrandig.
15. **Sonstige** Arten und die aus ihnen hervorgegangenen Varietäten, Sorten und Hybriden.

Tulpen brauchen einen gut drainierten, nährstoffreichen Grund in sonniger Lage sowie Schutz gegen Wind und übermäßige Nässe. Man legt die Zwiebeln 10–15 cm tief. Die meisten werden nach dem Einziehen aufgenommen. Man läßt sie im Kalthaus ausreifen, um sie dann im Herbst erneut zu pflanzen. Kaufmanniana-Hybriden und ihre Stammformen können mehrere Jahre an der gleichen Stelle belassen werden; manche vermehren sich durch Selbstaussaat und bilden dabei Kolonien. Die kleinen Brutzwiebeln werden abgetrennt und ins Anzuchtbeet gesetzt. Die Vermehrung aus Samen erfolgt nach der Reife oder im Herbst im kalten Kasten. Bei Aussaat vergehen bis zur ersten Blüte 4–7 Jahre.

T. 'White Triumphator'

Wuchs Zwiebel, mehrjährig. ***Blüten*** Weiß; ungefüllt, kelchförmig, schmale Blütenblätter mit zurückgebogenen Spitzen. Blütezeit Mai. ***Blätter*** Breit lanzettförmig; graugrün.
• HINWEIS Für Misch- und Staudenrabatten geeignet.
• HÖHE 65–70 cm.

T. 'White Triumphator'
(Klasse 6)

T. 'White Dream'

Wuchs Zwiebel, mehrjährig. ***Blüten*** Reinweiß, mit gelben Staubbeuteln; ungefüllt, becherförmig. Blütezeit April–Mai. ***Blätter*** Lanzettförmig; mittelgrün.
• HINWEIS Schön als Beetschmuck und in der Vase.
• HÖHE 40–45 cm.

T. 'White Dream'
(Klasse 3)

T 'White Parrot'

Wuchs Zwiebel, mehrjährig. ***Blüten*** Reinweiß, an der Basis grün gefleckt; ungefüllt, becherförmig, gewellte und gefranste Blütenblätter. Blütezeit spätes Frühjahr. ***Blätter*** Breit lanzettförmig; mittelgrün.
• HINWEIS Gut für Misch- oder Staudenrabatten, ausgezeichnet als Schnittblume.
• HÖHE 55 cm.

T. 'White Parrot'
(Klasse 10)

T. BIFLORA

Wuchs Zwiebel, mehrjährig. ***Blüten*** Elfenbeinweiß, mit gelber Basis, außen grünlichrosa überlaufen; duftend, sternförmig. Blütezeit Mai–Juni. ***Blätter*** Linealisch, überhängend; graugrün.
• HINWEIS Für Steingärten zu empfehlen.
• WEITERER NAME *T. polychroma.*
• HÖHE 10 cm.

T. biflora
(Klasse 15)

T. 'Spring Green'

Wuchs Zwiebel, mehrjährig. ***Blüten*** Elfenbeinweiß, außen gefederte, grüne Mittelstreifen, hellgrüne Staubbeutel; ungefüllt, becherförmig. Blütezeit Mai. ***Blätter*** Lanzettförmig; mittelgrün.
• HINWEIS Ideal für Mischrabatten, ausgezeichnet zum Schnitt und für Arrangements.
• HÖHE 40 cm.

T. 'Spring Green'
(Klasse 8)

T. TURKESTANICA

Wuchs Zwiebel, mehrjährig. ***Blüten*** Weiß, mit orangegelber Basis, außen graurosa überhaucht; sternförmig, unangenehmer Geruch. Blütezeit März–April. ***Blätter*** Linealisch; graugrün.
• HINWEIS Für Steingärten und sonnige Rabatten geeignet.
• HÖHE 30 cm.

T. turkestanica
(Klasse 15)

T. 'Diana'

Wuchs Zwiebel, mehrjährig. ***Blüten*** Elfenbeinfarben; ungefüllt, becherförmig, auf kräftigen Stengeln. Blütezeit April. ***Blätter*** Lanzettförmig; mittelgrün.
• HINWEIS Für Mischrabatten und Beete geeignet.
• HÖHE 40 cm.

T. 'Diana'
(Klasse 1)

T. 'Purissima'

Wuchs Zwiebel, mehrjährig. ***Blüten*** Reinweiß; ungefüllt, becherförmig, an kräftigen Stielen. Blütezeit März–April. ***Blätter*** Breit lanzettförmig; hell graugrün.
• HINWEIS Für Rabatten oder große Kübel gut geeignet.
• WEITERER NAME *T.* 'White Emperor'.
• HÖHE 35 cm.

T. 'Purissima'
(Klasse 13)

T. 'Carneval de Nice'

Wuchs Zwiebel, mehrjährig. ***Blüten*** Weiß, dunkelrot gefedert und gefleckt; gefüllt, schalenförmig. Blütezeit Mai. ***Blätter*** Breit lanzettförmig; graugrün.
• HINWEIS Schön als Rabatten- und Beetbepflanzung.
• HÖHE 40 cm.

T. 'Carneval de Nice'
(Klasse 11)

T. 'Angélique'
Wuchs Zwiebel, mehrjährig. ***Blüten*** Blaßrosa, mit helleren und dunkleren Streifen, Blütenrand hellgetönt; gefüllt, schalenförmig, zart duftend. Blütezeit Mai. ***Blätter*** Breit lanzettförmig; mittelgrün.
- HINWEIS Ein Blickfang auf Beeten und Rabatten.
- HÖHE 40 cm.

T. 'Angélique'
(Klasse 11)

T. 'Fancy Frills'
Wuchs Zwiebel, mehrjährig. ***Blüten*** Tief rosarot, mit hellerem Mittelstreifen; ungefüllt, becherförmig. Blütezeit Mai. ***Blätter*** Breit lanzettförmig; mittelgrün.
- HINWEIS Für Misch- und Staudenrabatten geeignet. Exzellent als Schnittblume und für Arrangements.
- HÖHE 45 cm.

T. 'Fancy Frills'
(Klasse 7)

T. 'Groenland'
Wuchs Zwiebel, mehrjährig. ***Blüten*** Zartrosa, mit breit gefedertem, blaßgrünem Mittelstreifen; ungefüllt, becherförmig. Blütezeit Mai. ***Blätter*** Lanzettförmig; mittelgrün.
- HINWEIS Gut für Mischrabatten oder Beete und als Schnittblume geeignet.
- HÖHE 45 cm.

T. 'Groenland'
(Klasse 8)

T. 'Menton'
Wuchs Robust; Zwiebel, mehrjährig. ***Blüten*** Rosarot, zum Rand hellorange, innen leuchtendrot, mit weißer Aderung; ungefüllt, becherförmig. Blütezeit Mai. ***Blätter*** Breit lanzettförmig; graugrün.
- HINWEIS Für Beete geeignet, schön auch in der Vase.
- HÖHE 60 cm.

T. 'Menton'
(Klasse 5)

T. 'New Design'
Wuchs Zwiebel, mehrjährig. ***Blüten*** Blaßgelb, Ränder hell fuchsienrosa, innen lachsrosa gefleckt; breit becherförmig. Blütezeit April–Mai. ***Blätter*** Lanzettförmig; mittelgrün, Ränder rahmweiß mit rosa Einschlag.
- HINWEIS Herrliche Beet- und Schnittblume.
- HÖHE 45 cm.

T. 'New Design'
(Klasse 3)

T. 'Ballade'
Wuchs Zwiebel, mehrjährig. ***Blüten*** Magentarot, mit weißem Rand; ungefüllt, kelchförmig, elegant zurückgebogene Spitzen. Blütezeit Mai. ***Blätter*** Lanzettförmig; graugrün.
• HINWEIS Für formale Beete geeignet.
• HÖHE 50 cm.

T. 'Ballade'
(Klasse 6)

T. SAXATILIS
Wuchs Zwiebel, stolonbildend; mehrjährig. ***Blüten*** Rosa, Grund gelb, weiß gerandet; duftend, sternförmig, einzeln oder in Viererbüscheln. März–April. ***Blätter*** Linealisch; glänzend mittelgrün.
• HINWEIS Für Steingärten zu empfehlen.
• WEITERER NAME *T. bakeri.*
• HÖHE 15 cm.

T. saxatilis
(Klasse 15)

T. 'Page Polka'
Wuchs Zwiebel, mehrjährig. ***Blüten*** Dunkelrot, mit weißen Adern und weißem Basalfleck; ungefüllt, becherförmig. Blütezeit April–Mai. ***Blätter*** Breit lanzettförmig; mittelgrün.
• HINWEIS Gut als Beetbepflanzung und für die Vase.
• HÖHE 40 cm.

T. 'Page Polka'
(Klasse 3)

T. 'China Pink'
Wuchs Zwiebel, mehrjährig. ***Blüten*** Rosa, mit weißem Mal am inneren Grund; ungefüllt, kelchförmig, mit zugespitzten, leicht zurückgebogenen Blütenblättern. Blütezeit Mai. ***Blätter*** Schmal lanzettförmig; mittelgrün.
• HINWEIS Für formale Beete und als Schnittblume geeignet.
• HÖHE 50 cm.

T. 'China Pink'
(Klasse 6)

T. 'Gordon Cooper'
Wuchs Zwiebel, mehrjährig. ***Blüten*** Rot, zur Mitte rosa, Innenseite glänzend rot mit schwarz-gelbem Basalfleck und schwarzen Staubbeuteln; ungefüllt, eiförmig. Blütezeit April–Mai. ***Blätter*** Lanzettförmig; mittelgrün.
• HINWEIS Empfehlenswerte Beet- und Schnittblume.
• HÖHE 60 cm.

T. 'Gordon Cooper'
(Klasse 4)

T. 'Peer Gynt'
Wuchs Zwiebel, mehrjährig. ***Blüten*** Rosarot, zu den Seitenrändern zu Hellpurpur verblassend, innen weißer Basalfleck mit gelber Zeichnung; becherförmig. Blütezeit April–Mai. ***Blätter*** Lanzettförmig; mittelgrün.
• HINWEIS Schön für Beete und als Schnittblume.
• HÖHE 45 cm.

T. 'Peer Gynt'
(Klasse 3)

T. 'Attila'
Wuchs Zwiebel, mehrjährig. ***Blüten*** Ungefüllt, becherförmig, auf kräftigen Stielen im mittleren Frühjahr; violettrosa. ***Blätter*** Breit lanzettförmig; graugrün.
• HINWEIS Gut für Beete und zum Schnitt, auch zum Treiben geeignet.
• HÖHE 40 cm.

T. 'Attila'
(Klasse 3)

T. 'Dreamland'
Wuchs Zwiebel, mehrjährig. ***Blüten*** Rot, zart cremefarben geflammt, innen rosarot, mit weißem Basalfleck; ungefüllt, eiförmig. Blütezeit Mai. ***Blätter*** Lanzettförmig; mittelgrün.
• HINWEIS Eignung für Beete, gute Schnittblume.
• HÖHE 60 cm.

T. 'Dreamland'
(Klasse 5)

T. 'Bird of Paradise'
Wuchs Zwiebel, mehrjährig. ***Blüten*** Scharlachrot, mit weißem Rand, innen rot und dunkler gefedert, gelbe Basis; becherförmig. Blütezeit Mai. ***Blätter*** Lanzettförmig; mittelgrün.
• HINWEIS Für Rabatten und als Schnittblume geeignet.
• HÖHE 55 cm.

T. 'Bird of Paradise'
(Klasse 10)

T. 'Don Quichotte'
Wuchs Zwiebel, mehrjährig. ***Blüten*** Kirschrosa; ungefüllt, becherförmig, an kräftigen Stielen. Blütezeit April–Mai. ***Blätter*** Lanzettförmig; graugrün.
• HINWEIS Gut als Beetbepflanzung; die Blumen sind im Freien wie in der Vase sehr gut haltbar.
• HÖHE 40 cm.

T. 'Don Quichotte'
(Klasse 3)

T. CLUSIANA
Wuchs Zwiebel, mehrjährig. ***Blüten*** Weiß, mit dunkelrosa Streifen und rotem Basalfleck; ungefüllt, geöffnet sternförmig. Blütezeit April. ***Blätter*** Linealisch, bereift; graugrün.
• HINWEIS Schön für Steingärten.
• WEITERER NAME *T. aitchisonii.*
• HÖHE 30 cm.

T. clusiana
(Klasse 15)
Damentulpe

T. 'Estella Rijnveld'
Wuchs Zwiebel, mehrjährig. ***Blüten*** Rot, weiß und grün geflammt; ungefüllt, becherförmig, tief eingeschnittene Blütenblätter. Blütezeit Mai. ***Blätter*** Lanzettförmig; mittelgrün.
• HINWEIS Ideal für Rabatten und als Schnittblume.
• WEITERER NAME *T.* 'Gay Presto'.
• HÖHE 55 cm.

T. 'Estella Rijnveld'
(Klasse 10)

T. 'Union Jack'
Wuchs Zwiebel, mehrjährig. ***Blüten*** Elfenbeinweiß, tief himbeerrot geflammt, mit weißem, bläulich gesäumtem Basalfleck; ungefüllt, becherförmig. Blütezeit Mai. ***Blätter*** Lanzettförmig; mittelgrün.
• HINWEIS Gut für Beete und Rabatten sowie als Schnittblume.
• HÖHE 60 cm.

T. 'Union Jack'
(Klasse 5)

T. 'Garden Party'
Wuchs Zwiebel, mehrjährig. ***Blüten*** Weiß, mit breitem, tiefrosa Rand, innen tiefrosa gefedert; kelchförmig. Blütezeit April–Mai. ***Blätter*** Lanzettförmig; mittelgrün.
• HINWEIS Schön als Beetbepflanzung und für die Vase.
• HÖHE 45 cm.

T. 'Garden Party'
(Klasse 3)

T. 'Red Parrot'
Wuchs Zwiebel, mehrjährig. ***Blüten*** Himbeerrot; ungefüllte, große Becher mit tief eingeschnittenen Blütenblättern, auf kräftigen Stielen. Blütezeit Mai. ***Blätter*** Lanzettförmig; graugrün.
• HINWEIS Für Rabatten und zum Schnitt zu empfehlen.
• HÖHE 55 cm.

T. 'Red Parrot'
(Klasse 10)

T. 'Madame Lefeber'
Wuchs Zwiebel, mehrjährig. ***Blüten*** Rotschimmernd; ungefüllt, schalenförmig, auf kräftigen Stielen. Blütezeit März–April. ***Blätter*** Lanzettförmig; hellgrün.
• HINWEIS Eignung für Rabatten und große Töpfe.
• WEITERER NAME *T.* 'Red Emperor'.
• HÖHE 35 cm.

T. 'Madame Lefeber'
(Klasse 13)

T. LINIFOLIA
Wuchs Schlank; Zwiebel, mehrjährig.
Blüten Schimmerndes Rot, Basis schwarz, Rand häufig cremefarben oder gelb; schalenförmig, mit rundlichem Ansatz. Blütezeit April–Mai. ***Blätter*** Linealisch, gebogen; graugrün, mit rotem, gewelltem Rand.
• HINWEIS Für Steingärten zu empfehlen.
• HÖHE 20 cm.

T. linifolia
(Klasse 15)

T. HAGERI 'Splendens'
Wuchs Zwiebel, mehrjährig. ***Blüten*** Mattrot, schwarzer Basalfleck, außen bräunlichgelb; sternförmig. Blütezeit März–April.
Blätter Lanzettförmig; blaßgrün, häufig purpurn gerandet.
• HINWEIS Eine gute Wahl für den Steingarten.
• HÖHE 30 cm.

T. hageri 'Splendens'
(Klasse 15)

T. SPRENGERI
Wuchs Zwiebel, mehrjährig. ***Blüten*** Rot bis orangerot, Ansatz gelblichbraun; ungefüllt, kelchförmig. Blütezeit Mai–Juni. ***Blätter*** Linealisch, aufrecht; glänzend mittelgrün.
• HINWEIS Sehr gut für Gehölze oder zum Verwildern auf Rasenflächen. Bevorzugt Halbschatten und torfhaltigen, nährstoffreichen Boden.
• HÖHE 50 cm.

T. sprengeri
(Klasse 15)

T. 'Bing Crosby'
Wuchs Zwiebel, mehrjährig. ***Blüten*** Satt scharlachrot; ungefüllt, becherförmig, an kräftigen Stielen. Blütezeit April–Mai.
Blätter Lanzettförmig; mittelgrün.
• HINWEIS Eignet sich für Beete und Rabatten sowie zum Schnitt.
• HÖHE 40 cm.

T. 'Bing Crosby'
(Klasse 3)

T. 'Uncle Tom'
Wuchs Zwiebel, mehrjährig. ***Blüten*** Samtig bräunlichrot; gefüllt, schalenförmig, päonienartig, auf kräftigen Stielen im Mai.
Blätter Breit lanzettförmig; graugrün.
• HINWEIS Eindrucksvoll in Rabatten und Beeten.
• HÖHE 50 cm.

T. 'Uncle Tom'
(Klasse 11)

T. 'Kingsblood'
Wuchs Zwiebel, mehrjährig. ***Blüten*** Leuchtend kirschrot, scharlachfarbener Rand; ungefüllt, becherförmig. Blütezeit Mai. ***Blätter*** Breit lanzettförmig; graugrün.
• HINWEIS Ideal für Beete und Rabatten, schön als Schnittblume.
• HÖHE 60 cm.

T. 'Kingsblood'
(Klasse 5)

T. 'Lustige Witwe'
Wuchs Zwiebel, mehrjährig. ***Blüten*** Tiefrot, mit weißem Rand; ungefüllt, becherförmig, an kräftigen Stielen. Blütezeit April–Mai.
Blätter Lanzettförmig; graugrün.
• HINWEIS Für Beete und Rabatten geeignet, auch als Schnittblume.
• WEITERER NAME *T.* 'Merry Widow'.
• HÖHE 40 cm.

T. 'Lustige Witwe'
(Klasse 3)

T. 'Balalaika'
Wuchs Zwiebel, mehrjährig. ***Blüten*** Leuchtendrot, gelber Basalfleck und schwarze Staubbeutel; ungefüllt, ei- bis becherförmig. Blütezeit Mai.
Blätter Lanzettförmig; graugrün.
• HINWEIS Für Beete und Rabatten sowie zum Schnitt geeignet.
• HÖHE 55 cm.

T. 'Balalaika'
(Klasse 5)

T. PRAESTANS 'Unicum'
Wuchs Zwiebel, mehrjährig. ***Blüten*** Leuchtendrot; ungefüllt, schalenförmig, jeweils bis zu 5 in Büscheln. Blütezeit April.
Blätter Breit bis schmal lanzettförmig; graugrün mit rahmweißem Rand.
• HINWEIS Anspruchslos und für Steingärten geeignet.
• HÖHE 30 cm.

T. praestans 'Unicum'
(Klasse 15)

T. 'Oranje Nassau'

Wuchs Zwiebel, mehrjährig. ***Blüten*** Blutrot, grellorange schattiert; gefüllt, becherförmig. Blütezeit April. ***Blätter*** Lanzett- bis eiförmig, gezähnt; mittelgrün.
• HINWEIS Gut als Beetblume, auch für Pflanzbehälter geeignet.
• HÖHE 30 cm.

T. 'Oranje Nassau'
(Klasse 2)

T. UNDULATIFOLIA

Wuchs Zwiebel, mehrjährig. ***Blüten*** Rotorange, außen bräunlichgelb; schmal becherförmig. Blütezeit April–Mai. ***Blätter*** Linealisch, gewellt; graugrün.
• HINWEIS Schön als Steingartenbepflanzung.
• WEITERER NAME *T. eichleri*.
• HÖHE 20–30 cm.

T. undulatifolia
(Klasse 15)

T. 'Red Riding Hood'

Wuchs Zwiebel, mehrjährig. ***Blüten*** Lebhaft scharlachrot; ungefüllt, schmal becherförmig, an kräftigen Stielen. Blütezeit März–April. ***Blätter*** Breit lanzettförmig, üppig; blaugrün, mit purpurnen Streifen.
• HINWEIS Gut für Steingärten, Rabatten und auch Pflanzgefäße.
• HÖHE 20 cm.

T. 'Red Riding Hood'
(Klasse 14)

T. 'Plaisir'

Wuchs Zwiebel, mehrjährig. ***Blüten*** Tief karminrot, mit blaßgelbem Rand; ausladend krugförmig. Blütezeit März–April. ***Blätter*** Breit lanzettförmig, üppig; blaugrün, mit rötlicher Zeichnung.
• HINWEIS Ideal für Steingärten, den vorderen Rabattenbereich und Pflanzgefäße.
• HÖHE 15 cm.

T. 'Plaisir'
(Klasse 14)

T. 'Margot Fonteyn'

Wuchs Zwiebel, mehrjährig. ***Blüten*** Leuchtendrot, mit gelbem Rand, gelbem Basalfleck und schwarzen Staubbeuteln; ungefüllte, ebenmäßige Becher. Blütezeit April–Mai. ***Blätter*** Lanzettförmig; graugrün.
• HINWEIS Für Beete zu empfehlen, schön in der Vase.
• HÖHE 40 cm.

T. 'Margot Fonteyn'
(Klasse 3)

T. 'Fringed Beauty'

Wuchs Zwiebel, mehrjährig. ***Blüten*** Leuchtend zinnoberrot, mit gefranstem, goldgelbem Rand; gefüllt, schalenförmig, auf kräftigen Stielen. Blütezeit Mai. ***Blätter*** Lanzettförmig; graugrün.
• HINWEIS Attraktiver Rabatten- und Vasenschmuck, hervorragend zum Treiben geeignet.
• HÖHE 35 cm.

T. 'Fringed Beauty'
(Klasse 7)

T. 'Kaiserkrone'

Wuchs Zwiebel, mehrjährig. ***Blüten*** Tief scharlachrot, mit breitem, gelbem Rand; ungefüllt, becherförmig. Blütezeit April. ***Blätter*** Lanzettförmig; mittelgrün.
• HINWEIS Für Beete, Mischrabatten und Pflanzgefäße geeignet.
• WEITERE NAMEN *T.* 'Grand Duc', *T.* 'Keizerskroon'.
• HÖHE 30 cm.

T. 'Kaiserkrone'
(Klasse 1)

T. 'Apeldoorn's Elite'

Wuchs Zwiebel, mehrjährig. ***Blüten*** Dottergelb, kirschrot gefedert und an der Basis grün überlaufen, schwarze Staubbeutel; ungefüllt, eiförmig. Blütezeit April–Mai. ***Blätter*** Breit lanzettförmig; graugrün.
• HINWEIS Dekorative Beet- und Schnittblume.
• HÖHE 60 cm.

T. 'Apeldoorn's Elite'
(Klasse 4)

T. ACUMINATA

Wuchs Zwiebel, mehrjährig. ***Blüten*** Hellrot oder gelb, außen häufig dunkelrot oder grün überlaufen; ungefüllt, mit runder Basis und extrem schlanken, zugespitzten Blütensegmenten. Blütezeit im April. ***Blätter*** Linealisch bis lanzettförmig; graugrün.
• HINWEIS Für Alpinenhäuser oder Steingärten.
• HÖHE 45 cm.

T. acuminata
(Klasse 15)
Horntulpe

T. MARJOLLETTII

Wuchs Zwiebel, mehrjährig. ***Blüten*** Rahmweiß, Rand dunkelrosa, außen purpurn überhaucht; vereinzelt, schalenförmig. Blütezeit Mitte Mai. ***Blätter*** Ei- bis lanzettförmig; graugrün.
• HINWEIS Schön als Solitär auf Rabatten.
• HÖHE 45 cm.

T. marjollettii
(Klasse 15)

T. 'Juan'

Wuchs Zwiebel, mehrjährig. ***Blüten*** Sattes, ins Rosa spielendes Orangerot, am Ansatz goldgelb; ungefüllt, becherförmig. Blütezeit März–April. ***Blätter*** Breit lanzettförmig; mittelgrün, rotbraun gestreift.
• HINWEIS Gut für Rabatten und Pflanzgefäße.
• HÖHE 25 cm.

T. 'Juan'
(Klasse 13)

T. 'Dreaming Maid'

Wuchs Zwiebel, mehrjährig. ***Blüten*** Violett, mit weißem Rand; ungefüllt, becherförmig. Blütezeit April–Mai. ***Blätter*** Lanzettförmig; mittelgrün.
• HINWEIS Auf Beeten wie in der Vase gleichermaßen attraktiv.
• HÖHE 50 cm.

T. 'Dreaming Maid'
(Klasse 3)

T. HUMILIS Violaceae-Gruppe

Wuchs Zwiebel, mehrjährig. ***Blüten*** Purpurn, mit gelbem Basalfleck; sternförmig. Blütezeit Mai. ***Blätter*** Linealisch, gerillt, bereift; graugrün.
- HINWEIS Gut für Steingärten und Hochbeete.
- WEITERER NAME *T. violacea.*
- HÖHE 25 cm.

T. ***humilis*** Violaceae-Gruppe (Klasse 15)

☼ 💧 ❄❄❄

T. HUMILIS

Wuchs Variabel; Zwiebel, mehrjährig. ***Blüten*** Purpurn, außen oft graugrün überhaucht, grünlichgelber oder blauschwarzer Basalfleck; sternförmig. Blütezeit Mai. ***Blätter*** Linealisch, gerillt, bereift; graugrün.
- HINWEIS Im Steingarten ein reizender Anblick.
- HÖHE 25 cm.

T. ***humilis*** (Klasse 15)

☼ 💧 ❄❄❄

T. 'Blue Parrot'

Wuchs Zwiebel, mehrjährig. ***Blüten*** Leuchtend violettblau, innen oft bronzefarben überhaucht; sehr groß, mit seidigen, gewellten, verdrehten Blütenblättern, an kräftigen Stielen. Im Mai. ***Blätter*** Lanzettförmig; mittelgrün.
- HINWEIS Für Rabatten und als Schnittblume geeignet.
- HÖHE 60 cm.

T. 'Blue Parrot' (Klasse 10)

☼ 💧 ❄❄❄

T. 'Königin der Nacht'

Wuchs Kräftig; Zwiebel, mehrjährig. ***Blüten*** Tief braunviolett; ungefüllt, becherförmig, seidig. Blütezeit Mai. ***Blätter*** Breit lanzettförmig; graugrün.
- HINWEIS Apart in Mischrabatten neben graublättrigen Pflanzen; schön auch in der Vase.
- HÖHE 60 cm.

T. 'Königin der Nacht' (Klasse 5)

☼ 💧 ❄❄❄

T. 'Greuze'

Wuchs Zwiebel, mehrjährig. ***Blüten*** Purpurviolett; ungefüllt, becherförmig, auf kräftigen Stielen. Blütezeit Mai. ***Blätter*** Lanzettförmig; mittelgrün.
- HINWEIS Empfehlenswerte Beet- und Schnittblume.
- HÖHE 55 cm.

T. 'Greuze' (Klasse 5)

☼ 💧 ❄❄❄

***T. LINIFOLIA*
Batalinii-Gruppe**
Wuchs Zwiebel, mehrjährig. ***Blüten*** Blaßgelb; schalenförmig, Basis rundlich. Blütezeit Mai. ***Blätter*** Linealisch, gebogen; graugrün.
• HINWEIS Für Steingärten eine gute Wahl.
• WEITERER NAME *T. batalinii.*
• HÖHE 30 cm.

T. linifolia
Batalinii-Gruppe
(Klasse 15)

T. KAUFMANNIANA
Wuchs Zwiebel, mehrjährig. ***Blüten*** Cremefarben bis gelb, außen rosa oder grau überhaucht; schalenförmig, einzeln oder bis zu 5 in Büscheln. ***Blätter*** Lanzettförmig, Rand leicht gewellt; graugrün.
• HINWEIS Gut als Steingartenbepflanzung.
• HÖHE 25 cm.

T. kaufmanniana
(Klasse 15)
Seerosentulpe

T. TARDA
Wuchs Zwiebel, mehrjährig. ***Blüten*** Gelb, an den Spitzen weiß, außen rot überlaufen; sternförmig, zu 4–6 in Büscheln. Juni. ***Blätter*** Lanzettförmig, glänzend; leuchtendgrün.
• HINWEIS Gedeiht am besten in torfigem, nährstoffreichem Boden.
• WEITERER NAME *T. dasystemon* hort.
• HÖHE 15 cm.

T. tarda
(Klasse 15)

***T.* 'Maja'**
Wuchs Zwiebel, mehrjährig. ***Blüten*** Blaßgelb, mit bronzegelber Basis; ungefüllt, becherförmig, fein gefranste Ränder. Blütezeit Mai. ***Blätter*** Lanzettförmig; mittelgrün.
• HINWEIS Schön für Rabatten und als Schnittblume.
• HÖHE 50 cm.

***T.* 'Maja'**
(Klasse 7)

***T.* 'Bellona'**
Wuchs Zwiebel, mehrjährig. ***Blüten*** Rein goldgelb; ungefüllt, duftend, eiförmig, auf kräftigen Stielen. Blütezeit April. ***Blätter*** Lanzettförmig; mittelgrün.
• HINWEIS Gute Beet- und Schnittblume.
• HÖHE 40 cm.

***T.* 'Bellona'**
(Klasse 1)

***T.* 'West Point'**
Wuchs Zwiebel, mehrjährig. ***Blüten*** Primelgelb; ungefüllt, kelchförmig mit zurückgebogenen Spitzen. Blütezeit Mai. ***Blätter*** Lanzettförmig; mittelgrün.
• HINWEIS Für Rabatten und formale Beete geeignet.
• HÖHE 50 cm.

***T.* 'West Point'**
(Klasse 6)

T. SYLVESTRIS
Wuchs Zwiebel, mehrjährig. ***Blüten*** Gelb, Ansatz grün überhaucht; sternförmig, duftend, in der Knospe nickend, später aufrecht. Blütezeit April–Mai. ***Blätter*** Linealisch, gerillt und bereift; hellgrün.
• HINWEIS Schön zum Verwildern auf Rasen.
• WEITERER NAME *T. australis.*
• HÖHE 45 cm.

T. sylvestris
(Klasse 15)
Waldtulpe, Weinbergtulpe

T. URUMIENSIS
Wuchs Zwiebel, mehrjährig. ***Blüten*** Gelb, außen fliederfarben oder rotbraun überlaufen; sternförmig, einzeln oder paarweise. Blütezeit April. ***Blätter*** Linealisch, bereift, in grundständigen Rosetten; mittelgrün.
• HINWEIS Für Hochbeete sowie Steingärten geeignet.
• HÖHE 15 cm.

T. urumiensis
(Klasse 15)

T. 'Yokahama'

Wuchs Zwiebel, mehrjährig. ***Blüten*** Sattgelb; ungefüllt, eiförmig bis zugespitzt. Blütezeit April. ***Blätter*** Lanzettförmig; mittelgrün.
• HINWEIS Für Pflanzbehälter, Mischrabatten und Beete zu verwenden.
• HÖHE 30 cm.

T. 'Yokahama'
(Klasse 1)

T. 'Golden Artist'

Wuchs Zwiebel, mehrjährig. ***Blüten*** Gelb, mit grünen Streifen; ungefüllt, becherförmig, gekräuselter Rand. Blütezeit Mai. ***Blätter*** Lanzettförmig; mittelgrün.
• HINWEIS Für Mischrabatten und zum Schnitt, sehr schön in Arrangements.
• HÖHE 45 cm.

T. 'Golden Artist'
(Klasse 8)

T. CLUSIANA var. *CHRYSANTHA*

Wuchs Zwiebel, mehrjährig. ***Blüten*** Gelb, rotbraun überhaucht; erst schalen-, dann sternförmig, jeweils zu 3. Blütezeit April. ***Blätter*** Linealisch, bereift; graugrün.
• HINWEIS Gute Eignung für Hochbeete und Steingärten.
• WEITERER NAME *T. chrysantha.*
• HÖHE 30 cm.

T. c. var. ***chrysantha***
(Klasse 15)
Damentulpe

T. 'Candela'

Wuchs Zwiebel, mehrjährig. ***Blüten*** Reines, tiefes Gelb, Staubbeutel schwarz; ungefüllt, groß, länglich schalenförmig, auf kräftigen Stielen. Blütezeit März–April. ***Blätter*** Lanzettförmig; graugrün.
• HINWEIS Als Rabattenblume geeignet.
• HÖHE 35 cm.

T. 'Candela'
(Klasse 13)

T. 'Golden Apeldoorn'

Wuchs Zwiebel, mehrjährig. ***Blüten*** Goldgelb, mit schwarzen Staubbeuteln und schwarzem, bronzefarben umrandetem Basalfleck in Sternform; ungefüllt, eiförmig. Blütezeit April–Mai. ***Blätter*** Lanzettförmig; mittelgrün.
• HINWEIS Gut als Beetbepflanzung und zum Schnitt.
• HÖHE 60 cm.

T. 'Golden Apeldoorn'
(Klasse 4)

T. 'Cape Cod'

Wuchs Zwiebel, mehrjährig. ***Blüten*** Gelb, mit breiten, roten Streifen; ungefüllt, schalenförmig. Blütezeit März–April. ***Blätter*** Breit lanzettförmig, gewellter Rand; blaugrau, mit brauner Zeichnung.
- HINWEIS Für Steingärten und Rabatten.
- HÖHE 20 cm.

T. 'Cape Cod'
(Klasse 14)

T. 'Artist'

Wuchs Zwiebel, mehrjährig. ***Blüten*** Lachsrot, außen grün gestreift; ungefüllt, becherförmig, Rand gekräuselt. Blütezeit Mai. ***Blätter*** Lanzettförmig; mittelgrün.
- HINWEIS Für Mischrabatten zu empfehlen, schön als Schnittblume, auch für Gestecke.
- HÖHE 45 cm.

T. 'Artist'
(Klasse 8)

T. 'Apricot Beauty'

Wuchs Zwiebel, mehrjährig. ***Blüten*** Sanft lachsrosa, zum Rand hin zart orangerot; becherförmig. Blütezeit April. ***Blätter*** Lanzettförmig; mittelgrün.
- HINWEIS Für Beete und Mischrabatten geeignet, gut auch zum Treiben.
- HÖHE 38 cm.

T. 'Apricot Beauty'
(Klasse 1)

T. 'Dillenberg'

Wuchs Zwiebel, mehrjährig. ***Blüten*** Ziegelrot; gleichmäßig becherförmig, an kräftigen Stielen. Blütezeit Mai. ***Blätter*** Lanzettförmig; mittelgrün.
- HINWEIS Ideale Beetbepflanzung, schön als Schnittblume.
- HÖHE 65 cm.

T. 'Dillenberg'
(Klasse 5)

T. 'Dreamboat'

Wuchs Zwiebel, mehrjährig. ***Blüten*** Bernsteingelb, mit kräftiger rötlicher Schattierung, Basalfleck bronzegrün; ungefüllt, krugförmig. Blütezeit März–April. ***Blätter*** Lanzettförmig, gewellter Rand; blaugrau mit roter Zeichnung.
- HINWEIS Ein Schmuck für Steingärten und Rabatten.
- HÖHE 20 cm.

T. 'Dreamboat'
(Klasse 14)

T. 'Princess Irene'

Wuchs Zwiebel, mehrjährig. ***Blüten*** Orange, mit blaßpurpurnem Mittelstreifen; ungefüllt, becherförmig. Blütezeit April. ***Blätter*** Lanzettförmig; graugrün.

- HINWEIS Für Beete und Mischrabatten, gut zum Schnitt geeignet.
- HÖHE 35 cm.

T. **'Princess Irene'**
(Klasse 1)

T. 'Shakespeare'

Wuchs Zwiebel, mehrjährig. ***Blüten*** Tief karminrot, Rand lachsrosa, Basalfleck gelb; ungefüllt, schalenförmig. Blütezeit März–April. ***Blätter*** Lanzettförmig; mittelgrün.

- HINWEIS Für Steingärten und Rabatten geeignet.
- HÖHE 25 cm.

T. **'Shakespeare'**
(Klasse 12)

T. PRAESTANS 'Van Tubergen's Variety'

Wuchs Zwiebel, mehrjährig. ***Blüten*** Feuerrot; groß, schalenförmig, jeweils bis zu 3 in Büscheln. Blütezeit April–Mai. ***Blätter*** Breit bis schmal lanzettförmig; graugrün.

- HINWEIS Für Steingärten und Rabatten geeignet.
- HÖHE 20 cm.

T. ***praestans*** **'Van Tubergen's Variety'**
(Klasse 15)

T. ORPHANIDEA

Wuchs Zwiebel, mehrjährig. ***Blüten*** Leuchtend orangebraun bis -rot, außen mattgrün schattiert; sternförmig, einzeln oder bis zu 3 in Büscheln. Blütezeit März–April. ***Blätter*** Lanzettförmig; mittelgrün, rot gerandet.

- HINWEIS Eine gute Empfehlung für Steingärten.
- HÖHE 30 cm.

T. ***orphanidea***
(Klasse 15)

T. ORPHANIDEA Whittallii-Gruppe

Wuchs Zwiebel, mehrjährig. ***Blüten*** Glühend orange, außen bräunlichgelb überhaucht, schwarzer Basalfleck; ungefüllt, sternförmig, mit zugespitzten Blütenblättern. Blütezeit April. ***Blätter*** Lanzettförmig; mittelgrün.

- HINWEIS Eine Zierde für den Steingarten.
- WEITERER NAME *T. whittallii.*
- HÖHE 35 cm.

T. ***orphanidea***
Whittallii-Gruppe
(Klasse 15)

Liliaceae

ERYTHRONIUM HENDERSONII

Wuchs Robust, horstbildend; Zwiebel, mehrjährig. ***Blüten*** Blaß fliederrosa, Basis dunkelpurpurn, gelegentlich zentraler gelber Ring und schwarze Staubbeutel; nickend, zart, mit 6 zurückgeschlagenen Kronblättern, jeweils bis zu 10 Blüten in endständigen Trauben an schlanken, kahlen Stielen. Blütezeit April–Mai. ***Blätter*** Grundständig, eiförmig, gewellter Rand; dunkelgrün, hellbraun gesprenkelt.

• HERKUNFT SW-Oregon und NW-Kalifornien, offene Lichtungen in Nadelwäldern.

• KULTUR Gut zum Verwildern an freien Stellen in Waldgärten oder als Unterpflanzung in Strauchrabatten. Diese Art liebt Böden, die im Winter und Frühjahr feucht sind, während der Sommermonate aber austrocknen. Sie gedeiht im lichten Schatten bis Halbschatten und in nährstoffreichem, durchlässigem und humosem Sandboden.

• VERMEHRUNG Durch Teilung größerer Zwiebelklumpen oder Abtrennen der Brutzwiebeln nach der Blüte. Alternativ durch Aussaat gleich nach der Samenreife in Anzuchterde.

HÖHE
15–35 cm

BREITE
10–12 cm

10–15 cm

Alliaceae/Liliaceae

ALLIUM UNIFOLIUM

Wuchs Zwiebel, mehrjährig. ***Blüten*** Violettrosa; kleine, offene Glocken, bis zu 20 in Dolden. Blütezeit Mai–Juli. ***Blätter*** Grundständig, linealisch, ein Blatt pro Zwiebel, stirbt zur Blütezeit ab; graugrün.

- HERKUNFT Oregon und Kalifornien, immergrüne Wälder der Küstengebirge.
- KULTUR Verlangt gut drainierten, humosen Boden und einen warmen, geschützten Platz.
- VERMEHRUNG Aussaat gleich nach der Samenreife oder im Frühjahr bzw. Nebenzwiebeln im Herbst.
- WEITERER NAME *A. murrayanum.*

HÖHE
Bis 30 cm

BREITE
8–10 cm

8–10 cm

Araceae

SAUROMATUM VENOSUM

Wuchs Wurzelknolle, mehrjährig. ***Blüten*** Limettengrün, rot gesprenkelt, Kolben grünlichpurpurn; langer, beißend riechender Kolben mit großer Blütenscheide. Juni–Juli. ***Blätter*** Einzeln und rundlich, sprießen nach der Blüte; glänzendgrün.

- HERKUNFT Himalaja, Flußtäler.
- KULTUR Im Zimmer oder Wintergarten. Kann unter Glas auch in Wasser blühen. Andernfalls die Knolle in ein Substrat mit reichlich Laubkompost setzen.
- VERMEHRUNG Durch Nebenknollen im Winter.
- WEITERER NAME *S. guttatum.*

HÖHE
Bis 45 cm

BREITE
15 cm

15 cm

Amaryllidaceae | JAKOBSLILIE

SPREKELIA FORMOSISSIMA

Wuchs Horstbildend; Zwiebel, mehrjährig. ***Blüten*** Scharlachrot bis dunkel karminrot; einzeln, locker sternförmig, bis 12 cm breit. Blütezeit April–Mai. ***Blätter*** Riemenförmig; mittelgrün.

- HERKUNFT Mexiko und Guatemala, felsige Gebirgshänge.
- KULTUR Für den Wintergarten oder als Zimmerpflanze geeignet. Verlangt nährstoffreichen, gut drainierten Boden. Unter Glas sollten die Zwiebeln in der Ruhephase nahezu trocken gehalten werden.
- VERMEHRUNG Durch Brutzwiebeln im Frühherbst.

Min.
7–10 °C

HÖHE
15–35 cm

BREITE
12–15 cm

Hals über Bodenniveau

Ranunculaceae | PFAUENANEMONE

ANEMONE PAVONINA

Wuchs Wurzelknolle, mehrjährig. ***Blüten*** Rot, purpurn oder blau mit dunkler Mitte; einzeln, flach becherförmig. Mai–Juni. ***Blätter*** Rundlich, handförmig geteilt, tief eingeschnitten; mittel- bis dunkelgrün.

- HERKUNFT Mittelmeerraum, Wiesen und Hügel.
- KULTUR Braucht leichten, sandigen, durchlässigen Boden und einen warmen, sonnigen, geschützten Platz. In Gegenden mit strengen Wintern im Herbst ausgraben, sonst mit trockenem Material mulchen.
- VERMEHRUNG Die Knollen in der Ruhepause im Spätsommer teilen.

HÖHE
30 cm

BREITE
20 cm

5–8 cm

Hyacinthaceae/ Liliaceae	BREITBLÄTTRIGE TRAUBENHYAZINTHE

MUSCARI LATIFOLIUM

Wuchs Zwiebel, mehrjährig. ***Blüten*** Untere Blüten schwarzviolett, obere kleiner und heller; winzige Glocken, vorn verengt, in dichten, aufrechten Trauben. Blütezeit Mai–Juni. ***Blätter*** Einzeln, breit lanzettförmig; graugrün.

- HERKUNFT Türkei, Kiefernwälder im Gebirge.
- KULTUR An einem warmen, geschützten Platz mit durchlässigem Boden. Ideal als Rabattenvorpflanzung und für Steingärten. Selbstaussaat möglich.
- VERMEHRUNG Durch Teilen älterer Kolonien im Spätsommer oder Aussaat bei Samenreife.

HÖHE
Bis 25 cm

BREITE
5 cm

8 cm

Alliaceae/Liliaceae	

LEUCOCORYNE IXIOIDES

Wuchs Zwiebel, mehrjährig. ***Blüten*** Klares, sanftes Blau, Auge weiß; duftend, klein, sternförmig, jeweils bis zu 10 in lockeren Rispen an drahtigen Stielen. Blütezeit März–April. ***Blätter*** Linealisch-grasartig, vor der Blüte welkend; mittelgrün.

- HERKUNFT Chile.
- KULTUR Im Kalthaus kultivieren, während der Ruheperiode im Sommer warm und trocken halten. Braucht gut durchlässigen Boden.
- VERMEHRUNG Durch Samen oder Brutzwiebeln im Herbst.

HÖHE
30–40 cm

BREITE
8–10 cm

3–5 cm

Hyacinthaceae/ Liliaceae	GEMEINES HASENGLÖCKCHEN, WALDHYAZINTHE

HYACINTHOIDES NON-SCRIPTA

Wuchs Kräftig, horstbildend; Zwiebel, mehrjährig. ***Blüten*** Blau, rosa oder weiß; duftend, schmal glockenförmig, in überhängenden, einseitswendigen Trauben. Mai. ***Blätter*** Linealisch; glänzend sattgrün.

- HERKUNFT Westeuropa, Waldgebiete.
- KULTUR Ideal zum Verwildern in Naturgärten oder Gehölzpartien in feuchten, gut drainierten Böden.
- VERMEHRUNG Durch Aussaat gleich nach Samenreife oder durch Brutzwiebeln im Sommer.
- WEITERE NAMEN *Endymion nutans, Scilla non-scripta.*

HÖHE
20–40 cm

BREITE
8–10 cm

8 cm

Hyacinthaceae/Liliaceae	SPANISCHES HASENGLÖCKCHEN, GLOCKENSCILLA

HYACINTHOIDES HISPANICA 'Excelsior'

Wuchs Robust, horstbildend; Zwiebel, mehrjährig. ***Blüten*** Blauviolett, mit helleren Streifen; glockenförmig, mit zurückgebogenen Spitzen, in aufrechten Trauben. Blütezeit April–Mai. ***Blätter*** Riemenförmig; sattgrün glänzend.

• HERKUNFT Portugal, Spanien und Nordafrika, Gehölze und schattige Felslagen.

• KULTUR Die meisten Sorten dieser Art sind aus Kreuzungen mit *H. non-scripta* entstanden und haben nickende Blüten. Die reine Art unterscheidet sich von 'Excelsior' durch ihre aufrechten Blüten. Ideal ist ein nährstoffreicher, feuchter, aber durchlässiger Boden. Die robuste Pflanze kommt gut im Vordergrund einer Strauch-, Stauden- oder Mischrabatte zurecht. Sie eignet sich auch zum Verwildern in Naturgärten oder Gehölzpartien. Werden die welken Blüten nicht entfernt, sät sich die Art selbst aus.

• VERMEHRUNG Durch Aussaat gleich nach Reifung der Samen (nur die Art ist samenecht) oder durch Brutzwiebeln im Sommer.

• WEITERE NAMEN *Endymion hispanicus, Scilla campanulata, S. hispanica.*

HÖHE
50–55 cm

BREITE
10–15 cm

8 cm

Amaryllidaceae/ Ixioliriaceae	BLAULILIE

IXIOLIRION TATARICUM

Wuchs Zwiebel, mehrjährig. ***Blüten*** Blau oder blauviolett; trichterförmig, jeweils bis zu 10 in lockeren Ähren. Blütezeit Mai. ***Blätter*** Grundständig, schmal lanzettförmig; mittelgrün.

- HERKUNFT SW- und Zentralasien bis Kaschmir, Grasland.
- KULTUR Gute Drainage erforderlich. In der Ruheperiode im Sommer warm und trocken halten.
- VERMEHRUNG Durch Aussaat gleich nach der Reife oder Nebenzwiebeln nach der Blüte.
- WEITERE NAMEN *I. montanum, I. pallasii.*

❄❄❄

HÖHE
Bis 40 cm

BREITE
8–10 cm

15 cm

Iridaceae	

HERMODACTYLUS TUBEROSUS

Wuchs Aufrecht; Wurzelknolle, mehrjährig. ***Blüten*** Innere Blütenblätter gelbgrün, mit schwarzbraunen Spitzen; duftend, einzeln an aufrechten Stielen. Februar–Mai. ***Blätter*** Linealisch; graugrün.

- HERKUNFT Südeuropa, Nordafrika, Türkei und Israel, an trockenen Felshängen.
- KULTUR Verlangt stark durchlässigen, alkalischen Boden in warmer, sonniger Lage. Im Alpinenhaus sind die Blüten bei schlechtem Wetter gut geschützt.
- VERMEHRUNG Durch Teilen im Frühsommer.
- WEITERER NAME *Iris tuberosa.*

❄❄❄

HÖHE
20–40 cm

BREITE
5–8 cm

10 cm

Iridaceae	

IXIA VIRIDIFLORA

Wuchs Zwiebelknolle, mehrjährig. ***Blüten*** Blaß blaugrün, purpurschwarzes Auge; offen sternförmig, in aufrechten Ähren. Blütezeit Mai–Juni. ***Blätter*** Aufrecht, linealisch; tiefgrün.

- HERKUNFT Westliches Kapland in Südafrika, Grasland.
- KULTUR In mäßig nährstoffreichen, gut durchlässigen Boden pflanzen. Die Knollen im Herbst ausgraben, trocken und frostfrei lagern.
- VERMEHRUNG Durch Brutknollen im Spätsommer oder Aussaat unter Glas nach der Samenreife.

❄

HÖHE
30–60 cm

BREITE
5 cm

10–15 cm

Iridaceae	

FERRARIA CRISPA

Wuchs Zwiebelknolle, mehrjährig. ***Blüten*** Braun oder gelbbraun, innen dunkelbraune Linien und Flecken; gewellter Rand. März–April. ***Blätter*** Schmal lanzettförmig und stengelumfassend; frischgrün.

- HERKUNFT Südafrika, in trockenen, sandigen Gebieten.
- KULTUR In hohen Töpfen mit gut durchlässigem Substrat unter Glas ziehen.
- VERMEHRUNG Brutknollen im Spätsommer abnehmen oder reife Samen sogleich aussäen.
- WEITERER NAME *F. undulata.*

❄

HÖHE
20–40 cm

BREITE
8–10 cm

15 cm

Araceae

KRETISCHER ARONSTAB

ARUM CRETICUM

Wuchs Wurzelknolle, mehrjährig. ***Blüten*** Rahm- oder tiefgelb; lieblich duftend, mit schlanker, trichterförmiger Blütenscheide, Saum später zurückgeschlagen, so daß der stiftförmige, dottergelbe Kolben sichtbar wird. Blütezeit April–Mai. ***Blätter*** Pfeilförmig; glänzend dunkelgrün.

• HERKUNFT Die griechischen Inseln Kreta, Samos, Rhodos und Karpathos, auf steinigen Hängen.

• KULTUR Liebt gut drainierten, mäßig nährstoffreichen, mit Humus angereicherten Boden in warmer, geschützter und sonniger Lage. Auch für das Kalthaus oder den Wintergarten geeignet. Dort entweder in einen hohen Topf oder direkt in ein Beet mit lehmfreier, kiesiger Erde pflanzen. Mäßig gießen und während des Wachstums monatlich einen ausgewogenen Flüssigdünger geben. Mit einsetzender Laubwelke Wasserzufuhr einschränken und die Wurzelknolle in der Ruhephase trocken halten.

• VERMEHRUNG Teilung nach der Blüte oder Aussaat gleich nach der Samenreife. Da die Beerenfrüchte Hautreizungen verursachen können, bei der Samengewinnung Handschuhe tragen.

HÖHE
30–50 cm

BREITE
20–30 cm

10–15 cm

Narzissen

Narzissen *(Narcissus)* werden in 12 Klassen unterteilt, die mit Ausnahme der Gruppen 10 (Wildarten und Naturhybriden) und 12 (Sonstige) unten beschrieben sind. Manche Narzissen brauchen im Sommer eine trockene Ruhezeit. Andere, die im Winter oder zeitigen Frühjahr zarte Blüten tragen, müssen in einem Alpinenhaus oder Zwiebelkasten in kiesiger Lehmerde kultiviert werden. Tazetten und Jonquillen begrüßen einen leichten Winterschutz. Man pflanzt Narzissen im Frühherbst – die Pflanztiefe entspricht der anderthalbfachen Zwiebelhöhe – in nährstoffreichen, gut drainierten Boden, der während der Wachstumsperiode nicht austrocknen darf. Die Vermehrung erfolgt durch reife Samen, Zwiebelteilung, Doppelschuppen oder Tochterzwiebeln (siehe S. 173–182). Bei der letztgenannten Methode ist binnen 1–2 Jahren mit Blüten zu rechnen, bei der Aufzucht aus Samen nach 3–5 Jahren. Zu häufigen Wachstums- und Lagerungsproblemen siehe S. 183.

Klasse 1
Trompetennarzissen
Meist Einzelblüten, Nebenkrone mindestens so lang wie die Blütenblätter der Hauptkrone. Frühe bis mittlere Blüte.

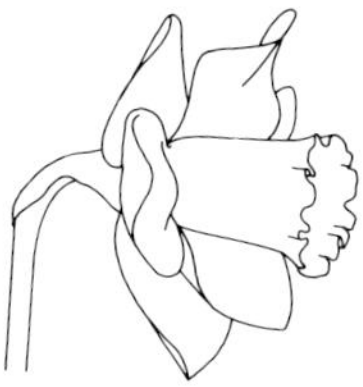

Klasse 2
Grosskronige Narzissen
Einzelblüten, bei denen die Länge der Nebenkrone mindestens ein Drittel der Länge der Hauptkronblätter beträgt, diese jedoch nicht übertrifft. Frühe bis mittlere Blüte.

Klasse 3
Kleinkronige Narzissen
Häufig Einzelblüten, die Länge der Nebenkrone entspricht höchstens einem Drittel der Länge der Hauptkronblätter. Mittlere bis späte Blüte.

Klasse 4 Gefülltblühende Narzissen
Große, gefüllte oder halbgefüllte Einzelblüten. Die Nebenkrone, manchmal auch noch die Hauptkrone, wird durch Blütenblätter ersetzt. Manche bilden kleine Blüten in Büscheln zu 4 und mehr. Mittlere bis späte Blüte.

Klasse 5
Engelstränen-Narzissen
Nickende Blüten mit kurzer, oft zylindrischer Nebenkrone und schmaler, zurückgeschlagener Hauptkrone; pro Stiel 4 Blüten und mehr. Späte Blüte.

Klasse 6 Alpenveilchen-Narzissen
Blüten einzeln oder zu 2. Nebenkrone oft zylindrisch und länger als bei der Klasse 5; Hauptkronblätter zurückgeschlagen, schmal und zugespitzt. Sehr frühe bis mittlere Blütezeit.

Klasse 7 Jonquillen
Duftende Blüten, gewöhnlich 2 und mehr je Stiel. Nebenkrone kurz, mitunter am Ende verbreitert; Hauptkronblätter oft flach, ziemlich breit und rundlich. Mittlere bis späte Blüte.

Klasse 8 Tazetten
Jeder Schaft mit 12 und mehr kleinen oder auch 3–4 großen, duftenden Blüten. Nebenkrone klein und oft zylindrisch, umkränzt von breiten, meist zugespitzten Hauptkronblättern. Späte Blüte oder Winterblüher.

Klasse 9 Dichternarzissen
Die kleine, farbige Nebenkrone ist umkränzt von einer weißen Hauptkrone. Blüten einzeln oder zu 2; mitunter duftend. Späte Blüte.

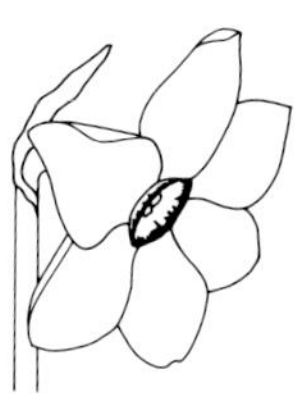

Klasse 11 Geschlitztkronige Narzissen
Meist Einzelblüten, deren Nebenkrone über mehr als die halbe Höhe gespalten ist. Die oft gewellten Segmente liegen auf den Hauptkronblättern auf. Sehr frühe bis mittlere Blüte.

N. WATIERI

Wuchs Sehr niedrig; Zwiebel, mehrjährig. ***Blüten*** Weiß; einzeln, 1,5 cm breit, mit flacher Hauptkrone und breiter Trompete. Blütezeit Juni. ***Blätter*** Aufrecht, riemenförmig und gekielt; graugrün.
- HINWEIS Gedeiht am besten im Alpinenhaus.
- HÖHE 10 cm.
- BREITE 5–8 cm.

N. watieri
(Klasse 10)

N. 'Portrush'

Wuchs Zwiebel, mehrjährig. ***Blüten*** Reinweiß, mit grünem Auge; überlappende Hauptkronblätter mit kleiner, flacher Nebenkrone, 8 cm breit. Blütezeit April–Mai. ***Blätter*** Schmal riemenförmig; mittelgrün.
- HINWEIS Für Mischrabatten und Rasen.
- HÖHE 45 cm.
- BREITE 15 cm.

N. 'Portrush'
(Klasse 3)

N. 'Thalia'

Wuchs Schlank; Zwiebel, mehrjährig. ***Blüten*** Weiß; leicht verdrehte Hauptkronblätter mit trichterförmiger Nebenkrone, 5 cm breit, meist 2 Blüten pro Schaft. Blütezeit April–Mai. ***Blätter*** Schmal, riemenförmig; graugrün.
- HINWEIS Ideale Bepflanzung für Mischrabatten.
- HÖHE 35 cm.
- BREITE 8 cm.

N. 'Thalia'
(Klasse 5)

N. 'Dover Cliffs'

Wuchs Zwiebel, mehrjährig. ***Blüten*** Reinweiß; Hauptkrone nach vorn über die Nebenkrone geneigt, 11 cm breit. Blütezeit April. ***Blätter*** Schmal, riemenförmig; mittelgrün.
- HINWEIS Schön für Mischrabatten oder zum Verwildern auf Rasen.
- HÖHE 40 cm.
- BREITE 15 cm.

N. 'Dover Cliffs'
(Klasse 2)

N. 'Panache'

Wuchs Zwiebel, mehrjährig. ***Blüten*** Weiß, mit grünem Auge; überlappende Hauptkronblätter, 11,5 cm breit. Blütezeit April. ***Blätter*** Schmal und riemenförmig; mittelgrün.
- HINWEIS Für Rabatten und zum Verwildern auf einer Wiese geeignet.
- HÖHE 40 cm.
- BREITE 15 cm.

N. 'Panache'
(Klasse 1)

N. 'Cool Crystal'

Wuchs Zwiebel, mehrjährig. ***Blüten*** Weiß, mit grünem Auge; etwa 10 cm breit, Nebenkrone schalenförmig. Blütezeit Mai. ***Blätter*** Schmal, riemenförmig; mittelgrün.
- HINWEIS Schön für Rabatten und Gruppenpflanzungen.
- HÖHE 50 cm.
- BREITE 15 cm.

N. 'Cool Crystal'
(Klasse 3)

N. 'Mount Hood'

Wuchs Zwiebel, mehrjährig. ***Blüten*** Weiß, mit rahmweißer Trompete; überlappende Blütenblätter, 10 cm breit. Blütezeit März–April. ***Blätter*** Schmal und riemenförmig; mittelgrün.
- HINWEIS Für Rabatten und zum Verwildern auf Rasen.
- HÖHE 45 cm.
- BREITE 15 cm.

N. 'Mount Hood'
(Klasse 1)

N. 'Irene Copeland'
Wuchs Zwiebel, mehrjährig. ***Blüten*** Weiße und dazwischen cremegelbe Blütenblätter; gefüllt, 8,5 cm breit. Blütezeit April.
Blätter Schmal, riemenförmig; mittelgrün.
• HINWEIS Empfehlenswerte Schnittblume.
• HÖHE 40 cm.
• BREITE 15 cm.

N. **'Irene Copeland'**
(Klasse 4)

N. 'Trousseau'
Wuchs Zwiebel, mehrjährig. ***Blüten*** Hauptkrone weiß, Trompete sanftgelb, später bräunlichrosa; seidig, 12 cm breit. Blütezeit März.
Blätter Schmal, riemenförmig; mittelgrün.
• HINWEIS Gut für Rabatten und zum Schnitt.
• HÖHE 45 cm.
• BREITE 12 cm.

N. **'Trousseau'**
(Klasse 1)

N. 'Silver Chimes'
Wuchs Kräftig; Zwiebel, mehrjährig.
Blüten Rahmweiß, mit primelgelber Nebenkrone; nickend, duftend, 5 cm breit, zu 10 in Büscheln. Blütezeit Mai.
Blätter Riemenförmig, schmal; mittelgrün.
• HINWEIS Gut als Schnittblume geeignet.
• HÖHE 30 cm.
• BREITE 8 cm.

N. **'Silver Chimes'**
(Klasse 8)

N. 'Empress of Ireland'
Wuchs Zwiebel, mehrjährig. ***Blüten*** Cremeweiß; dreieckige Hauptkronblätter, 11 cm breit, Trompete schmal und vorn konisch erweitert. Blütezeit April.
Blätter Schmal, riemenförmig; mittelgrün.
• HINWEIS Ein Schmuck für Rabatten und Vasen.
• HÖHE 40 cm.
• BREITE 12 cm.

N. **'Empress of Ireland'**
(Klasse 1)

N. 'Aircastle'
Wuchs Zwiebel, mehrjährig. ***Blüten*** Hauptkrone weiß, später grün überlaufen, Nebenkrone zitronengelb; etwa 9 cm breit. Blütezeit Mai.
Blätter Schmal und riemenförmig; mittelgrün.
• HINWEIS Als Rabatten- und Schnittblume zu empfehlen.
• HÖHE 40 cm.
• BREITE 15 cm.

N. **'Aircastle'**
(Klasse 3)

N. 'Ice Follies'
Wuchs Zwiebel, mehrjährig. ***Blüten*** Rahmweiß, Nebenkrone zitronengelb, später zu Weiß verblassend; etwa 9,5 cm breit, mit weiter, gekräuselter Trompete. Blütezeit April.
Blätter Schmal, riemenförmig; mittelgrün.
• HINWEIS Für Rabatten und Wildwuchs.
• HÖHE 40 cm.
• BREITE 15 cm.

N. **'Ice Follies'**
(Klasse 2)

N. 'Cheerfulness'
Wuchs Zwiebel, mehrjährig. ***Blüten*** Weiß, mit rahmgelber Mitte; gefüllt, duftend, 5 cm breit, in Büscheln von 4 und mehr. Blütezeit April–Mai.
Blätter Schmal und riemenförmig; mittelgrün.
• HINWEIS Schön als Schnittblume.
• HÖHE 40 cm.
• BREITE 15 cm.

N. **'Cheerfulness'**
(Klasse 4)

N. 'Passionale'

Wuchs Zwiebel, mehrjährig. ***Blüten*** Weiße Hauptkrone, leicht gekräuselte, rosa Nebenkrone; etwa 10 cm breit. Blütezeit April. ***Blätter*** Schmal, riemenförmig; mittelgrün.
- HINWEIS Gut für Rabatten, auch als Schnittblume und für Arrangements geeignet.
- HÖHE 40 cm.
- BREITE 15 cm.

N. 'Passionale'
(Klasse 2)

N. 'Actaea'

Wuchs Zwiebel, mehrjährig. ***Blüten*** Weiß, mit gelber, rot gerandeter Nebenkrone; duftend, Hauptkronblätter gewellt, Nebenkrone flach und schalenförmig, 8,5 cm breit. Blütezeit Mai. ***Blätter*** Schmal, riemenförmig; mittelgrün.
- HINWEIS Für Rabatten und Wildwuchs.
- HÖHE 45 cm.
- BREITE 15 cm.

N. 'Actaea'
(Klasse 9)

N. 'Satin Pink'

Wuchs Zwiebel, mehrjährig. ***Blüten*** Weiße Hauptkrone, zartrosa Nebenkrone und grünlichgelbes Auge; gleichmäßig überlappende Hauptkronblätter, bis 12 cm breit. April. ***Blätter*** Riemenförmig, schmal; mittelgrün.
- HINWEIS Schön für Rabatten und zum Schnitt.
- HÖHE 45 cm.
- BREITE 15 cm.

N. 'Satin Pink'
(Klasse 2)

N. 'Merlin'

Wuchs Zwiebel, mehrjährig. ***Blüten*** Reinweiß; mit flacher, blaßgelber und rot gerandeter Nebenkrone, etwa 7 cm breit. Blütezeit Mai. ***Blätter*** Schmal und riemenförmig; mittelgrün.
- HINWEIS Schön in der Vase, auch zum Verwildern und für Rabatten geeignet.
- HÖHE 35 cm.
- BREITE 15 cm.

N. 'Merlin'
(Klasse 3)

N. POETICUS var. RECURVUS

Wuchs Zwiebel, mehrjährig. ***Blüten*** Weiß, mit rot gerandeter, gelber Nebenkrone; Blütenblätter zurückgeschlagen, 4 cm breit. Blütezeit Mai. ***Blätter*** Aufrecht, schmal riemenförmig, gerillt; mittelgrün.
- HINWEIS Ideal zum Verwildern auf Rasen.
- HÖHE 35 cm.
- BREITE 10 cm.

N. ***poeticus*** var. ***recurvus***
(Klasse 10)
Pfauenaugen-Narzisse

N. 'Pride of Cornwall'

Wuchs Zwiebel, mehrjährig. ***Blüten*** Weiß, mit orangegelber, rot gerandeter Nebenkrone; duftend, 6 cm breit. Blütezeit Mai. ***Blätter*** Riemenförmig, schmal; mittelgrün.
- HINWEIS Ideale Rabatten- und Schnittblume.
- HÖHE 40 cm.
- BREITE 8 cm.

N. 'Pride of Cornwall' (Klasse 8)

N. 'Bridal Crown'

Wuchs Zwiebel, mehrjährig. ***Blüten*** Weiß, kompakte Mitte in zartem Orange; gefüllt, duftend, 4 cm breit. Blütezeit März–April. ***Blätter*** Schmal, riemenförmig; mittelgrün.
- HINWEIS Zum Schnitt geeignet, empfehlenswert für Rabatten.
- HÖHE 40 cm.
- BREITE 15 cm.

N. 'Bridal Crown' (Klasse 4)

N. 'Kilworth'

Wuchs Zwiebel, mehrjährig. ***Blüten*** Weiß, mit leuchtend orangeroter Nebenkrone; etwa 11 cm breit, Nebenkrone schalenförmig. Blütezeit April. ***Blätter*** Schmal, riemenförmig; mittelgrün.
- HINWEIS Zum Schnitt, für Rabatten und zum Verwildern geeignet.
- HÖHE 45 cm.
- BREITE 15 cm.

N. 'Kilworth' (Klasse 2)

N. 'Acropolis'

Wuchs Zwiebel, mehrjährig. ***Blüten*** Weiß, Mitte orange und weiß; gefüllt, duftend, 11 cm breit. Blütezeit Mai. ***Blätter*** Schmal und riemenförmig; mittelgrün.
- HINWEIS Vorzüglicher Rabatten- und Vasenschmuck.
- HÖHE 45 cm.
- BREITE 15 cm.

N. 'Acropolis' (Klasse 4)

N. 'Salome'

Wuchs Zwiebel, mehrjährig. ***Blüten*** Rahmweiß, Nebenkrone groß, pfirsichrosa; wachsartige Hauptkronblätter, 9 cm breit. Blütezeit Mai. ***Blätter*** Schmal und riemenförmig; mittelgrün.
- HINWEIS Schön auf Rabatten, auch für Vasen und Gestecke zu empfehlen.
- HÖHE 45 cm.
- BREITE 15 cm.

N. 'Salome' (Klasse 2)

N. 'Rainbow'
Wuchs Kräftig; Zwiebel, mehrjährig.
Blüten Weiß, Nebenkrone kupferrosa gerandet; etwa 10 cm breit. Blütezeit Mai.
Blätter Schmal und riemenförmig; mittelgrün.
• HINWEIS Exzellente Schnittblume.
• HÖHE 45 cm.
• BREITE 15 cm.

N. 'Rainbow'
(Klasse 2)

N. 'Broadway Star'
Wuchs Zwiebel, mehrjährig. ***Blüten*** Weiß, orangefarbene Mittelstreifen; etwa 8 cm breit, Nebenkrone aufgespalten und flach aufliegend. Blütezeit April.
Blätter Riemenförmig, schmal; mittelgrün.
• HINWEIS Gut für Rabatten, zum Schnitt geeignet.
• HÖHE 40 cm.
• BREITE 15 cm.

N. 'Broadway Star'
(Klasse 11)

N. 'Rockall'
Wuchs Zwiebel, mehrjährig. ***Blüten*** Weiß, Nebenkrone rotorange; überlappende Hauptkronblätter, tellerförmige, gerillte Nebenkrone, 11 cm breit. April.
Blätter Schmal, riemenförmig; mittelgrün.
• HINWEIS Gut für Rabatten, zum Verwildern und zum Schnitt.
• HÖHE 50 cm.
• BREITE 15 cm.

N. 'Rockall'
(Klasse 3)

N. 'Woodland Star'
Wuchs Zwiebel, mehrjährig. ***Blüten*** Weiß, schalenförmige Nebenkrone tief orangerot; etwa 9 cm breit. Blütezeit Mai. ***Blätter*** Schmal, riemenförmig; mittelgrün.
• HINWEIS Zum Verwildern und für die Vase geeignet.
• HÖHE 50 cm.
• BREITE 15 cm.

N. 'Woodland Star'
(Klasse 3)

N. POETICUS 'Praecox'
Wuchs Zwiebel, mehrjährig. ***Blüten*** Weiß, Nebenkrone gelb mit rotem Rand; duftend, bis 7 cm breit. Blütezeit April–Mai.
Blätter Schmal riemenförmig; mittelgrün.
• HINWEIS Schön zum Verwildern auf Rasen.
• HÖHE 42 cm.
• BREITE 15 cm.

N. poeticus 'Praecox'
(Klasse 9)

N. 'Dove Wings'

Wuchs Zwiebel, mehrjährig. ***Blüten*** Rahmweiß, mit zitronengelber Nebenkrone; Blütenblätter zurückgeschlagen, 8 cm breit. Blütezeit März–April. ***Blätter*** Schmal und riemenförmig; mittelgrün.
• HINWEIS Für Rabatten und Steingärten, auch zum Verwildern.
• HÖHE 30 cm.
• BREITE 8 cm.

N. 'Dove Wings'
(Klasse 6)

N. 'February Silver'

Wuchs Robust; Zwiebel, mehrjährig. ***Blüten*** Weiß, Trompete zitronengelb; leicht zurückgeschlagene Blütenblätter, Nebenkrone lang, 7 cm breit. Blütezeit März–April. ***Blätter*** Schmal, riemenförmig; mittelgrün.
• HINWEIS Für Rabatten und Steingärten.
• HÖHE 30 cm.
• BREITE 8 cm.

N. 'February Silver'
(Klasse 6)

N. TAZETTA 'Canaliculatus'

Wuchs Zwiebel, mehrjährig. ***Blüten*** Weiß, mit tiefgelber Nebenkrone; duftend, 4 cm breit. Blütezeit April–Mai. ***Blätter*** Mittelgrün.
• HINWEIS Hübsch in der Vase.
• WEITERER NAME *N. tazetta* ssp. *lacticolor.*
• HÖHE 23 cm.
• BREITE 8 cm.

N. tazetta 'Canaliculatus'
(Klasse 8)

N. 'Jack Snipe'

Wuchs Kräftig; Zwiebel, mehrjährig. ***Blüten*** Weiß, mit kurzer, zitronengelber Nebenkrone; Blütenblätter zurückgeschlagen, 4 cm breit. Blütezeit März–April. ***Blätter*** Schmal, riemenförmig; mittelgrün.
• HINWEIS Für Steingärten und Pflanzgefäße geeignet.
• HÖHE 20 cm.
• BREITE 8 cm.

N. 'Jack Snipe'
(Klasse 6)

N. 'Avalanche'

Wuchs Zwiebel, mehrjährig. ***Blüten*** Reinweiß, Nebenkrone zitronengelb; duftend, 3 cm breit, zu 10 und mehr in Büscheln. Blütezeit April–Mai. ***Blätter*** Schmal und riemenförmig; mittelgrün.
• HINWEIS Dekorative und haltbare Schnittblume.
• HÖHE 35 cm.
• BREITE 8 cm.

N. 'Avalanche'
(Klasse 8)

N. 'Little Beauty'

Wuchs Klein, stämmig; Zwiebel, mehrjährig. ***Blüten*** Rahmweiß, Trompete in reinem Gelb; etwa 3 cm breit. Blütezeit März. ***Blätter*** Schmal, riemenförmig; mittelgrün.
• HINWEIS Eignung für Rabatten und Steingärten.
• HÖHE 14 cm.
• BREITE 8 cm.

N. 'Little Beauty'
(Klasse 1)

N. TRIANDRUS

Wuchs Zwiebel, mehrjährig. ***Blüten*** Rahmweiß; nickend, zurückgeschlagene Blütenblätter mit runder Nebenkrone, 6 cm breit. Blütezeit April–Mai. ***Blätter*** Aufrecht oder überhängend, riemenförmig, flach oder gerillt; mittelgrün.
• HINWEIS Schön im Steingarten.
• HÖHE 10–25 cm.
• BREITE 10 cm.

N. triandrus
(Klasse 10)
Engelstränen-Narzisse

N. 'Lemon Glow'

Wuchs Zwiebel, mehrjährig. ***Blüten*** Schwefelgelb, zum Rand hin etwas dunkler; etwa 8 cm breit, große Trompete. Blütezeit April. ***Blätter*** Schmal, riemenförmig; mittelgrün.
• HINWEIS Schön für Rabatten und als Schnittblume.
• HÖHE 45 cm.
• BREITE 15 cm.

N. 'Lemon Glow'
(Klasse 1)

N. ROMIEUXII
Wuchs Zwiebel, mehrjährig. ***Blüten*** Blaß primelgelb; trichterförmig, mit zugespitzten Hauptkronblättern, 3 cm breit. Blütezeit in Kultur Dezember–Januar, im Gebirge Februar–März. ***Blätter*** Beinahe stielrund; tiefgrün.
- HINWEIS Gedeiht am besten in einem Alpinenhaus.
- HÖHE Bis 10 cm.
- BREITE 5 cm.

N. romieuxii
(Klasse 10)

N. 'Cassata'
Wuchs Zwiebel, mehrjährig. ***Blüten*** Reinweiß, Nebenkrone zitronengelb, zu Weiß verblassend; weite, flache Mitte, 10 cm breit. Blütezeit März–April. ***Blätter*** Schmal, riemenförmig; mittelgrün.
- HINWEIS Schön für Rabatten und zum Schnitt.
- HÖHE 40 cm.
- BREITE 15 cm.

N. 'Cassata'
(Klasse 11)

N. 'Daydream'
Wuchs Zwiebel, mehrjährig. ***Blüten*** Schwefelgelb, mit zitronengelber, später verblassender Nebenkrone und weißem Grund; etwa 8 cm breit, Trompete vorn erweitert. Blütezeit April–Mai. ***Blätter*** Schmal und riemenförmig; mittelgrün.
- HINWEIS Für Rabatten und zum Schnitt.
- HÖHE 35 cm.
- BREITE 15 cm.

N. 'Daydream'
(Klasse 2)

N. 'Pipit'
Wuchs Zwiebel, mehrjährig. ***Blüten*** Zitronengelb, Nebenkrone später zu Cremegelb verblassend; duftend, 7 cm breit. Blütezeit März–April. ***Blätter*** Schmal und riemenförmig; mittelgrün.
- HINWEIS Ideal für einen Steingarten oder den vorderen Rabattenbereich.
- HÖHE 25 cm.
- BREITE 8 cm.

N. 'Pipit'
(Klasse 7)

N. 'Yellow Cheerfulness'

Wuchs Zwiebel, mehrjährig. ***Blüten*** Goldgelb; gefüllt, lieblich duftend, 2 cm breit, zu 3–4 in Büscheln. Blütezeit April–Mai. ***Blätter*** Schmal riemenförmig; mittelgrün.

- HINWEIS Empfehlenswerte Schnittblume.
- HÖHE 45 cm.
- BREITE 15 cm.

N. 'Yellow Cheerfulness'
(Klasse 4)

N. BULBOCODIUM

Wuchs Zwiebel, mehrjährig. ***Blüten*** Tiefgelb; etwa 3 cm breite Trichter mit feiner Struktur und schmalen, zugespitzten Blütenblättern. Blütezeit April–Mai. ***Blätter*** Beinahe stielrund; dunkelgrün.

- HINWEIS Schön zum Verwildern im Zierrasen.
- HÖHE Bis 15 cm.
- BREITE 5 cm.

N. bulbocodium
(Klasse 10)
Reifrock-Narzisse

N. PSEUDONARCISSUS

Wuchs Zwiebel, mehrjährig. ***Blüten*** Cremefarben, mit gelber Trompete; mit schlanken, verdrehten Hauptkronblättern, bis 7 cm breit. Blütezeit März–April. ***Blätter*** Riemenförmig und bereift; mittelgrün.

- HINWEIS Schön zum Verwildern auf Rasen.
- HÖHE 35 cm.
- BREITE 15 cm.

N. pseudonarcissus
(Klasse 10)
Osterglocke

N. 'Binkie'
Wuchs Kräftig; Zwiebel, mehrjährig.
Blüten Zitronengelb, Nebenkrone später zu Rahmgelb verblassend; etwa 10 cm breit. April.
Blätter Schmal und riemenförmig; mittelgrün.
• HINWEIS Für Rabatten und zum Verwildern geeignet, auch gut als Schnittblume.
• HÖHE 15–35 cm.
• BREITE Bis 15 cm.

N. 'Binkie'
(Klasse 2)

N. 'Liberty Bells'
Wuchs Robust; Zwiebel, mehrjährig. ***Blüten*** Klar zitronengelb; nickend, 9 cm breit, bis zu 3 Blüten. Blütezeit Mai.
Blätter Schmal und riemenförmig; mittelgrün.
• HINWEIS Für Steingärten, als Rabattenvorpflanzung und als Schnittblume bestens geeignet.
• HÖHE 30 cm.
• BREITE 8 cm.

N. 'Liberty Bells'
(Klasse 5)

N. 'Hawera'
Wuchs Mehrere Stengel; Zwiebel, mehrjährig.
Blüten Kanariengelb; etwa 3–5 cm breit, mit zurückgeschlagenen Hauptkronblättern, in Büscheln zu 5. Blütezeit Mai. ***Blätter*** Sehr schmal, riemenförmig; mittelgrün.
• HINWEIS Für Steingärten und Pflanzgefäße.
• HÖHE 18 cm.
• BREITE 8 cm.

N. 'Hawera'
(Klasse 5)

N. 'Charity May'
Wuchs Zwiebel, mehrjährig. ***Blüten*** Zitronengelb; lange Trompeten und breit zurückgeschlagene Hauptkronblätter, 9 cm breit. Blütezeit März. ***Blätter*** Schmal, riemenförmig; mittelgrün.
• HINWEIS Schön in Steingärten und auf Rabatten.
• HÖHE 30 cm.
• BREITE 8 cm.

N. 'Charity May'
(Klasse 6)

N. JONQUILLA
Wuchs Schlank; Zwiebel, mehrjährig.
Blüten Goldgelb; duftend, 3 cm breit, mit spitzen Hauptkronblättern und flacher Nebenkrone, bis zu 5 in Büscheln. März–April.
Blätter Schmal, fast stielrund; mittelgrün.
• HINWEIS Dekorative Schnittblume.
• HÖHE 30 cm.
• BREITE 8 cm.

N. jonquilla
(Klasse 10)
Jonquille

N. 'Fortune'
Wuchs Zwiebel, mehrjährig. ***Blüten*** Buttergelb, mit zart orangefarbener Trompete und dunklerem Schlund; etwa 11 cm breit. Blütezeit März–April.
Blätter Schmal und riemenförmig; mittelgrün.
• HINWEIS Für Rabatten und zum Verwildern, auch zum Schnitt.
• HÖHE 45 cm.
• BREITE 15 cm.

N. 'Fortune'
(Klasse 2)

N. X ODORUS 'Rugulosus'
Wuchs Robust; Zwiebel, mehrjährig. ***Blüten*** Dunkelgelb; duftend, 5 cm breit, bis zu 4 pro Schaft. Blütezeit April–Mai. ***Blätter*** Riemenförmig und gekielt; mittelgrün.
• HINWEIS Schön auf Rabatten und in der Vase, verwildert in Rasen.
• HÖHE 30 cm.
• BREITE 8 cm.

N. x o. 'Rugulosus'
(Klasse 10)
Campernell-Jonquille

N. 'Rip van Winkle'
Wuchs Zwiebel, mehrjährig. ***Blüten*** Schwefelgelb; gefüllt, 5 cm breit. Blütezeit April.
Blätter Schmal und riemenförmig; mittelgrün.
• HINWEIS Paßt gut in Steingärten oder den vorderen Rabattenbereich.
• WEITERER NAME *N. pumilus* 'Plenus'.
• HÖHE 14 cm.
• BREITE 8 cm.

N. 'Rip van Winkle'
(Klasse 4)

N. RUPICOLA

Wuchs Zwiebel, mehrjährig. ***Blüten*** Goldgelb; rundlich, 3 cm breit, mit 6lappiger Nebenkrone. Blütezeit je nach Standort März–Juni. ***Blätter*** Aufrecht, gekielt, stielrund; graugrün.

- HINWEIS Gedeiht optimal im Alpinenhaus oder Zwiebelkasten. Im Sommer trocken halten.
- HÖHE 15 cm.
- BREITE 5 cm.

N. rupicola
(Klasse 10)

N. CYCLAMINEUS

Wuchs Robust; Zwiebel, mehrjährig. ***Blüten*** Sattgelb; einzeln, 4,5 cm lang, mit schmaler Trompete und zurückgeschlagenen Hauptkronblättern. Blütezeit März–April. ***Blätter*** Schmal, gekielt; leuchtendgrün.

- HINWEIS Vorzüglich für Steingärten, Gehölze oder Zierrasen.
- HÖHE Bis 20 cm.
- BREITE 8 cm.

N. cyclamineus
(Klasse 10)
Alpenveilchen-Narzisse

N. MINOR

Wuchs Zwiebel, mehrjährig. ***Blüten*** Reingelb; etwa 3 cm breit. Blütezeit März–April. ***Blätter*** Aufrecht und glatt oder gerippt; graugrün.

- HINWEIS Vermehrt sich oft schnell.
- WEITERER NAME *N. nanus* hort.
- HÖHE 10–15 cm.
- BREITE 8 cm.

N. minor
(Klasse 10)

N. 'Pencrebar'

Wuchs Zwiebel, mehrjährig. ***Blüten*** Goldgelb; gefüllt, rundlich, duftend, 3 cm breit, manchmal paarweise. Blütezeit April–Mai. ***Blätter*** Schmal und riemenförmig; mittelgrün.

- HINWEIS Ideal für Steingärten oder als Rabattenvorpflanzung.
- HÖHE 18 cm.
- BREITE 8 cm.

N. 'Pencrebar'
(Klasse 4)

N. 'Tête-à-Tête'

Wuchs Robust; Zwiebel, mehrjährig. ***Blüten*** Goldgelb, mit orangegelber Nebenkrone; leicht zurückgeschlagene Hauptkronblätter, 6 cm breit. Blütezeit März–April. ***Blätter*** Schmal und riemenförmig; mittelgrün.

- HINWEIS Für Steingärten und Pflanzgefäße geeignet. Winterschutz.
- HÖHE 15 cm.
- BREITE 5 cm.

N. 'Tête-à-Tête'
(Klasse 12)

N. 'Jumblie'

Wuchs Viele Stengel; Zwiebel, mehrjährig. ***Blüten*** Goldgelb, mit orangefarbener Nebenkrone; zurückgeschlagene Hauptkronblätter, 3 cm breit. März–April. ***Blätter*** Sehr schmal, riemenförmig; mittelgrün.

- HINWEIS Für Steingärten geeignet. Winterschutz.
- HÖHE 17 cm.
- BREITE 8 cm.

N. 'Jumblie'
(Klasse 12)

N. 'Sweetness'

Wuchs Kräftig; Zwiebel, mehrjährig. ***Blüten*** Goldgelb; stark duftend, 4 cm breit, an kräftigen Stengeln im April. ***Blätter*** Schmal, riemenförmig; mittelgrün.

- HINWEIS Ein Schmuck für Rabatten und für die Vase.
- HÖHE 40 cm.
- BREITE 8 cm.

N. 'Sweetness'
(Klasse 7)

N. 'Bob Minor'

Wuchs Zwiebel, mehrjährig. ***Blüten*** Goldgelb; lange Trompete und verdrehte Hauptkronblätter, 6 cm breit, an steifen Stielen. Blütezeit März–April. ***Blätter*** Schmal riemenförmig; mittelgrün.

- HINWEIS Für Rabatten und Steingärten zu empfehlen.
- HÖHE 20 cm.
- BREITE 10 cm.

N. 'Bob Minor'
(Klasse 1)

N. 'February Gold'

Wuchs Kräftig; Zwiebel, mehrjährig. ***Blüten*** Goldgelb, Trompete etwas dunkler; leicht zurückgeschlagene Hauptkronblätter, 7 cm breit. Blütezeit März. ***Blätter*** Schmal, riemenförmig; mittelgrün.

• HINWEIS Gut für Rabatten und Steingärten geeignet.
• HÖHE 30 cm.
• BREITE 8 cm.

N. 'February Gold' (Klasse 6)

N. 'St. Keverne'

Wuchs Kräftig; Zwiebel, mehrjährig. ***Blüten*** Tief goldgelb; große, vorn verbreiterte Nebenkrone, 10 cm breit. Blüte März. ***Blätter*** Schmal, riemenförmig; mittelgrün.

• HINWEIS Schön als Schnittblume, für Rabatten und zum Verwildern.
• HÖHE 45 cm.
• BREITE 15 cm.

N. 'St. Keverne' (Klasse 2)

N. 'Tahiti'

Wuchs Zwiebel, mehrjährig. ***Blüten*** Gelb, mit leuchtend orangeroter Mitte; gefüllt, 11 cm breit. Blütezeit April–Mai. ***Blätter*** Schmal und riemenförmig; mittelgrün.

• HINWEIS Hervorragend für Rabatten und als Vasenschmuck.
• HÖHE 45 cm.
• BREITE 15 cm.

N. 'Tahiti' (Klasse 4)

N. 'Golden Ducat'

Wuchs Zwiebel, mehrjährig. ***Blüten*** Goldgelb; dicht gefüllt, etwa 10 cm breit, mit symmetrischen, zugespitzten Blütenblättern. Blütezeit April. ***Blätter*** Schmal, riemenförmig; mittelgrün.

• HINWEIS Für Rabatten und als Schnittblume geeignet.
• HÖHE 35 cm.
• BREITE 10 cm.

N. 'Golden Ducat' (Klasse 4)

N. 'Bartley'

Wuchs Zwiebel, mehrjährig. ***Blüten*** Goldgelb; zurückgeschlagene Hauptkronblätter mit schlanker Trompete, 6 cm breit. Blütezeit März–April. ***Blätter*** Schmal und riemenförmig; mittelgrün.

• HINWEIS Reizend auf Rabatten oder auch verwildert.
• HÖHE 40 cm.
• BREITE 8 cm.

N. 'Bartley' (Klasse 6)

N. 'Stratosphere'

Wuchs Kräftige Stiele; Zwiebel, mehrjährig. ***Blüten*** Goldgelb, mit kleiner, tiefgoldener Nebenkrone; duftend, 6 cm breit. Blütezeit April. ***Blätter*** Riemenförmig, schmal; mittelgrün.

• HINWEIS Eine gute Wahl für Rabatten und als Vasenschmuck.
• HÖHE 40 cm.
• BREITE 10 cm.

N. 'Stratosphere' (Klasse 7)

N. **'Kingscourt'**
Wuchs Robust; Zwiebel, mehrjährig.
Blüten Goldgelb; ausgewogen, 11 cm breit, Trompete konisch geöffnet. Blütezeit April.
Blätter Schmal, riemenförmig; mittelgrün.
• HINWEIS Gut für Rabatten und zum Schnitt.
• HÖHE 45 cm.
• BREITE 15 cm.

N. **'Kingscourt'**
(Klasse 1)

N. **'Chanterelle'**
Wuchs Zwiebel, mehrjährig. ***Blüten*** Graugelb, mit goldgelber Mitte; bis 10 cm breit, Nebenkrone flach ausgebreitet. Blütezeit Mai.
Blätter Riemenförmig, schmal; mittelgrün.
• HINWEIS Hübsch auf Rabatten und in der Vase.
• HÖHE 40 cm.
• BREITE 15 cm.

N. **'Chanterelle'**
(Klasse 11)

N. **'Ambergate'**
Wuchs Zwiebel, mehrjährig. ***Blüten*** Blaß mandarinengelb, Nebenkrone tief rotorange; etwa 9 cm breit. Blütezeit April. ***Blätter*** Schmal und riemenförmig; mittelgrün.
• HINWEIS Für Rabatten und als Schnittblume geeignet.
• HÖHE 40 cm.
• BREITE 15 cm.

N. **'Ambergate'**
(Klasse 2)

N. **'Suzy'**
Wuchs Zwiebel, mehrjährig. ***Blüten*** Primelgelb, Nebenkrone tieforange; duftend, 6 cm breit. Blütezeit April.
Blätter Schmal, riemenförmig; mittelgrün.
• HINWEIS Für Rabatten wie zum Schnitt zu empfehlen.
• HÖHE 40 cm.
• BREITE 8 cm.

N. **'Suzy'**
(Klasse 7)

N. **'Sealing Wax'**
Wuchs Zwiebel, mehrjährig. ***Blüten*** Goldgelb, Nebenkrone klein, rotorange; breite, rundliche Hauptkronblätter, 9 cm breit. Blütezeit April.
Blätter Schmal, riemenförmig; mittelgrün.
• HINWEIS Dekorativ auf Rabatten und in der Vase.
• HÖHE 50 cm.
• BREITE 15 cm.

N. **'Sealing Wax'**
(Klasse 2)

N. **'Home Fires'**
Wuchs Zwiebel, mehrjährig. ***Blüten*** Gelb, Schale leuchtendorange; anmutig zugespitzte Hauptkronblätter mit kurzer Nebenkrone, 11 cm breit. März–April.
Blätter Schmal und riemenförmig; mittelgrün.
• HINWEIS Für Rabatten und als Schnittblume geeignet.
• HÖHE 45 cm.
• BREITE 15 cm.

N. **'Home Fires'**
(Klasse 2)

N. **'Scarlet Gem'**
Wuchs Zwiebel, mehrjährig. ***Blüten*** Gelb, mit roter Nebenkrone; duftend, 5 cm breit, in Büscheln. Blütezeit April–Mai.
Blätter Riemenförmig, schmal; mittelgrün.
• HINWEIS Schön auf Rabatten und als Schnittblume.
• HÖHE 35 cm.
• BREITE 8 cm.

N. **'Scarlet Gem'**
(Klasse 8)

N. **'Altruist'**
Wuchs Zwiebel, mehrjährig. ***Blüten*** Pfirsichgelb, mit orangeroter Nebenkrone; Hauptkronblätter zugespitzt, Nebenkrone gewellt, bis 8 cm breit. Blütezeit April–Mai.
Blätter Schmal, riemenförmig; mittelgrün.
• HINWEIS Gute Rabatten- und Schnittblume.
• HÖHE 45 cm.
• BREITE 15 cm.

N. **'Altruist'**
(Klasse 3)

Iridaceae

IRIS ORCHIOIDES hort.

Wuchs Kräftig, mehrjährig, mit fleischigen Wurzeln. ***Blüten*** Weiß bis blaß oder tief goldgelb, gelber Fleck auf den Hängeblättern; etwa 4–6 cm breit, bis zu 6 pro Stengel, in den oberen Blattachseln. Blütezeit April. ***Blätter*** Schmal lanzettförmig, gerillt; glänzend frischgrün.

• HERKUNFT NO-Afghanistan bis Zentralasien, steinige und grasbewachsene Hügel.

• KULTUR Diese Zwiebelpflanze gehört zu den dankbarsten Irisarten und eignet sich für Steingärten oder sonnige Hochbeete. Ideal ist ein leichter, gut durchlässiger, mäßig nährstoffreicher und neutraler bis schwach saurer Humusboden. Der Standort sollte warm, geschützt und vollsonnig sein. Beim Ausgraben dürfen die dicken, aber brüchigen Speicherwurzeln nicht verletzt werden.

• VERMEHRUNG Durch Teilung oder vorsichtiges Abtrennen der Brutzwiebeln nach der Laubwelke im Hochsommer; sogleich neu einpflanzen.

• WEITERER NAME *I. caucasica.*

HÖHE
20–40 cm

BREITE
12 cm

5 cm

Liliaceae

CALOCHORTUS LUTEUS

Wuchs Schlank, Stengel verzweigt; Zwiebel, mehrjährig. ***Blüten*** Gelb, innen rotbraun gezeichnet; aufrechte, weit geöffnete Glocken. Blütezeit Juni–Juli. ***Blätter*** Linealisch, aufrecht; mittelgrün.

- HERKUNFT Kalifornien, Grasland und immergrüne Mischwälder.
- KULTUR Verlangt sandigen, stark durchlässigen Boden und einen warmen, sonnigen Platz und verträgt keine Winternässe. Für das Kalthaus geeignet.
- VERMEHRUNG Durch ausgereifte Samen oder Brutzwiebeln im Spätsommer.

HÖHE
20–50 cm

BREITE
8–10 cm

10–15 cm

Liliaceae

ERYTHRONIUM 'Pagoda'

Wuchs Sehr kräftig; Zwiebel, mehrjährig.
Blüten Blaß schwefelgelb, tiefgelbe Staubbeutel und brauner Mittelring; nickend, jeweils bis zu 10 in Büscheln, im Frühjahr. ***Blätter*** Grundständig, eiförmig; glänzend dunkelgrün, bronzefarben gesprenkelt.

- HERKUNFT Züchtung.
- KULTUR In lichtem Schatten in feuchten, aber gut drainierten und humusreichen Böden. Die Zwiebeln dürfen während der Lagerung nicht austrocknen.
- VERMEHRUNG Nach der Blüte größere Klumpen teilen oder Brutzwiebeln abnehmen.

HÖHE
15–35 cm

BREITE
15–20 cm

10–15 cm

Amaryllidaceae/
Liliaceae

STENOMESSON VARIEGATUM

Wuchs Horstbildend; Zwiebel, mehrjährig.
Blüten Weiß, gelb, rosa oder scharlachrot, mit grün gezeichneten Zipfeln; nickend, röhrenförmig, in Dolden. Blütezeit April. ***Blätter*** Riemenförmig, nach der Blüte länger werdend; mittelgrün.

- HERKUNFT Anden in Ecuador, Peru und Bolivien.
- KULTUR Im Zimmer oder Wintergarten ziehen. Bevorzugt lehmhaltige Erde.
- VERMEHRUNG Im Herbst vorsichtig teilen oder im Frühjahr aussäen.
- WEITERER NAME *S. incarnatum*.

Min. 10 °C

HÖHE
30–60 cm

BREITE
30 cm

Hals über Bodenniveau

Amaryllidaceae/
Liliaceae

STENOMESSON MINIATUM

Wuchs Mehrjährig. ***Blüten*** Orange oder leuchtendrot; röhrenförmig, überhängend, zu 3–6 in Dolden. Blütezeit Frühjahr und Sommer. ***Blätter*** Schmal riemenförmig, sprießen nach der Blüte; mittelgrün.

- HERKUNFT Peru und Bolivien, in den Anden.
- KULTUR Wintergarten- oder Zimmerkultur in lehmhaltiger Erde. Im Sommer auch für sonnige Rabatten.
- VERMEHRUNG Durch behutsame Teilung im Herbst oder Aussaat im Frühjahr.
- WEITERE NAMEN *Urceolina pendula, U. peruviana*.

Min. 5 °C

HÖHE
20–30 cm

BREITE
10–15 cm

Hals über Bodenniveau

Amaryllidaceae/Liliaceae

CLIVIA MINIATA

Wuchs Robust, horstbildend; Rhizom, mehrjährig. ***Blüten*** Orange, manchmal gelb oder rot, mit gelber Basis und goldgelben Staubbeuteln; glocken- bis trichterförmig, weit geöffnet, bis zu 20 in üppigen Dolden auf blattlosen, kräftigen Schäften. Blütezeit Februar–Mai. ***Blätter*** Immergrün, grundständig und riemenförmig; matt schimmerndes Dunkelgrün.

- HERKUNFT Südafrika, Buschwald.
- KULTUR Im Zimmer oder Wintergarten in grobsandigem, mit Laubkompost angereichertem Lehm ziehen. Während der Hauptwachstumszeit im Frühjahr und nach der Blüte im Sommer reichlich gießen und alle 2 Wochen einen ausgewogenen Flüssigdünger geben. Die Zwiebel im Winter nahezu trocken halten und das Wässern mit dem Wachstumsbeginn wieder aufnehmen. Werden Gefäßexemplare zurückhaltend gegossen, blühen sie üppiger. Die Pflanze bevorzugt nährstoffreichen, feuchten Boden ohne Staunässe in absonniger bis halbschattiger Lage.
- VERMEHRUNG Im zeitigen Frühjahr nach der Blüte Seitensprosse am Grund der Pflanze abnehmen. Alternativ die Samen bei Reife aussäen.

Min. 10 °C

HÖHE
45 cm

BREITE
30–60 cm

Hals über Boden-niveau

FRITILLARIEN

Fritillarien *(Fritillaria)* bezaubern mit ihren meist glockenförmigen Blüten, die einzeln oder zu mehreren in Dolden bzw. Trauben erscheinen. Oft zeigen sie eine aparte Färbung und ein charakteristisches Schachbrettmuster. Die meisten Fritillarien lieben durchlässige Böden und trockene Winter, viel Regen im Frühjahr und lange, heiße Sommer. Nässe während der Ruheperiode wird in der Regel nicht gut vertragen. Einige in Waldgebieten und auf Feuchtwiesen heimische Arten bevorzugen schweren Boden, der das Wasser gut speichert.

Fritillarien werden nach ihren Kulturansprüchen in folgende Gruppen unterteilt:
Gruppe 1 In nährstoffreichem, gut durchlässigem Boden an vollsonnigen Standorten relativ problemlos zu ziehen. Für Steingärten und sonnige Rabatten geeignet.
Gruppe 2 Müssen in der Vegetationsruhe vor Nässe geschützt werden. In stark durchlässigem, kieshaltigem und mäßig nährstoffreichem Boden an vollsonnigen Plätzen züchten. Für Steingarten, Hochbeet, Alpinenhaus oder Zwiebelkasten zu empfehlen.
Gruppe 3 Diese in Wäldern und auf Feuchtwiesen beheimateten Arten eignen sich für Rabatten und zum Verwildern. Sie brauchen einen nährstoffreichen Boden, der das Wasser speichert und auch im Sommer nicht austrocknet, sowie sonnige bis absonnige Standorte.
Gruppe 4 Da diese Fritillarien keine Nässe vertragen, sollten sie im Zwiebelkasten oder Kalthaus stehen, wo sie in der Vegetationsruhe vor Regen geschützt sind. Sie brauchen nährstoffreichen, gut durchlässigen Boden und vollsonnige Standorte.

Die Vermehrung erfolgt im Herbst durch Aussaat im kalten Kasten. Im Frühjahr kommen die Keimlinge ins Kalthaus, kleine Arten bleiben zwei Jahre im Topf. Mit dem Einsetzen des Wachstums im Frühjahr erhalten sie einen ausgewogenen Flüssigdünger. Alternativ gewinnt man vor allem bei Arten mit großen Schuppen wie *F. pudica, F. raddeana* und *F. acmopetala* zur Vermehrung Brutzwiebeln oder Zwiebelschuppen (siehe S. 173–182). Einige Arten produzieren reiskorngroße Bulben, die einfach ausgesät werden.

F. THUNBERGII

Wuchs Zwiebel, mehrjährig. ***Blüten*** Rahmweiß, mit zarter, grüner Aderung oder Schachbrettmusterung; nickend, glockenförmig, in lockeren Trauben. Blütezeit April–Mai. ***Blätter*** Linealisch; glänzend mittelgrün.
- KULTUR 1.
- WEITERER NAME *F. verticillata* var. *thunbergii.*
- HÖHE Bis 60 cm.
- BREITE 10–12 cm.

F. thunbergii

☼ ◊ ❄❄❄

F. RADDEANA

Wuchs Robust; Zwiebel, mehrjährig. ***Blüten*** Cremeweiß mit grünlichem Schimmer oder zartgelb; nickende, breite Glocken, zu 5–6 oder mehreren in Dolden. Blütezeit April–Mai. ***Blätter*** Lanzettförmig; glänzend blaßgrün.
- KULTUR 1 oder 3.
- HÖHE Bis 60 cm.
- BREITE Bis 20 cm.

F. raddeana

☼ ◊ ❄❄❄

F. IMPERIALIS

Wuchs Kräftig, aufrecht; Zwiebel, mehrjährig. ***Blüten*** Gelb, orange oder rot; nickende, von einem Blattschopf gekrönte Glocken, zu 3–6 in Dolden an kräftigen Schäften. Blütezeit April–Mai. ***Blätter*** Lanzettförmig; hellgrün.
- KULTUR 1.
- HÖHE Bis 1,5 m.
- BREITE 25–30 cm.

F. imperialis
Kaiserkrone

☼ ◊ ❄❄❄

F. PUDICA

Wuchs Schlank; Zwiebel, mehrjährig.
Blüten Goldgelbe, später rote, hängende, schmale Glocken, einzeln oder paarweise. Blütezeit April.
Blätter Linealisch bis lanzettförmig, leicht bereift; mittelgrün.
- KULTUR 4. Bildet reiskorngroße Bulben.
- HÖHE Bis 15 cm.
- BREITE 5 cm.

F. pudica

F. PYRENAICA

Wuchs Grazil; Zwiebel, mehrjährig.
Blüten Braunpurpurn gewürfelt, innen gründgelb; breit glockenförmig, einzeln oder paarweise. April– Mai.
Blätter Lanzettförmig, bereift; graugrün.
- KULTUR 1.
- WEITERER NAME *F. nigra* hort.
- HÖHE 45 cm.
- BREITE Bis 8 cm.

F. pyrenaica

F. RECURVA

Wuchs Schlank; Zwiebel, mehrjährig.
Blüten Scharlachrot, gelb gemustert; schmale, nickende Glocken mit umgeschlagenen Spitzen, in Dolden. Blütezeit April–Mai.
Blätter Linealisch bis lanzettförmig; graugrün.
- KULTUR 4. Entwickelt reiskorngroße Bulben.
- HÖHE Bis 60 cm.
- BREITE Bis 10 cm.

F. recurva

F. PERSICA

Wuchs Kräftig, aufrecht; Zwiebel, mehrjährig.
Blüten Pflaumenblau; nickende, kegelförmige Glocken, bis zu 30 in dichten, endständigen Trauben. April–Mai.
Blätter Lanzettförmig, den Schaft entlang, bereift; graugrün.
- KULTUR 1. Liebt heiße, sonnige Plätze.
- HÖHE Bis 1 m.
- BREITE 10 cm.

F. persica
Persische Kaiserkrone

F. MELEAGRIS

Wuchs Zwiebel, mehrjährig. ***Blüten*** Ausgeprägtes Schachbrettmuster in Rosa und Purpur; hängend, glokkenförmig, einzeln oder paarweise. Blütezeit April–Mai.
Blätter Grasartig; graugrün.
- KULTUR 1 oder 3. Kann in Gras verwildern und bevorzugt schweren Boden.
- HÖHE Bis 30 cm.
- BREITE Bis 8 cm.

F. meleagris
Schachbrettblume, Kiebitzblume

F. CAMSCHATCENSIS
Wuchs Variabel; Zwiebel, mehrjährig. ***Blüten*** Schwarzrot oder braun; breit glockenförmig, nickend, in dichten Dolden an kräftigen Schäften. Blütezeit Juni. ***Blätter*** Lanzettförmig; glänzend hellgrün.
- KULTUR 3. Bildet reiskorngroße Bulben.
- HÖHE 45 cm.
- BREITE Bis 10 cm.

F. camschatcensis

F. PALLIDIFLORA
Wuchs Kräftig; Zwiebel, mehrjährig. ***Blüten*** Cremegelb, am Ansatz grün, innen braunrot gewürfelt; breite Glocken, unangenehm riechend. Blütezeit Mai–Juni. ***Blätter*** Lanzettförmig, bereift; graugrün.
- KULTUR 1 oder 3.
- HÖHE 40 cm.
- BREITE Bis 8 cm.

F. pallidiflora

F. CIRRHOSA
Wuchs Zwiebel, mehrjährig. ***Blüten*** Blaßgrün, oft purpurn überlaufen und mit purpurner Würfelung; breite, nickende Glocken, meist einzeln, gelegentlich auch zu 2–3. Blütezeit April–Mai. ***Blätter*** Linealisch; graugrün.
- KULTUR 3.
- HÖHE 45 cm.
- BREITE Bis 8 cm.

F. cirrhosa

F. PONTICA
Wuchs Grazil; Zwiebel, mehrjährig. ***Blüten*** Fahlgrün, mit braunroter Zeichnung; nickende, breite Glokken, einzeln. Blütezeit April–Mai. ***Blätter*** Lanzettförmig und bereift; graugrün.
- KULTUR 1 oder 2. Die Zwiebel in der Ruheperiode trocken halten.
- HÖHE Bis 20 cm.
- BREITE 5 cm.

F. pontica

F. ACMOPETALA
Wuchs Zwiebel, mehrjährig. ***Blüten*** Hellgrün, mit rotbrauner Zeichnung; hängende Glocken mit zurückgeschlagenem Rand, meist einzeln, manchmal auch zu 2–3. Blütezeit April–Mai. ***Blätter*** Linealisch; blaugrün.
- KULTUR 1. Bildet reiskorngroße Bulben.
- HÖHE 40 cm.
- BREITE Bis 8 cm.

F. acmopetala

Amaryllidaceae/
Liliaceae

CRINUM ASIATICUM

Wuchs Horstbildend; Zwiebel, mehrjährig.
Blüten Weiß; duftend, mit schmalen, weit abstehenden Kronblättern, in Dolden auf kräftigen, kahlen Stielen. Blütezeit März–Oktober. ***Blätter*** Grundständig, riemenförmig; dunkelgrün.
• HERKUNFT SO-Asien, Tropen.
• KULTUR Zimmer- oder Wintergartenpflanze. Im Winter lediglich etwas feucht halten. Verlangt mit Kies und Laubkompost angereicherte Lehmerde.
• VERMEHRUNG Im Frühjahr Brutzwiebeln abtrennen oder die Samen bei Reife aussäen.

Min. 10 °C

HÖHE
60 cm

BREITE
60 cm

Spitze auf Bodenniveau

Amaryllidaceae/
Liliaceae

PANCRATIUM ILLYRICUM

Wuchs Zwiebel, mehrjährig. ***Blüten*** Weiß; duftend, mit 6 schmalen, abgespreizten Blütenblättern und kleiner Nebenkrone, bis zu 20 in Dolden auf unbelaubten Schäften. Blütezeit Mai–Juli. ***Blätter*** Grundständig und halbaufrecht, riemenförmig; graugrün.
• HERKUNFT Korsika und Sardinien, sandige und felsige Untergründe.
• KULTUR In geschützten, sonnigen Rabatten mit mäßig nährstoffreichem, stark durchlässigem Boden.
• VERMEHRUNG Brutzwiebeln im Herbst oder Aussaat gleich nach der Samenreife bzw. im Frühjahr.

HÖHE
Bis 45 cm

BREITE
25 cm

20 cm

Hyacinthaceae/
Liliaceae

ORNITHOGALUM NARBONENSE

Wuchs Horstbildend; Zwiebel, mehrjährig.
Blüten Weiß; sternförmig, in Doldentrauben an kahlen Stengeln. Blütezeit Juni–Juli. ***Blätter*** Linealisch, halbaufrecht; graugrün.
• HERKUNFT Südeuropa, vom Mittelmeer bis zum Kaukasus, auf Brachland.
• KULTUR Schön in Staudenrabatten und zum Verwildern auf Grasflächen. Gedeiht in mäßig nährstoffreichem, gut drainiertem Boden.
• VERMEHRUNG Im Herbst Brutzwiebeln nehmen, alternativ Aussaat im Herbst oder Frühjahr.

HÖHE
Bis 90 cm

BREITE
10 cm

10 cm

Alliaceae/Liliaceae	

TRITELEIA HYACINTHINA

Wuchs Aufrecht; Zwiebelknolle, mehrjährig. ***Blüten*** Weiß oder blaßblau; trichterförmig, bis zu 20 in Trugdolden. Juni–Juli. ***Blätter*** Grundständig, linealisch, ziehen vor der Blüte ein; mittelgrün.

• HERKUNFT Westliche USA, auf Grasland, in Gebüschen und Kiefernwäldern.

• KULTUR An einem warmen, geschützten Platz mit leichtem, sandigem und gut durchlässigem Boden.

• VERMEHRUNG Aussaat bei Samenreife oder im Frühjahr.

• WEITERE NAMEN *Brodiaea hyacinthina, B. lactea.*

HÖHE
30–50 cm

BREITE
8–10 cm

8 cm

Araceae	

ARISAEMA SIKOKIANUM

Wuchs Kräftig; Wurzelknolle, mehrjährig. ***Blüten*** Tiefpurpurn, mit grünen Streifen; weißer, keulenförmiger Kolben mit lang ausgezogener Blütenscheide. Blütezeit Juni–Juli. ***Blätter*** Aus 3–5 breit eiförmigen Blättchen zusammengesetzt; sattgrün.

• HERKUNFT Japan, lichte Wälder.

• KULTUR In neutralem bis saurem, nährstoffreichem, feuchtem, aber gut durchlässigem Laubhumusboden. Ideal ist ein geschützter, kühler Platz im Halbschatten.

• VERMEHRUNG Durch Nebenknollen im Spätsommer oder Aussaat nach der Reife bzw. im Frühjahr.

HÖHE
30–50 cm

BREITE
15–30 cm

25 cm

Hyacinthaceae/ Liliaceae	CHINCHERINCHEE

ORNITHOGALUM THYRSOIDES

Wuchs Robust; Zwiebel, mehrjährig. ***Blüten*** Weiß; sternförmige Schalen, in dichten Trauben. Blütezeit Juni–August. ***Blätter*** Grundständig und schmal lanzettförmig, welken vor der Blüte; glänzendgrün.

• HERKUNFT Südafrika, westliches Kapland.

• KULTUR Im Sommer in Mischrabatten mit mäßig nährstoffreichem, nicht staunassem Boden pflanzen, ansonsten im Haus oder Wintergarten in Kompost auf Lehmbasis ziehen. Die dekorativen Blüten halten sich gut in der Vase.

• VERMEHRUNG Durch Brutzwiebeln im Herbst.

Min. 5 °C

HÖHE
30–70 cm

BREITE
10 cm

10 cm

Melanthiaceae/Liliaceae	

ZIGADENUS FREMONTII

Wuchs Robust, horstbildend; Zwiebel, mehrjährig. ***Blüten*** Blaß grüngelb; sternförmig, in breit kegeligen Rispen im Frühsommer. ***Blätter*** Grundständig und halbaufrecht, linealisch; graugrün.

• HERKUNFT Westliche USA, Gebüsch.

• KULTUR Braucht während der sommerlichen Ruhephase Trockenheit. Im Zwiebelkasten oder Kalthaus ziehen. Ansonsten schön für trockene, warme und sonnige Rabatten. Alle Teile sind hochgiftig.

• VERMEHRUNG Im Frühjahr oder Herbst teilen, alternativ Aussaat direkt nach der Samenreife.

HÖHE
30–50 cm

BREITE
8–10 cm

8–10 cm

Amaryllidaceae/Liliaceae

HYMENOCALLIS NARCISSIFLORA

Wuchs Robust; Zwiebel, mehrjährig. ***Blüten*** Weiß, manchmal innen grün gestreift; duftend, mit lang abstehenden, schmalen Blütenblättern und einer Nebenkrone, jeweils zu 2–5 auf kräftigen Schäften. Blütezeit Juni–Juli. ***Blätter*** Grundständig, halbaufrecht und riemenförmig, ziehen im Winter ein; dunkelgrün.

• HERKUNFT Peru, Anden.

• KULTUR In lehmhaltiger, mit Laubkompost und Kies angereicherter Topferde im Kalthaus oder Wintergarten. Der Platz muß hell, aber vor praller Sonne geschützt liegen. Im Freien ist eine Stauden- oder Mischrabatte ideal. Pflanze im Herbst vor Frostbeginn aufnehmen. Der Boden sollte nährstoffreich, feucht, durchlässig und humusreich sein. Topfpflanzen erhalten in der Wachstumszeit alle 2–3 Wochen einen ausgewogenen Flüssigdünger und werden mäßig gegossen. Mit einsetzender Laubwelke die Wassermenge reduzieren und die Zwiebel während der Ruhephase im Winter beinahe trocken halten.

• VERMEHRUNG Durch Nebenzwiebeln im Frühjahr oder Aussaat gleich nach der Samenreife.

• WEITERE NAMEN *H. calathina, Ismene calathina.*

Min. 5 °C

HÖHE
Bis 60 cm

BREITE
30–45 cm

Hals über Boden-niveau

Hyacinthaceae/ Liliaceae	ARABISCHER MILCHSTERN

ORNITHOGALUM ARABICUM

Wuchs Kräftig; Zwiebel, mehrjährig. ***Blüten*** Weiß oder rahmweiß, mit schwarzem Auge; duftende, sternförmige Schalen, in dichten, abgeflachten Dolden. Blütezeit Mai. ***Blätter*** Riemenförmig, in grundständigen Rosetten; dunkelgrün.

- HERKUNFT Mittelmeerraum, felsiges Hügelland.
- KULTUR Gedeiht in geschützter, sonniger Lage mit mäßig nährstoffreichem, gut drainiertem Boden. Im Herbst aufnehmen. Bei kühlem Klima im Kalthaus in Topferde auf Lehmbasis ziehen. Schöne Schnittblume.
- VERMEHRUNG Durch Brutzwiebeln im Herbst.

HÖHE
30–45 cm

BREITE
10–15 cm

10 cm

Melanthiaceae/ Liliaceae	

ZIGADENUS VENENOSUS

Wuchs Robust; Zwiebel, mehrjährig. ***Blüten*** Gelblichweiß; kleine Sternblüten, in Rispen im Sommer. ***Blätter*** Grundständig, halbaufrecht und linealisch; mittelgrün.

- HERKUNFT Westliche USA, Gras- und Waldland.
- KULTUR Liebt absonnige bis halbschattige Standorte und tiefgründige, nährstoffreiche, feuchte, aber durchlässige Böden mit hohem Humusanteil. Alle Pflanzenteile sind hochgiftig.
- VERMEHRUNG Teilen im Frühjahr oder Herbst bzw. Aussaat bei Samenreife oder im Frühjahr.

HÖHE
30–50 cm

BREITE
8–10 cm

10 cm

Iridaceae	

TRITONIA DISTICHA ssp. *RUBROLUCENS*

Wuchs Zwiebelknolle, mehrjährig. ***Blüten*** Rosa; offen trichterförmig, in einseitswendigen Ähren, nacheinander an drahtigen Stengeln im Spätsommer. ***Blätter*** Schwertförmig und aufrecht, in grundständigem Fächer; mittelgrün.

- HERKUNFT Südafrika, grasige Hänge.
- KULTUR Liebt leichten, sandigen Boden ohne Staunässe. Stützen. Im Winter trocken mulchen.
- VERMEHRUNG Durch Brutknollen im Herbst.
- WEITERE NAMEN *T. rosea*, *T. rubrolucens*.

HÖHE
70 cm

BREITE
8–10 cm

8–10 cm

Alliaceae/Liliaceae	NICKENDER LAUCH

ALLIUM CERNUUM

Wuchs Kräftig, horstbildend; Zwiebel, mehrjährig. ***Blüten*** Mittel- bis tiefrosa; klein und schalenförmig, zu 25–40 in lockeren, nickenden Dolden. Blütezeit Sommer. ***Blätter*** Grundständig, halbaufrecht und schmal riemenförmig; dunkelgrün.

- HERKUNFT Nordamerika, felsiges Bergland.
- KULTUR In mäßig nährstoffreichem, gut drainiertem Boden. Exzellent für vollsonnige Rabatten.
- VERMEHRUNG Die Samen gleich nach der Reife oder im Frühjahr aussäen, alternativ im Herbst Nebenzwiebeln abnehmen.

HÖHE
30–60 cm

BREITE
8–10 cm

8–10 cm

Amaryllidaceae/Liliaceae

RHODOPHIALA ADVENA

Wuchs Schlank; Zwiebel, mehrjährig. ***Blüten*** Rot, gelb oder rosa, gelb geaderter Schlund; offene, waagrecht abstehende Trichter, zu 2–6 in Dolden an kahlen Stielen. Blütezeit März–Mai. ***Blätter*** Grundständig, halbaufrecht und linealisch, treiben mit der Blüte oder unmittelbar danach aus; graugrün.

• HERKUNFT Chile, Gebirgsregionen.

• KULTUR In Hochbeeten oder Rabatten im Schutz einer warmen, besonnten Mauer. Verlangt mäßig nährstoffreichen, stark durchlässigen Boden. Bei guter Drainage und ausreichendem Schutz mit trockenem Mulch übersteht diese Art auch gelegentliche Fröste bis -5 °C. Wenn längere oder strenge Frostperioden zu erwarten sind, ist sie im Kalthaus oder Alpinenhaus am besten aufgehoben. Da sie auf Wurzelstörungen empfindlich reagiert, jährlich die oberste Erdschicht austauschen und nur alle 3–4 Jahre umtopfen.

• VERMEHRUNG Im Herbst oder Frühjahr Nebenzwiebeln abnehmen, die Samen direkt nach der Reife aussäen.

• WEITERER NAME *Hippeastrum advenum.*

HÖHE
Bis 50 cm

BREITE
10–15 cm

Hals über Bodenniveau

Amaryllidaceae/ Liliaceae	

LYCORIS RADIATA

Wuchs Grazil; Zwiebel, mehrjährig. ***Blüten*** Rosenrot; mit zurückgebogenen Staubfäden und am Rand gewellten Kronblättern, zu 4–6 in Dolden. Juli–September. ***Blätter*** Grundständig, halbaufrecht und linealisch, nach der Blüte sprießend; dunkelgrün.
- HERKUNFT Japan, Hügel und Felder.
- KULTUR Für sonnige, geschützte Rabatten mit nährstoffreichem, durchlässigem Boden. Braucht in der sommerlichen Ruheperiode trockene Wärme.
- VERMEHRUNG Nach der Blüte Nebenzwiebeln nehmen oder die reifen Samen aussäen.

HÖHE
30–40 cm

BREITE
10 cm

Hals über Bodenniveau

Gesneriaceae	

GLOXINIA PERENNIS

Wuchs Buschig; Rhizom, mehrjährig. ***Blüten*** Lavendelblau, Schlund tiefviolett; einzelne Glocken. Durchgehend von September bis November blühend. ***Blätter*** Herzförmig, behaart; glänzend mittelgrün, unterseits rötlich.
- HERKUNFT Von Panama bis Peru, in Wäldern.
- KULTUR Unter Glas in lehmfreiem Kompost ziehen. Während des Wachstums reichlich gießen, im Winter den Wurzelstock fast trocken halten.
- VERMEHRUNG Aussaat oder Teilen im Frühjahr bzw. Blatt- oder Sproßstecklinge im Sommer.

Min. 10 °C

HÖHE
60 cm

BREITE
30 cm

2–3 cm

Ranunculaceae	PERSISCHE RANUNKEL

RANUNCULUS ASIATICUS (Rote Form)

Wuchs Wurzelknolle, mehrjährig. ***Blüten*** Rot, manchmal auch rosa, gelb oder weiß, violettschwarze Mitte; einfache oder gefüllte Schalen, an verzweigten Stielen. Blütezeit Mai–Juni. ***Blätter*** Langgestielt, tiefgelappt und 3zählig; blaß- bis tiefgrün.
- HERKUNFT Östlicher Mittelmeerraum, NO-Afrika und SW-Asien.
- KULTUR In humosem, nährstoffreichem, feuchtem Boden ohne Staunässe. Während des Wachstums feucht halten, vor dem ersten Frost aufnehmen.
- VERMEHRUNG Im Herbst die Knollen teilen.

HÖHE
20–45 cm

BREITE
10–20 cm

5 cm

Iridaceae	

PATERSONIA UMBROSA

Wuchs Kräftig, aber eher langsamwachsend, horstbildend, überhängend; Rhizom. ***Blüten*** Blauviolett; irisähnlich, an festen Stengeln. Vom Frühjahr bis zum Frühsommer in Folge blühend. ***Blätter*** Immergrün, grundständig, linealisch und steif; mittelgrün.
- HERKUNFT Westaustralien, Buschland.
- KULTUR Im Haus oder Wintergarten in kiesiger Lehmerde kultivieren. Während des Wachstums reichlich, im Winter sparsam gießen.
- VERMEHRUNG Im Herbst den Wurzelstock teilen.

Min. 5 °C

HÖHE
Bis 1 m

BREITE
30–60 cm

2–3 cm

Alliaceae/Liliaceae	STERNKUGELLAUCH, GROSSDOLDIGER ZIERLAUCH

ALLIUM CHRISTOPHII

🏆

Wuchs Robust; Zwiebel, mehrjährig. ***Blüten*** Violettrosa schimmernd; klein, sternförmig, bis zu 50 in großen, lockeren Kugeldolden von etwa 20 cm Durchmesser, auf kahlen, gerippten Schäften. Blütezeit Juni–Juli. ***Blätter*** Grundständig, riemenförmig, am Rand behaart, welken vor Erscheinen der Blüten; gelblichgrün.

- HERKUNFT Türkei und Zentralasien, auf Felshängen der Vorgebirge.
- KULTUR Gedeiht an warmen, geschützten, vollsonnigen Standorten in mäßig nährstoffreichem, gut drainiertem Boden. Ideal für eine Stauden- oder Mischrabatte. Wie andere großblütige und farbenfrohe *Allium*-Arten harmoniert auch diese vorzüglich mit niedrigen Stauden, deren Laub einen grauen, silbrigen oder blaßgelben Einschlag hat. Die Blütenköpfe und Fruchtstände werden getrocknet gerne für Wintersträuße verwendet.
- VERMEHRUNG Durch Aussaat direkt nach der Samenreife oder im Frühjahr, alternativ durch Brutzwiebeln im Frühjahr.
- WEITERER NAME *A. albopilosum.*

☼ ◊ ❄❄❄

HÖHE
30–60 cm

BREITE
15–20 cm

8–10 cm

Alliaceae/Liliaceae

TRITELEIA LAXA

Wuchs Aufrecht; Zwiebelknolle, mehrjährig. ***Blüten*** Blaß bis tief violettblau; meist aufrechte Trichter, bis zu 25 in lockeren Dolden. Blütezeit Juni. ***Blätter*** Grundständig, linealisch, ziehen während der Blüte oder gleich danach ein; mittelgrün.

- HERKUNFT USA, von Westkalifornien bis Südoregon auf Grasland, in Gesträuch und Kiefernwäldern.
- KULTUR Braucht leichten, sandigen, gut durchlässigen Boden und einen warmen, geschützten Platz.
- VERMEHRUNG Durch Aussaat im Frühjahr.
- WEITERER NAME *Brodiaea laxa.*

HÖHE
10–50 cm

BREITE
8–10 cm

8 cm

Alliaceae/Liliaceae | BLAULAUCH, SIBIRISCHER ENZIANLAUCH

ALLIUM CAERULEUM

Wuchs Schlank; Zwiebel, mehrjährig. ***Blüten*** Eisblau; klein, sternförmig, in dichten Dolden, auf kräftigen Schäften. Blütezeit Juni–Juli. ***Blätter*** Linealisch, welken vor der Blüte; mittelgrün.

- HERKUNFT Nord- und Zentralasien.
- KULTUR Unkompliziert und sonnenliebend. Braucht gut drainierten, mäßig nährstoffreichen, aber nach Möglichkeit sandigen Boden.
- VERMEHRUNG Tochter- und Brutzwiebeln im Herbst bzw. Aussaat nach der Reife oder im Frühjahr.
- WEITERER NAME *A. azureum.*

HÖHE
60 cm

BREITE
5 cm

8–10 cm

Araceae | KOBRALILIE

ARISAEMA GRIFFITHII

Wuchs Wurzelknolle, mehrjährig. ***Blüten*** Grün oder purpurn; Blütenscheide helmartig, stark geadert, kobraähnlich, 25 cm lang. April–Mai. ***Blätter*** Zusammengesetzt, Blättchen eiförmig; olivgrün.

- HERKUNFT Östlicher Himalaja, Waldgebiete.
- KULTUR Verlangt neutralen bis sauren, feuchten, aber nicht staunassen, mit organischem Material angereicherten Boden. Ideal ist ein kühler, geschützter Platz. Gut mulchen und im Herbst ausgraben.
- VERMEHRUNG Im Spätsommer Nebenknollen abtrennen, alternativ Aussaat der reifen Samen.

HÖHE
Bis 60 cm

BREITE
45 cm

25 cm

Araceae

ARISAEMA JACQUEMONTII

Wuchs Kräftig; Wurzelknolle, mehrjährig. ***Blüten*** Blaßgrün, weiß gestreift; schmal, mit helmartig geneigter, spitz auslaufender Blütenscheide. Juni. ***Blätter*** Gefiedert, mit 3–9 schmal eiförmigen und am Rand gewellten Blättchen; sattgrün.

- HERKUNFT Japan, Waldgebiete.
- KULTUR In feuchtem, gut drainiertem Laubhumusboden im neutralen bis sauren Bereich. Bevorzugt kühle, geschützte und halbschattige Lagen.
- VERMEHRUNG Durch Nebenknollen im Spätsommer oder Aussaat nach der Samenreife.

HÖHE
15–70 cm

BREITE
30 cm

25 cm

Araceae	ZEBRA-FEUERKOLBEN, HANS IN DER KANZEL

ARISAEMA TRIPHYLLUM

Wuchs Wurzelknolle, mehrjährig. ***Blüten*** Blaßgrün, oft purpurn gestreift; helmartig überwölbt. Blütezeit Juni. ***Blätter*** Mit 3 schmal eiförmigen Blättchen; mittelgrün. ***Früchte*** Rote Beeren im Herbst.
- HERKUNFT Östliches Nordamerika, Wälder.
- KULTUR An kühlen, geschützten, halbschattigen Stellen in feuchtem, gut drainiertem, neutralem bis saurem Laubhumusboden.
- VERMEHRUNG Im Spätsommer Nebenknollen abnehmen oder reife Samen aussäen.
- WEITERER NAME *A. atrorubens.*

HÖHE
40–50 cm

BREITE
30 cm

25 cm

Hyacinthaceae/Liliaceae	

EUCOMIS BICOLOR

Wuchs Kräftig; Zwiebel, mehrjährig. ***Blüten*** Blaßgrün, purpurn gerandet; klein, sternförmig, in aufrechten, zylindrischen Trauben an rotbraun gefleckten Stengeln. Juli–August. ***Blätter*** Halbaufrecht, riemenförmig, mit gewelltem Rand; hellgrün.
- HERKUNFT Südafrika und Lesotho, feuchte Grashänge der Drakensberge.
- KULTUR Verlangt nährstoffreichen Boden ohne Staunässe, in kalten Wintern trocken mulchen.
- VERMEHRUNG Durch Nebenzwiebeln im Frühjahr bzw. Samen gleich nach der Reife oder im Frühjahr.

HÖHE
30–60 cm

BREITE
20–30 cm

12 cm

Amaryllidaceae/ Liliaceae	

CYRTANTHUS MACKENII var. *COOPERI*

Wuchs Horstbildend; Zwiebel, mehrjährig.
Blüten Gelb oder cremefarben; duftende, schmale und gebogene Röhren, zu 4–10 in Dolden. Blütezeit Mai–Juni. ***Blätter*** Grundständig und halbaufrecht, linealisch; mittelgrün.
- HERKUNFT Südafrika.
- KULTUR Im Kalthaus oder als Zimmerpflanze kultivieren. Braucht mäßig nährstoffreichen, durchlässigen Boden. Leicht feucht halten.
- VERMEHRUNG Im Frühjahr Nebenzwiebeln nehmen oder ausgereifte Samen aussäen.

Min. 5 °C

HÖHE
20–30 cm

BREITE
8–10 cm

Spitze auf Bodenniveau

Liliaceae/Liliaceae

CALOCHORTUS BARBATUS

Wuchs Mit verzweigten Stielen; Zwiebel, mehrjährig. ***Blüten*** Senfgelb, oft purpurn überhaucht, innen purpurne Härchen; offene Schalen. Blütezeit Juli–September. ***Blätter*** Linealisch und aufrecht; mittelgrün.

- HERKUNFT Mexiko, Grasland.
- KULTUR Braucht sandigen, stark drainierten Boden und einen warmen, geschützten Platz. Kultur im Zwiebelkasten oder Kalthaus zu empfehlen.
- VERMEHRUNG Durch Bulben, Aussaat reifer Samen oder Abtrennen von Nebenzwiebeln im Spätsommer.
- WEITERER NAME *Cyclobothra lutea.*

HÖHE
15–30 cm

BREITE
5–10 cm

10–15 cm

Iridaceae

CYPELLA HERBERTII

Wuchs Zwiebel, mehrjährig. ***Blüten*** Senfgelb, innere Blütenblätter purpurn gezeichnet. Im Juli in Folge erscheinend. ***Blätter*** In grundständigem Fächer, schmal lanzettförmig und gefaltet; mittelgrün.

- HERKUNFT Südamerika, feuchtes Grasland.
- KULTUR In sandiges, mit Humus verbessertes Substrat pflanzen. Gedeiht in warmer, geschützter Lage im Steingarten oder vor einer Mauer. Im Kalthaus überwintern.
- VERMEHRUNG Nebenzwiebeln im späten Winter oder Frühjahr abnehmen, Aussaat nach der Reife.

HÖHE
30–50 cm

BREITE
8–10 cm

8 cm

Ranunculaceae | PERSISCHE RANUNKEL

RANUNCULUS ASIATICUS (Gelbe Form)

Wuchs Wurzelknolle, mehrjährig. ***Blüten*** Gelb, auch rot, rosa oder weiß, mit violettschwarzen Staubgefäßen; einfache oder gefüllte Schalen an verzweigten Stielen. Blütezeit Mai–Juni. ***Blätter*** Langgestielt, tiefgelappt und 3zählig; blaß- bis dunkelgrün.

- HERKUNFT Östlicher Mittelmeerraum, NO-Afrika und SW-Asien.
- KULTUR Während des Wachstums feucht halten. Vor Frostbeginn ausgraben. Ideal ist ein nährstoffreicher, feuchter, durchlässiger, humoser Boden.
- VERMEHRUNG Im Herbst die Knolle teilen.

HÖHE
20–45 cm

BREITE
10–20 cm

5 cm

Colchicaceae/Liliaceae | CHINALATERNE, WEIHNACHTSGLÖCKCHEN

SANDERSONIA AURANTIACA

Wuchs Mit Blattranken kletternd; Wurzelknolle, mehrjährig. ***Blüten*** Goldorange; nickend, laternenförmig, in den oberen Blattachseln. Blütezeit Juli. ***Blätter*** Locker verteilt, lanzettförmig; mittelgrün.

- HERKUNFT Südafrika, felsige und leicht bewaldete Gebiete.
- KULTUR Für Rabatten oder Wintergärten geeignet. Verlangt mäßig nährstoffreichen, humosen Boden und einen warmen, sonnigen Platz. Knolle im Herbst ausgraben.
- VERMEHRUNG Durch Teilen im Frühjahr.

HÖHE
Bis 75 cm

BREITE
25–30 cm

8–10 cm

Agavaceae	

Polianthes geminiflora

Wuchs Wurzelknolle, mehrjährig. ***Blüten*** Orangerot; nickend, röhrenförmig, paarweise in hohen, aufrechten Ähren. Juli–August. ***Blätter*** Grundständig, halbaufrecht, linealisch, riemenförmig; mittelgrün.

- HERKUNFT Mexiko, auf sandigem Grasland.
- KULTUR Topfkultur in Kompost auf Lehmbasis. Während des Wachstums reichlich gießen, regelmäßig düngen. In der Ruhephase die Knolle trocken halten.
- VERMEHRUNG Durch Nebenknollen im Herbst oder Frühjahr.
- WEITERER NAME *Bravoa geminiflora.*

Min. 15 °C

Höhe
Bis 70 cm

Breite
10–15 cm

5 cm

Iridaceae	TIGERBLUME, PFAUENBLUME

Tigridia pavonia

Wuchs Zwiebel, mehrjährig. ***Blüten*** Orange, rot, rosa oder gelb mit kontrastierender Mitte; flach, irisähnlich. Von Juli bis September in Folge blühend. ***Blätter*** In grundständigen Fächern, schwertförmig und gefaltet; mittelgrün.

- HERKUNFT Mexiko, auf grasigen Sandflächen.
- KULTUR Als Füllpflanze in einer Sommerrabatte. Optimal ist ein warmer, geschützter Standort mit gut drainiertem Boden. Zwiebel im Herbst ausgraben.
- VERMEHRUNG Im Frühjahr aus Samen oder mit Brutzwiebeln, die aber Viren übertragen können.

Höhe
60–150 cm

Breite
12–15 cm

8–10 cm

Iridaceae	

Crocosmia 'Jackanapes'

Wuchs Horstbildend; Zwiebelknolle, mehrjährig. ***Blüten*** Zweifarbig gelb und orangerot; trichterförmig, in überhängenden Rispen. Blütezeit August–September. ***Blätter*** Grundständig, aufrecht und schwertförmig; leuchtendgrün.

- HERKUNFT Züchtung.
- KULTUR Liebt mäßig nährstoffreichen und feuchten, aber gut durchlässigen, humosen Boden in licht- oder halbschattiger Lage. Vorzügliche Schnittblume.
- VERMEHRUNG Durch Teilen im Frühjahr.
- WEITERER NAME *C.* 'Fire King'.

Höhe
40–60 cm

Breite
15–20 cm

8 cm

Amaryllidaceae/
Liliaceae

Nerine bowdenii 'Alba'

Wuchs Zwiebel, mehrjährig. ***Blüten*** Weiß, oft rosagetönt; trichterförmig, mit 6 abgespreizten, am Rand gewellten und an den Spitzen zurückgebogenen Blütenblättern, zu 5–10 in Dolden. Blütezeit September. ***Blätter*** Riemenförmig, nach den Blüten; frischgrün.

- HERKUNFT Südafrika und Lesotho, an felsigen Stellen in den Drakensbergen.
- KULTUR Braucht starke Drainage und einen geschützten Platz, etwa an einer warmen Mauer. Im Winter gut mit trockenem Mulch abdecken.
- VERMEHRUNG Klumpen alle 3–5 Jahre teilen.

HÖHE
45–60 cm

BREITE
12–15 cm

10 cm

Amaryllidaceae/
Liliaceae

Nerine 'Orion'

Wuchs Zwiebel, mehrjährig. ***Blüten*** Zartrosa; weite Trichter, Blütenblätter am Saum gewellt und an den Spitzen zurückgebogen. Blütezeit September. ***Blätter*** Halbaufrecht, riemenförmig; mittelgrün.

- HERKUNFT Züchtung.
- KULTUR In leichtem, stark durchlässigem Sandboden. In lehmiger Erde im Wintergarten ziehen. Gleichmäßig, mit der Laubwelke weniger gießen, in der Ruhephase trocken halten. Wenn die Knospen sprießen, das Gießen wieder aufnehmen.
- VERMEHRUNG Nebenzwiebeln im Spätsommer.

HÖHE
30–50 cm

BREITE
20 cm

Spitze auf Bodenniveau

Amaryllidaceae/
Liliaceae

Nerine undulata

Wuchs Zwiebel, mehrjährig. ***Blüten*** Rosa; trichterförmig, schmal, gekräuselte, vorn umgebogene Blütenblätter. Blütezeit September–Oktober. ***Blätter*** Linealisch, Austrieb mit den Blüten; mittelgrün.

- HERKUNFT Südafrika.
- KULTUR Im Wintergarten. Verlangt leichten, stark drainierten Sandboden. Im Winter leicht feucht, in der Ruhephase trocken halten.
- VERMEHRUNG Durch Nebenzwiebeln im Spätsommer oder Aussaat nach der Samenreife.
- WEITERER NAME *N. crispa.*

HÖHE
30–45 cm

BREITE
10–12 cm

Spitze auf Bodenniveau

Amaryllidaceae/Liliaceae	

ZEPHYRANTHES GRANDIFLORA

Wuchs Schlank; Zwiebel, mehrjährig. ***Blüten*** Tiefrosa, mit weißer Mitte und goldgelben Staubbeuteln; einzeln, trichterförmig, an blattlosen Stengeln. Blütezeit Mai–Juli. ***Blätter*** Grundständig, halbaufrecht und linealisch, Austrieb mit den Blüten; frischgrün.

- HERKUNFT Mittelamerika, Grasland.
- KULTUR Für Kalthäuser, Wintergärten oder als Zimmerpflanze geeignet. In grobsandiger Lehmerde pflanzen. Bei Freilandkultur vor Frostbeginn im Herbst aufnehmen. Wünscht nährstoffreichen, gut drainierten und mit organischem Material verbesserten Boden. Unter Glas während des Wachstums reichlich wässern und 14tägig einen ausgewogenen Dünger geben. Wenn das Laub welkt, weniger gießen, in der Ruhephase nahezu trocken halten. Bei Topfkultur bringen knapp bemessene Gefäße den besten Flor. In klimamilden Zonen zu mehreren auf sonnigen Rabatten oder in Steingärten ein schöner Blickfang.
- VERMEHRUNG Im Frühjahr Nebenzwiebeln nehmen oder die Samen nach der Reife aussäen.
- WEITERER NAME *Z. carinata.*

HÖHE
20–30 cm

BREITE
8–10 cm

10 cm

Hyacinthaceae/Liliaceae

SCILLA SCILLOIDES

Wuchs Schlank, mehrjährig. ***Blüten*** Blaßrosa; winzige Sterne in dichten, aufrechten Trauben. Blütezeit August–September. ***Blätter*** Grundständig, linealisch und weich, erscheinen mit den Blüten; mittelgrün.
- HERKUNFT China und Japan.
- KULTUR Gedeiht in nährstoffreichem, gut drainiertem Humusboden an warmen, geschützten Stellen. Exzellent für Steingärten und sonnige Rabatten.
- VERMEHRUNG Aussaat gleich nach der Samenreife. Im Frühjahr Brutzwiebeln ablösen.
- WEITERER NAME *S. chinensis.*

HÖHE
15–20 cm

BREITE
5 cm

8–10 cm

Amaryllidaceae/Liliaceae — GUERNSEYLILIE

NERINE SARNIENSIS

Wuchs Zwiebel, mehrjährig. ***Blüten*** Sattes Orangerosa; trichterförmig, mit weit abstehenden, am Rand gewellten Blütenblättern. Blütezeit September–Oktober. ***Blätter*** Halbaufrecht, riemenförmig, Austrieb nach der Blüte; mittelgrün.
- HERKUNFT Südafrika, Küstenregion.
- KULTUR Im Kalthaus. Braucht leichten, stark durchlässigen Sandboden. Mäßig gießen, bis das Laub welkt, danach die Wassergaben reduzieren. In der Ruhezeit trocken halten.
- VERMEHRUNG Im Spätsommer mit Brutzwiebeln.

HÖHE
45–60 cm

BREITE
12–15 cm

Spitze auf Bodenniveau

Amaryllidaceae/Liliaceae

NERINE BOWDENII

Wuchs Zwiebel, mehrjährig. ***Blüten*** Rosa schimmernd; weite Trichter mit 6 gewellten, vorn eingerollten Blütenblättern, je 5–10 in Dolden. Blütezeit September. ***Blätter*** Riemenförmig, erscheinen nach den Blüten; frischgrün.
- HERKUNFT Südafrika und Lesotho, auf felsigem Untergrund in den Drakensbergen.
- KULTUR Verträgt keine Staunässe und braucht Schutz, etwa an einer warmen Mauer. Im Winter mit trockenem Mulch gut abdecken.
- VERMEHRUNG Klumpen alle 3–5 Jahre teilen.

HÖHE
45–60 cm

BREITE
12–15 cm

10 cm

Amaryllidaceae/Liliaceae

NERINE 'Brian Doe'

Wuchs Zwiebel, mehrjährig. ***Blüten*** Satt schimmerndes Lachsrosa; trichterförmig, Blütenblätter zurückgebogen und am Saum gewellt. Blütezeit September. ***Blätter*** Riemenförmig und halbaufrecht; mittelgrün.
- HERKUNFT Züchtung.
- KULTUR Im Wintergarten in Kompost auf Lehmbasis, ansonsten in leichten, stark drainierten Sandboden pflanzen. Gleichmäßig, bei beginnender Laubwelke weniger wässern. In der Ruhephase trocken halten. Ab Knospenaustrieb wieder gießen.
- VERMEHRUNG Mit Brutzwiebeln im Spätsommer.

HÖHE
30–50 cm

BREITE
20 cm

Spitze auf Bodenniveau

Amaryllidaceae/Liliaceae

EUCHARIS X GRANDIFLORA

Wuchs Robust, horstbildend; Zwiebel, mehrjährig.
Blüten Weiß; duftend, leicht überhängend, mit 6 ausgebreiteten Blütenblättern und 6 hervorstehenden Staubblättern, die zu einer Schale verschmolzen sind, bis zu 6 Blüten in Dolden an kahlen Stengeln. Blütezeit Mai–Juli und Dezember–Januar.
Blätter Immergrün, grundständig und halbaufrecht, eiförmig und gewellt; dunkelgrün.

- HERKUNFT Kolumbien, in lichten Feuchtwäldern.
- KULTUR Im Gewächshaus oder Wintergarten. Als Substrat Topferde auf Lehmbasis, angereichert mit Laubkompost und grobem Sand, verwenden. Bei Sommerkultur in Beeten und Rabatten empfiehlt sich ein mäßig nährstoffreicher, feuchter, aber gut drainierter und mit organischem Material verbesserter Boden. Während des Hauptwachstums reichlich, sonst sparsam gießen und monatlich düngen. Nach 3–4 Jahren umtopfen. Eine beliebte Schnittblume.
- VERMEHRUNG Nach der Blüte Nebenzwiebeln abnehmen und bis zur Eingewöhnung bei 15 °C kultivieren.
- WEITERER NAME *E. amazonica* hort.

Min. 10 °C

HÖHE
40–60 cm

BREITE
30 cm

Spitze auf Bodenniveau

Amaryllidaceae/ Liliaceae

GALANTHUS 'Magnet'

Wuchs Kräftig; Zwiebel, mehrjährig. ***Blüten*** Weiß, auf den inneren Blütenblättern mit grünem Mal; nikkend, geschlossen birnenförmig. Blütezeit Februar–März. ***Blätter*** Schmal riemenförmig; graugrün.
- HERKUNFT Züchtung.
- KULTUR Ideal zum Verwildern in niedrigem Gras oder Gehölzpartien, auch robust genug für Rabatten. Braucht nährstoffreichen und feuchten Boden ohne Staunässe, der im Sommer nicht austrocknet.
- VERMEHRUNG Horste teilen, wenn nach der Blüte das Laub vergilbt.

HÖHE
20 cm

BREITE
8 cm

10 cm

Amaryllidaceae/ Liliaceae

HIPPEASTRUM 'Striped'

Wuchs Robust; Zwiebel, mehrjährig. ***Blüten*** Weiß, mit roten Streifen; große, offene Trichter, je 2–6 in Büscheln an unbelaubten Stengeln. Blütezeit Januar–April. ***Blätter*** Grundständig, halbaufrecht und riemenförmig, nach der Blüte; sattgrün.
- HERKUNFT Züchtung.
- KULTUR Im Haus oder Wintergarten in Einheitserde ziehen. Während der Wachstumszeit reichlich wässern und alle 14 Tage düngen. In der Ruheperiode trocken halten.
- VERMEHRUNG Durch Nebenzwiebeln im Herbst.

Min. 13 °C

HÖHE
50 cm

BREITE
30 cm

Hals über Bodenniveau

Amaryllidaceae/ Liliaceae

HIPPEASTRUM 'Apple Blossom'

Wuchs Robust; Zwiebel, mehrjährig. ***Blüten*** Weiß, Spitzen rosa überlaufen; große, offene Trichter, zu 2–6 in Büscheln an kahlen Schäften im Winter. ***Blätter*** Grundständig und halbaufrecht, riemenförmig, Austrieb nach der Blüte; frischgrün.
- HERKUNFT Züchtung.
- KULTUR Im Wintergarten oder Haus kultivieren, bevorzugt in Einheitserde. Reichlich gießen und während des Wachstums alle 2 Wochen düngen. In der Ruhezeit trocken halten.
- VERMEHRUNG Durch Nebenzwiebeln im Herbst.

Min. 13 °C

HÖHE
30–50 cm

BREITE
30 cm

Hals über Bodenniveau

Hyacinthaceae/ Liliaceae

VELTHEIMIA BRACTEATA

Wuchs Kräftig, horstbildend; Zwiebel, mehrjährig. ***Blüten*** Rosarot; hängende Röhren in dichten, aufrechten Ähren. Blütezeit Januar–März. ***Blätter*** Grundständig und riemenförmig; mittelgrün.
- HERKUNFT Südafrika, auf grasbewachsenen oder felsigen Hügeln.
- KULTUR Im Haus oder Wintergarten in durchlässiger Topferde. Während des Wachstums mäßig gießen, in der Ruhezeit leicht feucht halten.
- VERMEHRUNG Brutzwiebeln oder reife Samen.
- WEITERE NAMEN *V. undulata, V. viridiflora.*

Min. 5–7 °C

HÖHE
30–45 cm

BREITE
25–40 cm

Hals über Bodenniveau

Iridaceae

FREESIA 'Everett'

Wuchs Schlank; Zwiebelknolle, mehrjährig.
Blüten Rosarot; duftend, trichterförmig, in verzweigten, überhängenden Wickeln. Blütezeit Januar–April.
Blätter Schmal schwertförmig, aufrecht, in grundständigen Fächern; leuchtendgrün.

- HERKUNFT Züchtung.
- KULTUR Für die Winterblüte pflanzt man die Knolle zwischen Spätsommer und Herbst unter Glas in grobsandige Lehmerde. Die Pflanze braucht gute Belüftung, Schutz vor praller Sonne und eine Temperatur von nicht mehr als 13 °C. Während des Wachstums mäßig gießen, ab dem Blütenaustrieb wöchentlich düngen. Nach der Blüte sparsamer wässern. Knolle in der Ruhephase trocken lagern. Für die Sommerblüte bietet der Handel präparierte Knollen an. Man pflanzt sie im Frühjahr auf sonnigen Rabatten in leichten, mäßig nährstoffreichen und feuchten, aber gut drainierten Boden. Im Herbst ausgraben. Die Blütenstiele halten sich gut in der Vase.
- VERMEHRUNG Durch Nebenknollen im Herbst.

HÖHE
Bis 30 cm

BREITE
5 cm

8 cm

Amaryllidaceae/ Liliaceae

HIPPEASTRUM 'Red Lion'

Wuchs Robust; Zwiebel, mehrjährig. ***Blüten*** Leuchtendrot, mit gelben Staubbeuteln; große, offene Trichter, zu 2–6 auf kahlen Schäften. Januar–April. ***Blätter*** Grundständig, halbaufrecht, riemenförmig, Austrieb während oder nach der Blüte; frischgrün.

- HERKUNFT Züchtung.
- KULTUR Verlangt mäßig nährstoffreichen Boden auf Lehmbasis. Während des Wachstums mäßig gießen und 14tägig düngen. In der Ruhezeit trocken halten.
- VERMEHRUNG Durch Nebenzwiebeln im Herbst.

Min. 13 °C

HÖHE 30–50 cm

BREITE 30 cm

Hals über Bodenniveau

Amaryllidaceae/ Liliaceae

HIPPEASTRUM 'Orange Sovereign' 🏆

Wuchs Kräftig; Zwiebel, mehrjährig. ***Blüten*** Sattes Orangerot; große, weit geöffnete Trichter, je 2–6 an kahlen Stengeln. Februar–April. ***Blätter*** Grundständig, halbaufrecht und riemenförmig, Austrieb während oder gleich nach der Blüte; graugrün.

- HERKUNFT Züchtung.
- KULTUR In mäßig nährstoffreichen Kompost auf Lehmbasis pflanzen, in der Wachstumsphase reichlich gießen und alle 2 Wochen düngen. Während der Ruhezeit trocken halten.
- VERMEHRUNG Mit Nebenzwiebeln im Herbst.

Min. 13 °C

HÖHE 30–50 cm

BREITE 30 cm

Hals über Bodenniveau

Hyacinthaceae/ Liliaceae

LACHENALIA ORCHIOIDES var. *GLAUCINA*

Wuchs Zwiebel, mehrjährig. ***Blüten*** Blaßblau, mit zartem Fliederton; duftende, schmale Röhren, in dichten Ähren. Februar–April. ***Blätter*** Halbaufrecht und riemenförmig; blaugrün, purpurn gefleckt.

- HERKUNFT Südafrika, Grasland.
- KULTUR Im Kalthaus in Kompost auf Lehmbasis ziehen. Bevorzugt leichten, gut drainierten Boden. Bei Topfkultur in der Ruhezeit trocken halten.
- VERMEHRUNG Im Spätsommer die kleinen Brutzwiebeln abnehmen.
- WEITERER NAME *L. glaucina.*

Min. 5 °C

HÖHE Bis 30 cm

BREITE 5–8 cm

10 cm

Iridaceae

FREESIA 'Yellow River'

Wuchs Schlank; Zwiebelknolle, mehrjährig. ***Blüten*** Sattgelb; duftend, trichterförmig, in verzweigten, überhängenden Wickeln. Blütezeit Januar–April. ***Blätter*** Schmal, aufrecht, grundständig; smaragdgrün.

- HERKUNFT Züchtung.
- KULTUR Verlangt bei Kultur unter Glas kiesige Lehmerde, gute Belüftung und eine Höchsttemperatur von 13 °C. Ab Erscheinen der Blütenknospen gründlich wässern und wöchentlich düngen. Während der Vegetationsruhe trocken halten.
- VERMEHRUNG Mit Nebenknollen im Herbst.

HÖHE Bis 30 cm

BREITE 5 cm

8–10 cm

Hyacinthaceae/ Liliaceae	

PUSCHKINIA SCILLOIDES var. *LIBANOTICA* 'Alba'

Wuchs Zwiebel, mehrjährig. ***Blüten*** Weiß; kleine, sternförmige, offene Glocken, in dichten, aufrechten Trauben. Blütezeit April–Mai. ***Blätter*** Grundständig, halbaufrecht und linealisch; sattgrün.

- HERKUNFT SO-Europa.
- KULTUR Schön in Steingärten oder zum Verwildern unter Sträuchern. Wächst in jedem gut drainierten Boden und verträgt Halbschatten.
- VERMEHRUNG Nach der Laubwelke im Sommer Brutzwiebeln nehmen.

HÖHE 15 cm

BREITE 3–5 cm

5–8 cm

Hyacinthaceae/ Liliaceae	

ORNITHOGALUM OLIGOPHYLLUM

Wuchs Schlank; Zwiebel, mehrjährig. ***Blüten*** Schimmernd weiß, Blütenblätter außen leuchtendgrün; breit schalenförmig, in üppigen Doldentrauben. März–April. ***Blätter*** Grundständig, fast niederliegend, lanzettförmig; glänzend mittel- bis graugrün.

- HERKUNFT Balkan.
- KULTUR In Steingärten. Optimal ist ein mäßig nährstoffreicher Boden. Winterschutz.
- VERMEHRUNG Durch Aussaat im Herbst oder Brutzwiebeln.
- WEITERER NAME *O. balansae.*

HÖHE Bis 15 cm

BREITE 5–8 cm

10 cm

Hyacinthaceae/ Liliaceae	NICKENDER MILCHSTERN

ORNITHOGALUM NUTANS

Wuchs Kräftig; Zwiebel, mehrjährig. ***Blüten*** Silbrigweiß, außen mit grünem Mittelstreifen; sternförmig, nickend, in einseitswendigen Trauben. Blütezeit April–Mai. ***Blätter*** Grundständig und halbaufrecht, riemenförmig, Austrieb vor der Blüte; frischgrün.

- HERKUNFT Europa und SW-Asien, auf Feldern und Ödland.
- KULTUR Verträgt Halbschatten. Schön zum Verwildern auf Grasflächen, neigt aber zum Wuchern.
- VERMEHRUNG Im Herbst aussäen oder im Spätsommer Brutzwiebeln nehmen.

HÖHE Bis 60 cm

BREITE 5–8 cm

10 cm

Amaryllidaceae	MÄRZBECHER, MÄRZGLÖCKCHEN

Leucojum vernum

Wuchs Zwiebel, mehrjährig. ***Blüten*** Weiß, mit grünen Spitzen; glockenförmig, einzeln oder paarweise an blattlosen Stielen. Blütezeit März–April. ***Blätter*** Grundständig, aufrecht und riemenförmig; glänzend dunkelgrün.

- HERKUNFT Süd- und Osteuropa.
- KULTUR Ein hübscher Anblick auf Mischrabatten, auch verwildert auf Rasen oder in Gehölzpartien. Sehr dekorativ als Uferbepflanzung.
- VERMEHRUNG Durch Aussaat bei Samenreife oder Nebenzwiebeln nach dem Einziehen des Laubes.

HÖHE 10–15 cm

BREITE 8–10 cm

8–10 cm

Amaryllidaceae	

Sternbergia candida

Wuchs Zwiebel; mehrjährig. ***Blüten*** Weiß; duftend, trichterförmig. Blütezeit Januar–Februar. ***Blätter*** Grundständig und riemenförmig; graugrün.

- HERKUNFT SW-Türkei, im Gebüsch und zwischen Steinen am Rand von Zedernwäldern.
- KULTUR Verträgt keine Winternässe, in Regionen mit kalten, feuchten Wintern am besten im Zwiebelkasten oder Alpinenhaus. In mäßig nährstoffreichen, stark durchlässigen Boden pflanzen.
- VERMEHRUNG Aussaat bei Samenreife, alternativ nach der Laubwelke durch Brutzwiebeln.

HÖHE 10–20 cm

BREITE 8–10 cm

20 cm

Hyacinthaceae/ Liliaceae	

Ornithogalum lanceolatum

Wuchs Niedrig; Zwiebel, mehrjährig. ***Blüten*** Weiß, außen grüne Streifen; sternförmig, in dichten, beinahe stengellosen Doldentrauben. Blütezeit April–Mai. ***Blätter*** Oft niederliegend, in grundständigen Rosetten, lanzettförmig; glänzend mittelgrün.

- HERKUNFT Türkei, Syrien und Libanon, auf trockenen Hängen.
- KULTUR In Steingärten mit mäßig nährstoffreichem, durchlässigem Boden. Winterschutz.
- VERMEHRUNG Samen im Herbst oder Brutzwiebeln im Spätsommer.

HÖHE 5–10 cm

BREITE 10–15 cm

10 cm

Hyacinthaceae/ Liliaceae	

Ornithogalum montanum

Wuchs Horstbildend; Zwiebel, mehrjährig. ***Blüten*** Weiß, außen grün gestreift; sternförmig, an kahlen Stielen in breiten Doldentrauben. Blütezeit April–Juni. ***Blätter*** Grundständig, niederliegend und riemenförmig; blaß graugrün.

- HERKUNFT Südeuropa, Türkei, Libanon und Israel, auf felsigen und grasigen Hängen.
- KULTUR Ideal für Steingärten, zum Verwildern auf kurzem Rasen oder unter Sträuchern.
- VERMEHRUNG Durch Aussaat im Herbst oder Brutzwiebeln im Spätsommer.

HÖHE 10–25 cm

BREITE 10–15 cm

10 cm

Liliaceae	

ERYTHRONIUM CALIFORNICUM

Wuchs Horstbildend; Zwiebel, mehrjährig. ***Blüten*** Rahmweiß, mit orangebraunem Mittelring und weißen Staubblättern; nickend, mit zurückgeschlagenen Kronblättern, zu 1–3 an kräftigen, kahlen Stengeln. Blütezeit April–Mai. ***Blätter*** Eiförmig; dunkelgrün, braungrün gefleckt.

- HERKUNFT Kalifornien, Gebüsche, immergrüne Wälder und Mischwälder im Gebirge.
- KULTUR In nährstoffreichen, mit Laubhumus verbesserten, feuchtigkeitsspeichernden Böden.
- VERMEHRUNG Durch Brutzwiebeln nach der Blüte.

HÖHE
15–35 cm

BREITE
10–12 cm

10 cm

Alliaceae/Liliaceae	

ALLIUM AKAKA

Wuchs Zwiebel, mehrjährig. ***Blüten*** Weiß, auch rosa überhaucht, mit roter Mitte; klein, sternförmig, in kugeligen, fast stengellosen Dolden. Blütezeit von April bis Mai. ***Blätter*** Grundständig und breit eiförmig; graugrün.

- HERKUNFT Kaukasus, Türkei und Iran, auf Geröllhalden und Felshängen.
- KULTUR In sonnigen Steingärten oder Zwiebelkästen. Braucht während der Winterruhe Nässeschutz.
- VERMEHRUNG Aussaat nach der Samenreife bzw. im Frühjahr, Brutzwiebeln im Herbst.

HÖHE
12–15 cm

BREITE
12–15 cm

8–10 cm

Alliaceae/Liliaceae	BLAUZUNGENLAUCH

ALLIUM KARATAVIENSE

Wuchs Kräftig; Zwiebel, mehrjährig. ***Blüten*** Weiß bis blaßrosa; kleine Sterne, in kugeligen Dolden auf kahlen Stengeln. Blütezeit April–Mai. ***Blätter*** Grundständig und waagrecht abstehend, zungenförmig, meist nur zu 2; blaugrün, mit rotem Rand.

- HERKUNFT Zentralasien, Gebirge.
- KULTUR Ein warmer, geschützter und gut drainierter Standort in voller Sonne ist alles, was die Art verlangt. Ideal für Misch- und Staudenrabatten.
- VERMEHRUNG Durch Aussaat bei Samenreife oder im Frühjahr bzw. Nebenzwiebeln im Herbst.

HÖHE
10–25 cm

BREITE
10–25 cm

8–10 cm

Hyacinthaceae/ Liliaceae	

CHIONODOXA FORBESII 'Pink Giant'

Wuchs Zwiebel, mehrjährig. ***Blüten*** Zartrosa, mit weißem Auge; sternförmig, in Trauben an unbelaubten Stielen. Blütezeit April. ***Blätter*** Grundständig, halbaufrecht, breit linealisch; mittelgrün.

- HERKUNFT Züchtung.
- KULTUR Für Steingärten oder zum Verwildern unter sommergrünen Sträuchern zu empfehlen. Gedeiht in jedem gut durchlässigen Boden.
- VERMEHRUNG Im Sommer nach dem Einziehen des Laubes Brutzwiebeln abtrennen.
- WEITERER NAME *C. siebei* 'Pink Giant'.

☼ ◊ ❄❄❄

HÖHE
10–25 cm

BREITE
3–5 cm

8 cm

Primulaceae	

CYCLAMEN LIBANOTICUM

Wuchs Wurzelknolle, mehrjährig. ***Blüten*** Blaß- bis mittelrosa, weiße Basis mit rotem Mal; federballähnlich zurückgeschlagene Kronblätter. Blütezeit Februar–März. ***Blätter*** Herzförmig bis rundlich; mattgrün, mit hellerer Musterung und rötlicher Unterseite.

- HERKUNFT Libanon, zwischen Kalkfelsen.
- KULTUR Gedeiht im Alpinenhaus in kieshaltigem Boden mit Laubkompost und Kalksplitt.
- VERMEHRUNG Die Samen nach der Reife einweichen und abspülen, im Dunkeln keimen lassen.

◐ ◊ ❄

HÖHE
10 cm

BREITE
15 cm

2–3 cm

Liliaceae	HUNDSZAHN, HUNDSZAHNVEILCHEN

ERYTHRONIUM DENS-CANIS

Wuchs Zwiebel, mehrjährig. ***Blüten*** Purpur, rosa oder weiß, am Ansatz braune, purpurne und gelbe Streifen; nickend, mit zurückgeschlagenen Kronblättern. Blütezeit April–Mai. ***Blätter*** Eiförmig; mittelgrün, purpurbraun panaschiert.

- HERKUNFT Europa und Asien, auf Wiesen, im Gebüsch und Gehölz.
- KULTUR Schön in Waldgärten oder verwildert im Gras. In feuchten, aber durchlässigen, nährstoffreichen und humosen Boden im Halbschatten pflanzen.
- VERMEHRUNG Durch Brutzwiebeln nach der Blüte.

◐ ◊ ❄❄❄

HÖHE
15–25 cm

BREITE
8–10 cm

10 cm

Krokusse

Kelchförmige Blüten mit leuchtenden Griffeln und Narben sind die Merkmale der Krokusse *(Crocus)*. Sie werden nach ihren Kulturansprüchen in folgende Gruppen eingeteilt:
Gruppe 1 Kiesige, gut durchlässige, karge bis mäßig nährstoffreiche Böden in voller Sonne.
Gruppe 2 Im Zwiebelkasten oder Alpinenhaus in einer Mischung aus Lehm, Laubkompost und Kies oder grobem Sand. Braucht helle Standorte und während der Ruhezeit Trockenheit.
Gruppe 3 Eher feuchte, aber gut durchlässige, mit Laubkompost angereicherte Erde an einem sonnigen oder halbschattigen Platz.

Die Knollen von Frühjahrsblühern legt man im Herbst, die von Herbstblühern im Spätsommer. Bei Aufzucht aus Samen (siehe S. 175) vergehen 2–4 Jahre bis zur Blühreife. An günstigen Standorten säen sich Krokusse selbst aus. Zur Vermehrung von Sorten nimmt man Brutknollen ab. Sie blühen nach 1–2 Jahren.

C. TOMMASINIANUS 'Albus'

Wuchs Niedrig; Zwiebelknolle, mehrjährig.
Blüten Reinweiß; schlank, trichterförmig. Blütezeit Februar–März.
Blätter Linealisch; dunkelgrün mit weißem Streifen.
- KULTUR 1. Selbstaussaat möglich; schön zum Verwildern in Gras.
- HÖHE Bis 10 cm.
- BREITE 3 cm.

C. 'Albus'
Elfenkrokus, Dalmatiner Krokus

C. MALYI

Wuchs Niedrig; Zwiebelknolle, mehrjährig.
Blüten Weiß, Basis oft purpurn überlaufen, Schlund gelb; Trichter mit langer Röhre. Blütezeit März–April.
Blätter Linealisch; mittelgrün, weißer Mittelstreifen.
- KULTUR 2. Während der Ruhezeit im Sommer trocken halten.
- HÖHE 8 cm.
- BREITE 4 cm.

C. malyi

C. VERNUS ssp. *ALBIFLORUS*

Wuchs Niedrig; Zwiebelknolle, mehrjährig.
Blüten Weiß; schmale Trichter mit zugespitzten Kronblättern. Blütezeit Februar–März.
Blätter Linealisch; dunkelgrün mit weißem Streifen.
- KULTUR 1. Schwieriger zu ziehen als die Art.
- HÖHE 10 cm.
- BREITE 5 cm.

C. vernus ssp. *albiflorus*

C. SIEBERI 'Albus'

Wuchs Niedrig; Zwiebelknolle, mehrjährig.
Blüten Weiß, Schlund goldgelb; kelchförmig. Blütezeit Februar–März.
Blätter Linealisch; dunkelgrün mit weißem Mittelstreifen.
- KULTUR 1. Für Steingärten geeignet.
- WEITERER NAME *C. sieberi* 'Bowles' White'.
- HÖHE Bis 8 cm.
- BREITE 3 cm.

C. sieberi 'Albus'

C. BORYI

Wuchs Niedrig; Zwiebelknolle, mehrjährig.
Blüten Elfenbeinweiß, außen meist violett überlaufen; kelchförmig. Blütezeit Oktober.
Blätter Linealisch; dunkelgrün, weißer Streifen.
- KULTUR 2. Für den Zwiebelkasten oder das Alpinenhaus geeignet.
- HÖHE 8 cm.
- BREITE 5 cm.

C. boryi

C. CHRYSANTHUS 'Snow Bunting'

Wuchs Niedrig; Zwiebelknolle, mehrjährig. ***Blüten*** Rahmweiß, außen blaß blaugrau gefedert; trichterförmig. Blütezeit Februar–März. ***Blätter*** Linealisch; stumpf mittelgrün.
- KULTUR 1. Für Steingärten und Rabatten, auch zum Verwildern.
- HÖHE 7 cm.
- BREITE 5 cm.

C. chrysanthus 'Snow Bunting' Bunter Krokus

C. HADRIATICUS

Wuchs Niedrig; Zwiebelknolle, mehrjährig. ***Blüten*** Weiß, mit gelbem Schlund; kelchförmig. Blütezeit Oktober. ***Blätter*** Linealisch; mittelgrün.
- KULTUR 1 oder 2. Für Steingärten.
- WEITERER NAME *C. hadriaticus* var. *chrysobelonicus*.
- HÖHE 8 cm.
- BREITE 4 cm.

C. hadriaticus

C. CHRYSANTHUS 'Eyecatcher'

Wuchs Niedrig; Zwiebelknolle, mehrjährig. ***Blüten*** Hauchzartes Grau, außen tiefpurpurn, gelber Schlund; trichterförmig. Blütezeit Februar–März. ***Blätter*** Linealisch; stumpf mittelgrün.
- KULTUR 1. Für Steingärten und Rabatten.
- HÖHE 7 cm.
- BREITE 5 cm.

C. chrysanthus 'Eyecatcher' Bunter Krokus

C. OCHROLEUS

Wuchs Niedrig; Zwiebelknolle, mehrjährig. ***Blüten*** Rahmweiß, blaß goldgelber Schlund; trichterförmig, erscheinen mit dem Laubaustrieb im September und Oktober. ***Blätter*** Linealisch; leuchtendgrün.
- KULTUR 1 oder 2. Zum Verwildern auf Rasen geeignet.
- HÖHE 5 cm.
- BREITE 3 cm.

C. ochroleus

C. CHRYSANTHUS 'Cream Beauty'

Wuchs Kompakt; Zwiebelknolle, mehrjährig. ***Blüten*** Satt cremegelb, grünlichgelbe Basis, gelber Schlund; duftend, mit kurzer Röhre. Blütezeit Februar–März. ***Blätter*** Linealisch; stumpf mittelgrün.
- KULTUR 1. Gut zum Verwildern in Gras.
- HÖHE 7 cm.
- BREITE 5 cm.

C. chrysanthus 'Cream Beauty' Bunter Krokus

C. CHRYSANTHUS 'Blue Bird'

Wuchs Niedrig; Zwiebelknolle, mehrjährig. ***Blüten*** Zart graublau, außen violett gezeichnet, mit goldgelbem Schlund; trichterförmig. Blütezeit Februar–März. ***Blätter*** Linealisch; stumpf mittelgrün.

- KULTUR 1. Ein hübscher Blickfang im Rabattenvordergrund und in Steingärten.
- HÖHE 7 cm.
- BREITE 5 cm.

C. chrysanthus 'Blue Bird'
Bunter Krokus

C. LAEVIGATUS

Wuchs Niedrig; Zwiebelknolle, mehrjährig. ***Blüten*** Blaß purpurlila, dunkelpurpurn gestrichelt; duftend, von Oktober bis Februar in Schüben erscheinend. ***Blätter*** Linealisch; dunkelgrün.

- KULTUR 1 oder 2. Zum Verwildern auf Rasenflächen geeignet.
- HÖHE Bis 8 cm.
- BREITE 4 cm.

C. laevigatus

C. KOTSCHYANUS

Wuchs Klein, aber kräftig; Zwiebelknolle, mehrjährig. ***Blüten*** Blaßlila, Schlund gelb; einzeln, mit langer Röhre, im September und Oktober vor dem Laub. ***Blätter*** Linealisch; dunkelgrün, weißer Streifen.

- KULTUR 1 oder 2.
- WEITERER NAME *C. zonatus.*
- HÖHE Bis 8 cm.
- BREITE 5 cm.

C. kotschyanus

C. DALMATICUS

Wuchs Niedrig; Zwiebelknolle, mehrjährig. ***Blüten*** Blaßlila, mit bräunlichgelber oder silbriger Schattierung und zartpurpurner Aderung; kelchförmig, einzeln. Blütezeit Februar–März. ***Blätter*** Linealisch; dunkelgrün, mit silbrigem Mittelstreifen.

- KULTUR 1. Eine gute Empfehlung für Steingärten.
- HÖHE 8 cm.
- BREITE 4 cm.

C. dalmaticus

C. SIEBERI ssp. *SUBLIMIS* 'Tricolor'

Wuchs Grazil; Zwiebelknolle, mehrjährig. ***Blüten*** Lila, weiß und tief goldgelb gestreift; schlank trichterförmig. Blütezeit Februar–März. ***Blätter*** Linealisch; mittelgrün, weißer Streifen.

- KULTUR 1. Am besten im Hochbeet.
- HÖHE 4 cm.
- BREITE 3 cm.

C. sieberi ssp. *sublimis* 'Tricolor'

C. ETRUSCUS 'Zwanenburg'

Wuchs Niedrig; Zwiebelknolle, mehrjährig. ***Blüten*** Fliederblau, außen silbrig oder hellbraun überlaufen, purpurn geadert; Trichter mit langer Röhre. Februar–März. ***Blätter*** Linealisch; dunkelgrün.

- KULTUR 1. Schön für den Steingarten.
- HÖHE 8 cm.
- BREITE 4 cm.

C. etruscus 'Zwanenburg'
Etruskerkrokus

C. MINIMUS
Wuchs Niedrig; Zwiebelknolle, mehrjährig. ***Blüten*** Hell bis tief purpurlila, außen dunkelviolett gestrichelt; mit langer Röhre. Blütezeit April. ***Blätter*** Linealisch; dunkelgrün mit weißem Mittelstreifen.
- KULTUR 1. Dekorativ im Steingarten.
- HÖHE 8 cm.
- BREITE 3 cm.

C. minimus

C. MEDIUS
Wuchs Niedrig; Zwiebelknolle, mehrjährig. ***Blüten*** Gleichmäßig kräftig purpurn, manchmal heller, Griffel rotorange; Trichter mit langer Röhre. Austrieb vor dem Laub im Oktober–November. ***Blätter*** Linealisch; mittelgrün.
- KULTUR 1. Schön im Steingarten.
- HÖHE 8 cm.
- BREITE 3 cm.

C. medius

C. NUDIFLORUS
Wuchs Niedrig; Zwiebelknolle, stolonbildend, mehrjährig. ***Blüten*** Sattpurpurn; einzeln, langröhrig. Im September. ***Blätter*** Linealisch; dunkelgrün.
- KULTUR 3. An sonnigen bis halbschattigen Plätzen mit feuchten, gut durchlässigen Böden verwildern lassen.
- HÖHE 25 cm.
- BREITE 5 cm.

C. nudiflorus

C. TOMMASINIANUS 'Ruby Giant'
Wuchs Horstbildend; Zwiebelknolle, mehrjährig. ***Blüten*** Satt rotviolett; zart, trichterförmig, langröhrig. Blütezeit Februar–März. Eine sterile Sorte. ***Blätter*** Linealisch; dunkelgrün, weißer Mittelstreifen.
- KULTUR 1. Schön auf Zierrasen.
- HÖHE 10 cm.
- BREITE 3 cm.

C. 'Ruby Giant'
Elfenkrokus,
Dalmatiner Krokus

C. TOMMASINIANUS 'Whitewell Purple'
Wuchs Klein, aber kräftig; Zwiebelknolle, mehrjährig. ***Blüten*** Purpurviolett, innen silbrigviolett; trichterförmig. Blütezeit Februar–März. ***Blätter*** Linealisch; dunkelgrün, weißer Mittelstreifen.
- KULTUR 1. Bildet rasch Kolonien.
- HÖHE Bis 10 cm.
- BREITE 3 cm.

C. 'Whitewell Purple'
Elfenkrokus,
Dalmatiner Krokus

C. BANATICUS
Wuchs Niedrig; Zwiebelknolle, mehrjährig. ***Blüten*** Purpurviolett; einzeln, langröhrig, mit 3 größeren und 3 kleinen Blütenblättern. September–Oktober. ***Blätter*** Linealisch; dunkelgrün, heller Streifen.
- KULTUR 3.
- WEITERER NAME *C. iridiflorus.*
- HÖHE 10 cm.
- BREITE 5 cm.

C. banaticus
Siebenbürger Krokus

C. PULCHELLUS
Wuchs Niedrig; Zwiebelknolle, mehrjährig. *Blüten* Blaß fliederblau, zartviolett geadert, mit gelbem Schlund; kelchförmig, langröhrig. Blütezeit September–November. *Blätter* Linealisch; dunkelgrün mit weißem Mittelstreifen.
• KULTUR 1. Zum Verwildern auf Rasen.
• HÖHE Bis 12 cm.
• BREITE 4 cm.

C. pulchellus

C. LONGIFLORUS
Wuchs Niedrig; Zwiebelknolle, mehrjährig. *Blüten* Purpurn, außen dunkler gestreift, gelbe Mitte; schlank, stark duftend, Austrieb von Oktober bis November. *Blätter* Linealisch; dunkelgrün, weißer Streifen.
• KULTUR 2. Möglichst im Alpinenhaus oder Zwiebelkasten ziehen.
• HÖHE Bis 10 cm.
• BREITE 3 cm.

C. longiflorus

C. IMPERATI
'De Jager'
Wuchs Niedrig; Zwiebelknolle, mehrjährig. *Blüten* Innen purpurviolett, außen gelblichbraun; langröhrig. Blütezeit Februar–März. *Blätter* Linealisch; glänzend dunkelgrün.
• KULTUR 1. Eine Zierde für Rabatten und Steingärten.
• HÖHE 10 cm.
• BREITE 4 cm.

C. imperati
'De Jager'

C. CORSICUS
Wuchs Niedrig; Zwiebelknolle, mehrjährig. *Blüten* Innen lila, außen heller und violett gestreift, Griffel orange; schlank, duftend. Blütezeit April. *Blätter* Linealisch; dunkelgrün.
• KULTUR 1 oder 2. Hübsch im Steingarten.
• HÖHE Bis 10 cm.
• BREITE 4 cm.

C. corsicus

C. VERNUS
'Remembrance'
Wuchs Niedrig; Zwiebelknolle, mehrjährig. *Blüten* Violett schimmernd; einzeln, kelchförmig. Blütezeit März–April. *Blätter* Linealisch; dunkelgrün mit weißem Mittelstreifen.
• KULTUR 1. Attraktiver Rasenschmuck.
• HÖHE Bis 12 cm.
• BREITE 5 cm.

C. vernus
'Remembrance'
Frühlingskrokus

C. VERNUS
Wuchs Niedrig; Zwiebelknolle, mehrjährig.
Blüten Weiß oder purpurlila getönt; einzeln, kelchförmig. Blütezeit März–April.
Blätter Linealisch; mittelgrün mit weißem Streifen.
• KULTUR 1. Gut zum Verwildern in Gras und als Rabattenvorpflanzung.
• HÖHE Bis 12 cm.
• BREITE 5 cm.

C. vernus
Frühlingskrokus

C. SPECIOSUS
Wuchs Niedrig; Zwiebelknolle, mehrjährig.
Blüten Violettblau, mit dunkelblauer Aderung, Griffel orange; einzeln, langröhrig. Vor dem Laubaustrieb im September und Oktober.
Blätter Linealisch; mittelgrün.
• KULTUR 1. Schön zum Verwildern.
• HÖHE Bis 15 cm.
• BREITE 5 cm.

C. speciosus
Prachtkrokus

C. VERNUS
'Prinses Juliana'
Wuchs Niedrig; Zwiebelknolle, mehrjährig.
Blüten Purpurviolett, dunkler geadert; einzeln, kelchförmig. Blütezeit März–April.
Blätter Linealisch; dunkelgrün mit weißem Streifen.
• KULTUR 1. Gut zum Verwildern auf Rasen.
• HÖHE Bis 12 cm.
• BREITE 5 cm.

C. vernus
'Prinses Juliana'
Frühlingskrokus

C. SPECIOSUS
'Conqueror'
Wuchs Niedrig; Zwiebelknolle, mehrjährig.
Blüten Tief himmelblau; einzeln, groß, langröhrig. Im September und Oktober vor dem Laub austreibend.
Blätter Linealisch; mittelgrün.
• KULTUR 1. Besonders für Rabatten und zum Verwildern geeignet.
• HÖHE Bis 15 cm.
• BREITE 5 cm.

C. speciosus
'Conqueror'
Prachtkrokus

C. VERNUS
'Purpureus Grandiflorus'
Wuchs Reichblühend; Zwiebelknolle, mehrjährig. ***Blüten*** Glänzendviolett, mit purpurner Basis; einzeln, kelchförmig. März–April.
Blätter Linealisch; dunkelgrün, weißer Streifen.
• KULTUR 1. Verwildert auf Rasen.
• HÖHE Bis 12 cm.
• BREITE 5 cm.

C. vernus 'Purpureus Grandiflorus'
Frühlingskrokus

C. VERNUS
'Queen of the Blues'
Wuchs Niedrig; Zwiebelknolle, mehrjährig.
Blüten Fliederblau, zum Rand hin blasser, Basis dunkler; einzeln, kelchförmig. Blütezeit März–April. ***Blätter*** Linealisch; dunkelgrün, weißer Mittelstreifen.
• KULTUR 1. Verwildert auf Rasen.
• HÖHE Bis 12 cm.
• BREITE 5 cm.

C. vernus
'Queen of the Blues'
Frühlingskrokus

C. GOULIMYI

Wuchs Niedrig; Zwiebelknolle, mehrjährig. ***Blüten*** Zartlila; duftende Trichter mit langer Röhre. Austrieb mit dem Laub von Oktober bis November. ***Blätter*** Linealisch; mittelgrün.

- KULTUR 1 oder 2. Liebt warme, sonnige Plätze. Für Steingärten und Hochbeete geeignet.
- HÖHE 10 cm.
- BREITE 5 cm.

C. goulimyi

C. CARTWRIGHTIANUS

Wuchs Niedrig; Zwiebelknolle, mehrjährig. ***Blüten*** Weiß bis tieflila, dunkelpurpurn geadert; kelchförmig, duftend. Blütezeit von September bis November mit oder nach dem Laub. ***Blätter*** Linealisch; mittelgrün.

- KULTUR 2. Möglichst im Alpinenhaus ziehen.
- HÖHE 5 cm.
- BREITE 5 cm.

C. cartwrightianus

C. BIFLORUS

Wuchs Klein, variabel; Zwiebelknolle, mehrjährig. ***Blüten*** Blaulila oder weiß, außen purpurn oder purpurbraun gestreift; schlanke Trichter. Blütezeit Februar–März. ***Blätter*** Linealisch; mittelgrün, weißer Streifen.

- KULTUR 1. Attraktiv im Steingarten.
- HÖHE 6 cm.
- BREITE 5 cm.

C. biflorus
Schottischer Krokus, Silberlack-Krokus

C. ETRUSCUS

Wuchs Niedrig; Zwiebelknolle, mehrjährig. ***Blüten*** Blaß violettblau, außen silbrig schattiert und violett geadert; langröhrige Trichter. Blütezeit Februar–März. ***Blätter*** Linealisch; dunkelgrün, weißer Mittelstreifen.

- KULTUR 1. Schön im Steingarten.
- HÖHE 8 cm.
- BREITE 4 cm.

C. etruscus
Etruskerkrokus

C. SPECIOSUS 'Oxonian'

Wuchs Niedrig; Zwiebelknolle, mehrjährig. ***Blüten*** Violett bis purpurn, außen dunkler geadert; einzeln, mit langer Röhre. Blütezeit September–Oktober. ***Blätter*** Linealisch, Austrieb nach der Blüte; mittelgrün.

- KULTUR 1. Zum Verwildern auf Rasen geeignet.
- HÖHE Bis 15 cm.
- BREITE 5 cm.

C. speciosus 'Oxonian'
Prachtkrokus

C. SIEBERI 'Hubert Edelsten'

Wuchs Niedrig; Zwiebelknolle, mehrjährig. ***Blüten*** Blaßlila, gelber Schlund, außen tiefpurpurn und weiß; kelchförmig. Februar–März. ***Blätter*** Linealisch; dunkelgrün mit weißem Mittelstreifen.

- KULTUR 1. Für Steingärten zu empfehlen.
- HÖHE Bis 8 cm.
- BREITE 3 cm.

C. sieberi 'Hubert Edelsten'

C. BAYTOPIORUM

Wuchs Niedrig; Zwiebelknolle, mehrjährig. ***Blüten*** Hell türkisblau, dunkler geadert; grazil, kelchförmig. Blütezeit Februar–März. ***Blätter*** Linealisch und glatt; dunkelgrün.

- KULTUR 2. Im Alpinenhaus oder Zwiebelkasten ziehen.
- HÖHE 5 cm.
- BREITE 3 cm.

C. baytopiorum

C. CHRYSANTHUS 'Blue Pearl'
Wuchs Niedrig; Zwiebelknolle, mehrjährig.
Blüten Weiß, mit gelbem Schlund, außen blaulila; duftend, trichterförmig. Blütezeit Februar–April.
Blätter Linealisch; grün mit weißem Mittelstreifen.
• KULTUR 1. Zum Verwildern geeignet.
• HÖHE 7 cm.
• BREITE 5 cm.

C. chrysanthus **'Blue Pearl'**
Bunter Krokus

C. VERNUS 'Pickwick
Wuchs Niedrig; Zwiebelknolle, mehrjährig.
Blüten Weiß, mit dunkel- und blaßlila Streifen, Basis tiefpurpurn; kelchförmig. Blütezeit März–April.
Blätter Linealisch; grün mit weißem Streifen.
• KULTUR 1. Schön zum Verwildern.
• HÖHE Bis 12 cm.
• BREITE 5 cm.

C. vernus **'Pickwick'**
Frühlingskrokus

C. CHRYSANTHUS 'Ladykiller'
Wuchs Niedrig; Zwiebelknolle, mehrjährig.
Blüten Weiß, außen tief purpurviolett gestrichelt; trichterförmig. Blütezeit Februar–April.
Blätter Linealisch; mittelgrün, weiß gestreift.
• KULTUR 1. Gut zum Verwildern geeignet.
• HÖHE 7 cm.
• BREITE 5 cm.

C. chrysanthus **'Ladykiller'**
Bunter Krokus

C. CHRYSANTHUS 'E. A. Bowles'
Wuchs Niedrig; Zwiebelknolle, mehrjährig.
Blüten Kräftig zitronengelb, außen purpurn gestrichelt, Basis bronzerot; kelchförmig. Blütezeit Februar–April.
Blätter Linealisch; dunkelgrün, weißer Streifen.
• KULTUR 1. Schön zum Verwildern.
• HÖHE 7 cm.
• BREITE 5 cm.

C. chrysanthus **'E. A. Bowles'**
Bunter Krokus

C. 'Golden Bunch'
Wuchs Niedrig; Zwiebelknolle, mehrjährig.
Blüten Leuchtendgelb oder orange; duftend, rundlich, zu 5 in Büscheln. Blütezeit Februar–März.
Blätter Linealisch; graugrün.
• KULTUR 1. Ideal für Steingärten.
• WEITERER NAME *C. ancyrensis* 'Golden Bunch'.
• HÖHE 5 cm.
• BREITE 4 cm.

C. **'Golden Bunch'**
Ankarakrokus

C. CVIJICII
Wuchs Schlank; Zwiebelknolle, mehrjährig.
Blüten Goldgelb oder cremefarben; einzeln, trichterförmig. Blütezeit kurz vor dem Blattaustrieb im März und April.
Blätter Linealisch; mittelgrün, silbriger Streifen.
• KULTUR 2. Im Alpinenhaus oder Zwiebelkasten in feuchter Erde.
• HÖHE 10 cm.
• BREITE 4 cm.

C. cvijicii

C. GARGARICUS
Wuchs Niedrig; winzige Zwiebelknollen, mehrjährig. ***Blüten*** Leuchtend orangegelb; schlank, einzeln. März–April.
Blätter Linealisch; dunkelgrün, weißer Mittelstreifen.
• KULTUR 3. Verlangt feuchten, gut drainierten Boden in sonniger oder halbschattiger Lage.
• HÖHE 4 cm.
• BREITE 3 cm.

C. gargaricus

Alliaceae/Liliaceae	

Allium acuminatum

Wuchs Zwiebel, mehrjährig. ***Blüten*** Purpurrosa; kleine, offene Glocken, in lockeren, halbkugeligen Dolden. Blütezeit Mai–Juli. ***Blätter*** Grundständig, stengelumfassend, linealisch und gerillt; mittelgrün.
- HERKUNFT Westliches Nordamerika.
- KULTUR Bevorzugt mäßig nährstoffreichen, gut drainierten Boden. Im Frühbeetkasten oder Alpinenhaus ziehen.
- VERMEHRUNG Durch Aussaat nach der Samenreife oder Brutzwiebeln im Herbst.
- WEITERER NAME *A. murrayanum.*

HÖHE
10–30 cm

BREITE
5–8 cm

8–10 cm

Ranunculaceae	STRAHLENANEMONE, BALKAN-WINDRÖSCHEN

Anemone blanda 'Radar' 🏆

Wuchs Wuchernd; Wurzelknolle, mehrjährig. ***Blüten*** Kräftig magentarot, mit weißer Mitte; einzeln, aufrecht, flach tellerförmig. Blütezeit April–Mai. ***Blätter*** Tief eingeschnitten und gezähnt; dunkelgrün.
- HERKUNFT Züchtung.
- KULTUR In mäßig nährstoffreichem, mit organischem Material angereichertem Boden. Ideale Unterpflanzung für sommergrüne Bäume und Sträucher. Winterschutz!
- VERMEHRUNG Während der Vegetationsruhe im Sommer Nebenknollen abtrennen.

HÖHE
5–10 cm

BREITE
10–15 cm

5–8 cm

Alliaceae/Liliaceae	ROSENLAUCH

Allium oreophilum 🏆

Wuchs Niedrig; Zwiebel, mehrjährig. ***Blüten*** Leuchtend purpurrosa; zierlich, glockenförmig, in lockeren, kuppelförmigen Dolden. Juni–Juli. ***Blätter*** Linealisch, an der Basis stengelumfassend; mittelgrün.
- HERKUNFT Kaukasus und Zentralasien, auf steinigen Berghängen.
- KULTUR In Staudenrabatten oder Steingärten mit mäßig nährstoffreichem, gut drainiertem Grund.
- VERMEHRUNG Aussaat nach Samenreife oder im Frühjahr bzw. Brutzwiebeln im Herbst.
- WEITERER NAME *A. ostrowskianum.*

HÖHE
5–20 cm

BREITE
8–10 cm

8–10 cm

Ranunculaceae	FEUERANEMONE

Anemone x fulgens

Wuchs Wurzelknolle, mehrjährig. ***Blüten*** Sattrot, mit dunkler Mitte; einzelne, aufrechte Schalen, an kräftigen Stengeln. April–Mai. ***Blätter*** Grundständig, geteilt, tief eingeschnitten und gezähnt; mittelgrün.
- HERKUNFT Züchtung.
- KULTUR Problemlos in leichtem, sandigem, gut durchlässigem Boden. Liebt Wärme und volle Sonne. Exzellent für den vorderen Bereich sonniger Rabatten und für Steingärten. Braucht Winterschutz.
- VERMEHRUNG Im Sommer während der Ruhezeit Nebenknollen abnehmen.

HÖHE
10–30 cm

BREITE
15 cm

5–8 cm

Iridaceae	

SPARAXIS TRICOLOR

Wuchs Zwiebelknolle, mehrjährig. ***Blüten*** Orange, purpurn, rot, rosa oder weiß, mit schwarzer oder roter Mitte; weite Röhren. Blütezeit Juni–Juli. ***Blätter*** Aufrecht, in grundständigen Fächern, lanzettförmig; mittelgrün.
• HERKUNFT Südafrika, auf feuchtem und felsigem Grund.
• KULTUR Im Kalthaus. Braucht leichten, nährstoffreichen Boden ohne Staunässe.
• VERMEHRUNG Durch Nebenknollen in der Ruhezeit oder Aussaat reifer Samen.

HÖHE
10–40 cm

BREITE
8 cm

10 cm

Araceae	

ARISARUM PROBOSCIDEUM

Wuchs Kriechend, oft mattenbildend; Rhizom, mehrjährig. ***Blüten*** Tief purpurbraun, zu bläulichem Weiß verblassend; klein, helmförmig mit lang ausgezogener Spitze, mausähnlich. Blütezeit Mai. ***Blätter*** Pfeilförmig; glänzend dunkelgrün.
• HERKUNFT Italien und Spanien, in Wäldern.
• KULTUR Für Wald- oder Steingärten und schattige Beete. Verlangt feuchten, drainierten Humusboden sowie lichten Schatten oder Halbschatten.
• VERMEHRUNG Durch Samen im Frühjahr oder Teilen des Wurzelstocks im Herbst.

HÖHE
15 cm

BREITE
Ab 10 cm

5 cm

Colchicaceae/Liliaceae	FRÜHLINGSLICHTBLUME, LICHTMESSBLUME

BULBOCODIUM VERNUM

Wuchs Zwiebelknolle, mehrjährig. ***Blüten*** Rosiges Purpur; breit trichterförmig, ungestielt. Blütezeit Februar–März. ***Blätter*** Linealisch, nach der Blüte länger werdend; glänzend dunkelgrün.
• HERKUNFT Pyrenäen, SW- und Zentralalpen, auf Wiesen.
• KULTUR Hübsch in Steingärten und Hochbeeten oder verwildert im Gras. In freier, sonniger Lage in durchlässigen, humosen Boden pflanzen.
• VERMEHRUNG Aussaat im Herbst oder Frühjahr, im Sommer Tochterknollen nehmen.

HÖHE
3–5 cm

BREITE
3–5 cm

8 cm

Iridaceae

ROMULEA BULBOCODIUM

Wuchs Schlank; Zwiebelknolle, mehrjährig. ***Blüten*** Lila, Schlund weiß oder gelb; einzelne, aufrechte Trichter. März–April. ***Blätter*** Grundständig, linealisch, gebogen und gerillt; mittelgrün.
• HERKUNFT Portugal und Südspanien, sandige und felsige Küstenstreifen und Gebüsche.
• KULTUR Im Kübel, Hochbeet oder Zwiebelkasten. Während der Ruhe im Sommer trocken halten.
• VERMEHRUNG Durch Aussaat nach der Samenreife oder Brutknollen in der Wachstumspause.
• WEITERER NAME *R. grandiflorum.*

HÖHE
5–10 cm

BREITE
3–5 cm

8 cm

Iridaceae

BABIANA RUBROCYANEA

Wuchs Zwiebelknolle, mehrjährig. ***Blüten*** Violettblau, Basis scharlachrot; trichterförmig, zu 5–10 in Ähren. Blütezeit März–April. ***Blätter*** Aufrecht, lanzettförmig und gefaltet, behaart; frischgrün.
• HERKUNFT Südafrika, Grasland und Hügel.
• KULTUR Schön als Einfassung sonniger Rabatten. Zwiebeln im Herbst ausgraben. Auch als Zimmer- oder Wintergartenpflanze geeignet. Braucht leichtes, nährstoffreiches, gut drainiertes, humoses Substrat.
• VERMEHRUNG Aussaat nach der Samenreife oder Brutknollen während der Vegetationsruhe.

Min. 5 °C

HÖHE
15–20 cm

BREITE
5 cm

20 cm

Alliaceae/Liliaceae

IPHEION UNIFLORUM 'Froyle Mill'

Wuchs Horstbildend; Zwiebel, mehrjährig. ***Blüten*** Mattviolett; duftend, einzeln, nach oben gerichtet und sternförmig, an kräftigen, schlanken Stengeln. Blütezeit März–April. ***Blätter*** Halbaufrecht, schmal riemenförmig; bläulichgrün.
• HERKUNFT Züchtung.
• KULTUR Für Steingärten oder als Unterpflanzung auf Staudenrabatten. Verlangt mäßig nährstoffreichen, feuchten, aber gut durchlässigen Humusboden.
• VERMEHRUNG Zwiebelklumpen während der Ruhezeit im Sommer teilen.

HÖHE
10–15 cm

BREITE
5–8 cm

8 cm

Iridaceae	

GYNANDRIRIS SISYRINCHIUM

Wuchs Zwiebelknolle, mehrjährig. ***Blüten*** Blaß lavendel- bis violettblau, mit weißem, gelbem oder orangefarbenem Mal; klein, irisähnlich, an drahtigen Stengeln. Blütezeit April–Mai; Blüten öffnen sich am Nachmittag. ***Blätter*** Grundständig, halbaufrecht oder niederliegend, schmal und gerillt; mittelgrün.
• HERKUNFT Vom Mittelmeerraum bis SW-Asien.
• KULTUR Braucht im Winter und zeitigen Frühjahr Feuchtigkeit, während der Sommerruhe Trockenheit.
• VERMEHRUNG Durch Aussaat nach der Samenreife oder Brutknollen im Sommer.

HÖHE
10–30 cm

BREITE
8–10 cm

8 cm

Hyacinthaceae/ Liliaceae	FEDERBUSCH-HYAZINTHE

MUSCARI COMOSUM 'Plumosum'

Wuchs Zwiebel, mehrjährig. ***Blüten*** Violettblau; verzweigte, fedrige Trauben aus sterilen Blüten. Mai–Juni. ***Blätter*** Grundständig, linealisch; mittelgrün.
• HERKUNFT Züchtung.
• KULTUR Dekorativ im vorderen Bereich einer Misch- oder Staudenrabatte und im Steingarten. Liebt warme, sonnige Lagen mit feuchtem, gut drainiertem und mäßig nährstoffreichem Boden.
• VERMEHRUNG Aus Brutzwiebeln im Sommer.
• WEITERE NAMEN *M. c.* 'Monstrosum', *Leopoldia comosa* var. *plumosum.*

HÖHE
25 cm

BREITE
10–12 cm

10 cm

Hyacinthaceae/ Liliaceae	

PUSCHKINIA SCILLOIDES

Wuchs Zwiebel, mehrjährig. ***Blüten*** Blaßblau, mit dunkleren Mittelstreifen; klein, glockig, in dichten, aufrechten Trauben. April–Mai. ***Blätter*** Grundständig, halbaufrecht und linealisch; grün.
• HERKUNFT Kaukasus bis Libanon, auf leicht beschneiten Wiesen.
• KULTUR Ideal für Steingärten oder als Unterpflanzung für Sträucher. Verträgt Halbschatten.
• VERMEHRUNG Nach dem Einziehen des Laubes im Sommer Brutzwiebeln abtrennen.
• WEITERE NAMEN *P. libanotica, P. hyacinthoides.*

HÖHE
15 cm

BREITE
3–5 cm

5–8 cm

Hyacinthaceae/ Liliaceae	

HYACINTHELLA LEUCOPHAEA

Wuchs Zwiebel, mehrjährig. ***Blüten*** Zart milchigblau; klein, glockenförmig, auf kahlen Stengeln in kurzen Trauben. Blütezeit April. ***Blätter*** Grundständig und halbaufrecht, riemenförmig; mittelgrün.
• HERKUNFT Überall in Osteuropa auf trockenem Grasland und Felshängen.
• KULTUR In geschützter, sonniger Lage in kiesigen, mäßig nährstoffreichen Grund pflanzen. Vor Sommerregen schützen, am besten im Zwiebelkasten.
• VERMEHRUNG Aussaat nach der Reife oder Brutzwiebeln während der Ruhezeit im Sommer.

HÖHE
20 cm

BREITE
3–5 cm

5–8 cm

Hyazinthen

Die gemeinhin als Hyazinthen bezeichneten Sorten von *Hyacinthus orientalis* mit ihren üppigen und intensiv duftenden Blüten bilden einen beliebten Schmuck für Frühlingsbeete und -rabatten, aber ebenso für Innenräume.

Im Freien legt man die Zwiebeln im Herbst 10 cm tief und mit etwa 10 cm Abstand. Hyazinthen gedeihen an sonnigen bis halbschattigen Standorten in jedem mäßig nährstoffreichen, nicht staunassen Boden. Zur Topfkultur verwendet man eine Erde auf Lehmbasis; Schalen ohne Ablaufloch werden mit einem speziellen, faserreichen Substrat gefüllt. Hyazinthen lassen sich schon im Winter sehr gut im Zimmer treiben (siehe S. 167).

Die Vermehrung erfolgt mittels Aushöhlen oder Einschneiden der Zwiebeln (siehe S. 182), durch Brutzwiebeln während der Vegetationsruhe im Herbst oder aber durch Doppelschuppen (siehe S. 179).

H. orientalis 'White Pearl'

Wuchs Zwiebel, mehrjährig. ***Blüten*** Reinweiß; duftende, ungefüllte, wachsartige, röhrenförmige Glocken, in aufrechten Trauben. Blütezeit April–Mai. ***Blätter*** Schmal lanzettförmig und gerillt; leuchtendgrün.
- HÖHE 20–30 cm.
- BREITE 8 cm.

H. orientalis 'White Pearl'

☼ ◊ ❄❄❄

H. orientalis 'Queen of the Pinks'

Wuchs Zwiebel, mehrjährig. ***Blüten*** Reines Tiefrosa; duftende, wächsern anmutende, ungefüllt röhrenförmige Glocken in aufrechten, dichten Trauben. Blütezeit April-Mai. ***Blätter*** Schmal lanzettförmig und gerillt; leuchtendgrün.
- HÖHE 20–30 cm.
- BREITE 8 cm.

H. orientalis 'Queen of the Pinks'

☼ ◊ ❄❄❄

H. orientalis 'Lady Derby'

Wuchs Zwiebel, mehrjährig. ***Blüten*** Zart rosarot; duftende, ungefüllte, röhrenförmige und wachsartige Glocken. Blütezeit April–Mai. ***Blätter*** Schmal lanzettförmig und gerillt; leuchtendgrün.
- HÖHE 20–30 cm.
- BREITE 8 cm.

H. orientalis 'Lady Derby'

☼ ◊ ❄❄❄

H. orientalis 'Distinction'

Wuchs Zwiebel, mehrjährig. ***Blüten*** Satt purpurrot; duftende, wächserne und ungefüllte, röhrenförmige Glocken, in schlanken, offenen Trauben. Blütezeit April–Mai. ***Blätter*** Schmal lanzettförmig und gerillt; leuchtendgrün.
- HÖHE 20–30 cm.
- BREITE 8 cm.

H. orientalis 'Distinction'

☼ ◊ ❄❄❄

H. ORIENTALIS 'Jan Bos'

Wuchs Zwiebel, mehrjährig. ***Blüten*** Kirsch- bis blutrot; duftende, wachsartige und ungefüllte, röhrenförmige Glocken in aufragenden Trauben. Blütezeit April–Mai. ***Blätter*** Schmal lanzettförmig, gerillt; leuchtendgrün.
- HÖHE 20–30 cm.
- BREITE 8 cm.

H. orientalis
'Jan Bos'

H. ORIENTALIS 'Violet Pearl'

Wuchs Zwiebel, mehrjährig. ***Blüten*** Violettrosa; duftende, ungefüllte, wachsartige, röhrenförmige Glocken in aufrechten Trauben. Blütezeit April–Mai. ***Blätter*** Schmal lanzettförmig und gerillt; leuchtendgrün.
- HÖHE 20–30 cm.
- BREITE 8 cm.

H. orientalis
'Violet Pearl'

H. ORIENTALIS 'Delft Blue'

Wuchs Zwiebel, mehrjährig. ***Blüten*** Warmes, violett überhauchtes Blau; duftende, wächsern anmutende, ungefüllte, röhrenförmige Glocken, in aufrechten Trauben. Blütezeit April–Mai. ***Blätter*** Schmal lanzettförmig, gerillt; leuchtendgrün.
- HÖHE 20–30 cm.
- BREITE 8 cm.

H. orientalis
'Delft Blue'

H. ORIENTALIS 'Ostara'

Wuchs Zwiebel, mehrjährig. ***Blüten*** Violettblau, mit dunkleren Streifen; duftende, ungefüllte, röhrenförmige Glocken in großen, dichten Trauben. Blütezeit April–Mai. ***Blätter*** Schmal lanzettförmig und gerillt; leuchtendgrün.
- HÖHE 20–30 cm.
- BREITE 8 cm.

H. orientalis
'Ostara'

H. ORIENTALIS 'Blue Jacket'

Wuchs Zwiebel, mehrjährig. ***Blüten*** Marineblau, purpurn geadert; duftende, wachsartige und ungefüllte, röhrenförmige Glocken, in aufragenden Trauben. Blütezeit April–Mai. ***Blätter*** Schmal lanzettförmig und gerillt; leuchtendgrün.
- HÖHE 20–30 cm.
- BREITE 8 cm.

H. orientalis
'Blue Jacket'

H. ORIENTALIS 'City of Haarlem'

Wuchs Zwiebel, mehrjährig. ***Blüten*** Sanftes Primelgelb; duftende, wachsartige, ungefüllte, röhrenförmige Glocken, in dichten, aufrechten Trauben. Blütezeit April–Mai. ***Blätter*** Schmal lanzettförmig, gerillt; leuchtendgrün.
- HÖHE 20–30 cm.
- BREITE 8 cm.

H. orientalis
'City of Haarlem'

H. ORIENTALIS 'Princess Maria Christina'

Wuchs Zwiebel, mehrjährig. ***Blüten*** Lachsrosa; duftende, wächserne, ungefüllte, röhrenförmige Glocken, in Trauben. Blütezeit April–Mai. ***Blätter*** Schmal lanzettförmig, gerillt; leuchtendgrün.
- HÖHE 20–30 cm.
- BREITE 8 cm.

H. orientalis
'Princess Maria Christina'

Iridaceae

IRIS 'Katharina Hodgkin'

Wuchs Niedrig, aber kräftig; Zwiebel, mehrjährig. ***Blüten*** Hellgelb, stark blaßblau überlaufen, mit feiner, dunkelblauer Zeichnung und goldgelben Mittelflecken auf den Hängeblättern. Blütezeit Februar–März. ***Blätter*** Aufrecht, vierkantig, erscheinen mit den Blüten und erreichen nach der Blüte 30 cm Länge; hell- bis mittelgrün.

- HERKUNFT Züchtung.
- KULTUR Schön zu mehreren im Steingarten oder vorderen Rabattenbereich. Schutz vor rauhem Winterwetter finden die Blüten im Zwiebelkasten oder dem Alpinenhaus. Man zieht sie dann in flachen Schalen mit kiesiger Lehmerde. Draußen erhalten sie einen sonnigen Platz in freier Lage mit gut durchlässigem, neutralem bis leicht alkalischem Boden. Unter günstigen Bedingungen bilden sich langsam größere Kolonien. Während des Wachstums mäßig gießen, die Zwiebel in der Vegetationsruhe im Sommer hingegen weitgehend trocken halten.
- VERMEHRUNG Wenn das Laub vergilbt, Brutzwiebeln abtrennen und gleich einpflanzen.

☼ ◇ ❄❄❄

HÖHE
6–12 cm

BREITE
5–8 cm

5–8 cm

Hyacinthaceae/ Liliaceae

BELLEVALIA HYACINTHOIDES

Wuchs Zwiebel, mehrjährig. ***Blüten*** Blaßblau, dunkler geadert; klein, glockenförmig, in Ähren. Frühjahr. ***Blätter*** Fleischig, riemenförmig; mittelgrün.

- HERKUNFT Griechenland, auf steinigen Hängen.
- KULTUR Im Zwiebelkasten oder an einem warmen, sonnigen Platz in gut drainiertem Grund. Braucht während der Sommerruhe Trockenheit.
- VERMEHRUNG Durch Aussaat bei Samenreife oder Brutzwiebeln während der Ruhezeit im Sommer.
- WEITERE NAMEN *Strangweia spicata, Hyacinthus spicatus.*

HÖHE
5–15 cm

BREITE
5 cm

10 cm

Hyacinthaceae/ Liliaceae

SCILLA MISCHTSCHENKOANA

Wuchs Zierlich; Zwiebel, mehrjährig. ***Blüten*** Silbrig hellblau, mit dunkleren Streifen; klein, sternförmig, in länglichen Trauben. Blütezeit März–April. ***Blätter*** Halbaufrecht und linealisch; mittelgrün.

- HERKUNFT Von Transkaukasien bis NW-Iran, auf Felsen und Bergwiesen.
- KULTUR An einem sonnigen, gut durchlässigen Standort oder in tiefen Töpfen im Alpinenhaus.
- VERMEHRUNG Aussaat bei Samenreife oder Brutzwiebeln während der Ruhezeit im Sommer.
- WEITERER NAME *S. tubergeniana.*

HÖHE
10–15 cm

BREITE
5 cm

8–10 cm

Hyacinthaceae/ Liliaceae

BRIMEURA AMETHYSTINA

Wuchs Zwiebel, mehrjährig. ***Blüten*** Hell- bis tiefblau; kleine Glocken in schlanken Trauben. Blütezeit April–Mai. ***Blätter*** Linealisch und gerillt; leuchtendgrün.

- HERKUNFT Pyrenäen, auf Bergwiesen.
- KULTUR Attraktiv in Gruppen im Steingarten oder Hochbeet mit gut drainiertem, humosem Boden. Bevorzugt Halbschatten, verträgt auch Sonne.
- VERMEHRUNG Aussaat der reifen Samen oder Teilung größerer Zwiebelklumpen während der Ruhezeit im Sommer.
- WEITERER NAME *Hyacinthus amethystinus.*

HÖHE
10–25 cm

BREITE
3–5 cm

5 cm

Tecophiliaeaceae/ Liliaceae

TECOPHILAEA CYANOCROCUS 'Leichtlinii'

Wuchs Zwiebelknolle, mehrjährig. ***Blüten*** Blau, mit weißer Mitte; offene Trichter. Blütezeit März–April. ***Blätter*** Grundständig und halbaufrecht, lanzettförmig; mittelgrün.

- HERKUNFT Chile, steinige Bergwiesen.
- KULTUR Bei mildem Klima im Steingarten, anderenorts sicherheitshalber im Alpinenhaus. Braucht durchlässigen, stets frischen Sandboden und einen warmen, geschützten Platz.
- VERMEHRUNG Durch Aussaat nach der Reife oder Brutknollen im Spätsommer.

HÖHE
8–10 cm

BREITE
5–8 cm

5 cm

Hyacinthaceae/ Liliaceae	BLAUSTERNCHEN

SCILLA SIBERICA 'Spring Beauty'

Wuchs Zwiebel, mehrjährig. ***Blüten*** Tiefblau, violett überlaufen; Glocken in lockeren Trauben. März–April. ***Blätter*** Grundständig, breit linealisch; sattgrün.
• HERKUNFT Züchtung.
• KULTUR In mäßig nährstoffreichen, möglichst sandigen Böden, angereichert mit organischem Material. Braucht absonnige oder sonnige Standorte. Exzellent im Steingarten oder unter Sträuchern.
• VERMEHRUNG Durch Brutzwiebeln während der Vegetationsruhe im Sommer.
• WEITERER NAME *S. siberica* 'Atrocaerulea'.

HÖHE
10–15 cm

BREITE
5 cm

8–10 cm

Hyacinthaceae/ Liliaceae	

MUSCARI AUCHERI

Wuchs Zwiebel, mehrjährig. ***Blüten*** Strahlendblau, mit weißem Rand, Traube nach oben hin heller; klein, beinahe kugelig. Blütezeit April.
Blätter Grundständig und riemenförmig; graugrün.
• HERKUNFT Türkei, an sonnigen Hängen.
• KULTUR Dekorativ im Steingarten oder als Rabattenvorpflanzung. In sonniger Lage in mäßig nährstoffreichem, gut durchlässigem Grund ziehen.
• VERMEHRUNG Aussaat bei Samenreife, alternativ im Sommer Brutzwiebeln nehmen.
• WEITERER NAME *M. tubergenianum*.

HÖHE
5–15 cm

BREITE
5–8 cm

10 cm

Hyacinthaceae/ Liliaceae	SCHNEESTOLZ

CHIONODOXA LUCILIAE

Wuchs Zwiebel, mehrjährig. ***Blüten*** Reinblau, mit weißem Auge; sternförmig, aufwärts gerichtet. Blütezeit März. ***Blätter*** Grundständig und breit linealisch, oft gebogen; mittelgrün.
• HERKUNFT Türkei, an steinigen Hängen.
• KULTUR Schön in Tuffs im Steingarten oder Alpinenhaus. Akzeptiert jeden gut drainierten Boden.
• VERMEHRUNG Samen nach der Reife aussäen oder im Sommer Brutzwiebeln abtrennen.
• WEITERER NAME *C. gigantea*.

HÖHE
5–10 cm

BREITE
3–5 cm

8 cm

Hyacinthaceae/ Liliaceae

CHIONODOXA FORBESII

Wuchs Zwiebel, mehrjährig. ***Blüten*** Blau, mit weißer Mitte; sternförmig, seitlich abstehend, in Trauben. Blütezeit März–April. ***Blätter*** Grundständig, halbaufrecht und breit linealisch; mittelgrün.
- HERKUNFT Westtürkei, auf Abhängen.
- KULTUR Für Steingärten und zum Verwildern unter sommergrünen Sträuchern geeignet. Gedeiht in jedem gut durchlässigen Boden.
- VERMEHRUNG Durch Brutzwiebeln im Sommer nach der Laubwelke oder Aussaat bei Samenreife.
- WEITERE NAMEN *C. siehei, C. tmolusii.*

HÖHE 10–20 cm

BREITE 5 cm

8 cm

Hyacinthaceae/ Liliaceae

MUSCARI ARMENIACUM

Wuchs Kräftig; Zwiebel, mehrjährig. ***Blüten*** Blau, Blütenmund weiß und verengt; klein, röhrenförmig, in dichten Trauben. April–Mai. ***Blätter*** Grundständig, linealisch, Austrieb im Herbst; mittelgrün.
- HERKUNFT SO-Europa, an grasigen Hängen.
- KULTUR Ideal für Steingärten und Rabatten. Gedeiht in jedem mäßig nährstoffreichen, durchlässigen Boden an sonnigen Standorten. Wuchert gern.
- VERMEHRUNG Durch Brutzwiebeln, Teilung im Sommer oder Aussaat bei Samenreife.
- WEITERE NAMEN *M. polyanthum, M. woronowii.*

HÖHE 15–20 cm

BREITE 8–10 cm

10 cm

Tecophiliaeaceae/ Liliaceae

TECOPHILAEA CYANOCROCUS

Wuchs Zwiebelknolle, mehrjährig. ***Blüten*** Satt enzianblau; offene, aufrechte Trichter. Blütezeit März–April. ***Blätter*** Grundständig, halbaufrecht und schmal lanzettförmig; mittelgrün.
- HERKUNFT Chile, steinige Bergwiesen.
- KULTUR In gut drainiertem, stets frischem, sandigem Boden in geschützter Lage. In milden Gebieten ideal für Steingärten, sonst im Alpinum halten.
- VERMEHRUNG Aussaat nach der Samenreife oder im Frühjahr, alternativ im Spätsommer durch Brutknollen.

HÖHE 8–10 cm

BREITE 5–8 cm

5 cm

Hyacinthaceae/ Liliaceae — GROSSE TRAUBENHYAZINTHE

MUSCARI NEGLECTUM

Wuchs Zwiebel, mehrjährig. ***Blüten*** Dunkelblau, mit weißem Blütenmund; klein, eiförmig, in dichten Trauben. Blütezeit März–April. ***Blätter*** Grundständig, linealisch bis stielrund und gerillt; mittelgrün.
- HERKUNFT Europa und Nordafrika.
- KULTUR Gute Füllpflanze in Misch- und Staudenrabatten. Kommt mit jedem durchlässigen Boden zurecht. Wuchert gern.
- VERMEHRUNG Aussaat nach der Reife, alternativ im Sommer Brutzwiebeln abtrennen. Oft Selbstaussaat.
- WEITERER NAME *M. racemosum.*

HÖHE 10–20 cm

BREITE 8–10 cm

10 cm

Ranunculaceae	STRAHLENANEMONE, BALKAN-WINDRÖSCHEN

ANEMONE BLANDA 'Ingramii'

Wuchs Kriechend; knollige Wurzeln, mehrjährig. ***Blüten*** Strahlend tiefblau; einzeln, aufrecht, flach tellerförmig. Blütezeit April–Mai. ***Blätter*** Halbaufrecht und tiefgelappt; dunkelgrün.

- HERKUNFT Züchtung.
- KULTUR An lichtschattigen bis sonnigen Lagen in mäßig nährstoffreichem Grund. Ideal für Steingärten oder unter laubabwerfenden Gehölzen.
- VERMEHRUNG Während der Ruheperiode im Sommer Nebenknollen abtrennen.
- WEITERER NAME *A. blanda* 'Atrocaerulea'.

HÖHE
5–10 cm

BREITE
10–15 cm

5–8 cm

Iridaceae	

IRIS 'Joyce'

Wuchs Zwiebel, mehrjährig. ***Blüten*** Tief himmelblau, Hängeblätter dunkler mit gelber Zeichung. Blütezeit Februar–März. ***Blätter*** Aufrecht, im Querschnitt vierkantig; blaß- bis mittelgrün.

- HERKUNFT Züchtung.
- KULTUR Für Alpinenhäuser geeignet, schön auch in Gruppen im Steingarten. Verlangt durchlässigen, neutralen bis leicht alkalischen Boden, möglichst in freier, vollsonniger Lage.
- VERMEHRUNG Beim Einziehen des Laubes Brutzwiebeln abtrennen und sofort einpflanzen.

HÖHE
12 cm

BREITE
5–7 cm

5–8 cm

Hyacinthaceae/ Liliaceae	

x *CHIONOSCILLA ALLENII*

Wuchs Robust; Zwiebel, mehrjährig. ***Blüten*** Mittel- bis tiefblau; klein, sternförmig, in kurzen Trauben. Blütezeit Februar–März. ***Blätter*** Grundständig, halbaufrecht und lanzettförmig; sattgrün.

- HERKUNFT Naturhybride aus *Chionodoxa luciliae* und *Scilla bifolia;* kommt dort vor, wo beide Stammarten benachbart wachsen.
- KULTUR Schön für Steingärten oder unter Bäumen und Sträuchern. Gedeiht in sonniger bis absonniger Lage in jedem gut drainierten Boden.
- VERMEHRUNG Im Sommer durch Nebenzwiebeln.

HÖHE
10–15 cm

BREITE
3–5 cm

7 cm

Iridaceae	

IRIS HISTRIOIDES 'Major'

Wuchs Robust; Zwiebel, mehrjährig. ***Blüten*** Tief blauviolett, Hängeblätter dunkler gepunktet und gelb gezeichnet. Blütezeit März. ***Blätter*** Aufrecht und vierkantig; hell- bis mittelgrün.

- HERKUNFT Türkei, an besonnten Hängen.
- KULTUR Im Steingarten, Alpinenhaus und Zwiebelkasten. In durchlässigem, neutralem bis leicht alkalischem Boden ziehen und während der Sommerruhe trocken halten.
- VERMEHRUNG Wenn das Laub welkt, Brutzwiebeln abtrennen und sofort neu pflanzen.

HÖHE
10–15 cm

BREITE
5–7 cm

5–8 cm

Hyacinthaceae/ Liliaceae	

LEDEBOURIA SOCIALIS

Wuchs Zwiebel, mehrjährig. ***Blüten*** Grün-purpurn; klein, glockig, in Trauben. Blütezeit April–Mai. ***Blätter*** Immergrün, lanzettförmig und fleischig; silbergrün mit dunkelgrünen Flecken.

- HERKUNFT Südafrika.
- KULTUR Im Gewächshaus oder Wintergarten. Braucht sandiges Substrat, während des Wachstums reichlich Wasser und eine trockene Winterruhe.
- VERMEHRUNG Durch Aussaat im Frühjahr oder Herbst, alternativ aus Brutzwiebeln im Frühjahr.
- WEITERE NAMEN *Scilla socialis, S. violacea.*

Min. 5 °C

HÖHE
5–10 cm

BREITE
8–10 cm

Hals über Bodenniveau

Hyacinthaceae/ Liliaceae	

MUSCARI MACROCARPUM

Wuchs Zwiebel, mit fleischigen Wurzeln, mehrjährig. ***Blüten*** Mattviolett, später gelb mit braunem Rand; duftende, kleine Röhren. Blütezeit April–Mai. ***Blätter*** Grundständig, linealisch; graugrün.

- HERKUNFT Griechenland und Westtürkei.
- KULTUR Im Steingarten, Zwiebelkasten oder Alpinenhaus. Ein sonniger Platz bietet die notwendige Wärme und Trockenheit während der Sommerruhe.
- VERMEHRUNG Aus reifen Samen oder Brutzwiebeln im Sommer.
- WEITERER NAME *M. moschatum* var. *flavum*.

HÖHE
10–20 cm

BREITE
10–15 cm

10 cm

Araceae	ITALIENISCHER ARONSTAB

ARUM ITALICUM ssp. *ITALICUM* 'Marmoratum'

Wuchs Wurzelknolle, mehrjährig. ***Blüten*** Blaßgrün, mit gelbem Kolben. Blütezeit April–Mai. ***Blätter*** Pfeilförmig; glänzend dunkelgrün, cremefarben geadert. ***Früchte*** Orangerote Beeren im Herbst.

- HERKUNFT Europa und Nordafrika.
- KULTUR Beste Blüte in nährstoffreichem, humosem Boden. Blätter im Schatten größer.
- VERMEHRUNG Durch Aussaat nach der Samenreife oder Teilen der Knolle nach der Blüte.
- WEITERER NAME *A. italicum* 'Pictum'.

HÖHE
25–30 cm

BREITE
20–30 cm

10–15 cm

Iridaceae

IRIS WINOGRADOWII

Wuchs Niedrig, aber kräftig; Zwiebel, mehrjährig. ***Blüten*** Hell primelgelb, auf den breiten Hängeblättern grüne Sprenkel und in der Mitte meist eine tiefgelbe Zeichnung; einzeln. Blütezeit März–April. ***Blätter*** Aufrecht, schmal, im Querschnitt viereckig, beim Austrieb zur Blütezeit zunächst sehr kurz, später dann 30 cm lang; blaß- bis mittelgrün.

• HERKUNFT Kaukasus, auf offenem Grasland und Feuchtwiesen.

• KULTUR Vorzüglich in Gruppen in einem Steingarten, Pflanztrog oder Hochbeet. Gedeiht in gut durchlässigem, stets feuchtem und nährstoffreichem, neutralem bis leicht alkalischem Boden. Optimal ist ein vollsonniger Standort in freier Lage. Die Zwiebeln dürfen während der Vegetationsruhe im Sommer nie ganz austrocknen. Neues Wurzelwachstum setzt im Sommer ein, sobald das Laub einzieht.

• VERMEHRUNG Durch Aussaat bei Samenreife oder im Frühjahr.

HÖHE
7–10 cm

BREITE
6–7 cm

5–8 cm

Liliaceae

Calochortus amabilis

Wuchs Schlank; Zwiebel, mehrjährig. ***Blüten*** Tiefgelb; nickende, offene und gefranste Glocken an verzweigten Stengeln. Blütezeit Juni–Juli. ***Blätter*** Aufrecht und lanzettförmig; graugrün.

- HERKUNFT Kalifornien, in Bergwäldern und Gebüschen.
- KULTUR Liebt geschützte Stellen in voller Sonne, möglichst mit sandigem Grund. Gedeiht gut im Zwiebelkasten. Zwiebel vor starkem Regen schützen.
- VERMEHRUNG Durch Aussaat bei Samenreife oder Brutzwiebeln im Spätsommer.

HÖHE 10–30 cm

BREITE 5–10 cm

10–15 cm

Colchicaceae/Liliaceae

Colchicum luteum

Wuchs Zwiebelknolle, mehrjährig. ***Blüten*** Gold- bis strohgelb; kelchförmig, bis zu 4 pro Knolle. Blütezeit Februar–März. ***Blätter*** Halbaufrecht und schmal linealisch; mittelgrün.

- HERKUNFT Himalaja, auf kahlen Hängen.
- KULTUR Braucht kiesigen, stark durchlässigen Boden und in der Ruhephase im Sommer Trockenheit. Ein Zwiebelkasten bietet Schutz vor starkem Regen.
- VERMEHRUNG Aussaat nach der Samenreife oder Brutknollen im Sommer.

HÖHE 5–10 cm

BREITE 5–8 cm

10 cm

Iridaceae

Iris danfordiae

Wuchs Zwiebel, mehrjährig. ***Blüten*** Gelb, Hängeblätter grün gepunktet; einzeln, mit sehr kleinen Domblättern. Blütezeit März. ***Blätter*** Aufrecht, schlank und vierkantig; blaß- bis mittelgrün.

- HERKUNFT Türkei, auf sonnigen Abhängen.
- KULTUR Für Steingarten, Kübel, Alpinenhaus und Zwiebelkasten. Braucht neutralen bis leicht alkalischen Boden ohne Staunässe und im Sommer eine trockene Ruheperiode.
- VERMEHRUNG Wenn das Laub einzieht, Brutzwiebeln nehmen und einpflanzen; Aussaat bei Reife.

HÖHE 5–10 cm

BREITE 5 cm

5–8 cm

Hyacinthaceae/Liliaceae

Dipcadi serotinum

Wuchs Zwiebel, mehrjährig. ***Blüten*** Bronzerot bis mattorange, grün überlaufen; hängende, kleine Röhren in lockeren Ähren an blattlosen Stengeln. Frühjahr. ***Blätter*** Grundständig, linealisch; graugrün.

- HERKUNFT SW-Europa und Nordafrika, in trokkenem, felsigem Terrain.
- KULTUR Für Steingarten, Zwiebelkasten und Alpinenhaus geeignet. Vor Winternässe schützen. Braucht leichten Boden ohne Staunässe.
- VERMEHRUNG Aussaat nach der Samenreife, Nebenzwiebeln während der Sommerruhe.

HÖHE 10–30 cm

BREITE 5–8 cm

5 cm

Araceae	WEISSER FEUERKOLBEN

Arisaema candidissimum

Wuchs Wurzelknolle, mehrjährig. ***Blüten*** Weiß, mit rosa und grünen Streifen; duftend, mit lang ausgezogener, elegant vornübergeneigter Blütenscheide. Blütezeit Frühsommer. ***Blätter*** Aus 3 eiförmigen Blättchen zusammengesetzt; mittelgrün.

- HERKUNFT Westchina, schattige Hänge und Wälder.
- KULTUR Verlangt humosen, feuchten, aber durchlässigen Boden mit viel organischem Material. An einen kühlen, geschützten Platz pflanzen.
- VERMEHRUNG Im Spätsommer Nebenknollen abnehmen oder Samen nach der Reife aussäen.

HÖHE 40 cm

BREITE 10–15 cm

25 cm

Amaryllidaceae/ Liliaceae	

Hippeastrum striatum

Wuchs Zwiebel, mehrjährig. ***Blüten*** Korallenrot, mit grünem Mittelstreifen; trichterförmig, bis zu 4 in einer Dolde, auf kräftigen Schäften. November–März. ***Blätter*** Grundständig, riemenförmig; leuchtendgrün.

- HERKUNFT Brasilien.
- KULTUR Als Zimmer- oder Wintergartenpflanze. Während des Wachstums reichlich, bei Laubeinzug weniger gießen und in der Ruhezeit trocken halten.
- VERMEHRUNG Entweder im Herbst Nebenzwiebeln abtrennen oder die Samen nach der Reife aussäen.
- WEITERER NAME *H. rutilum.*

Min. 13 °C

HÖHE 30 cm

BREITE 20–25 cm

Hals über Bodenniveau

Hyacinthaceae/Liliaceae	

Albuca humilis

Wuchs Niedrig; mehrjährig. ***Blüten*** Weiß, mit grünen Streifen, später außen rosa überlaufen; zierliche, schmale Glocken, einzeln oder bis zu 3 in lockeren Trauben. Blütezeit spätes Frühjahr bis Frühsommer. ***Blätter*** Grundständig und linealisch; dunkelgrün.

- HERKUNFT Südafrika, auf Grasland.
- KULTUR Braucht leichten, gut drainierten Boden. In kühlen Regionen im Kalthaus oder Wintergarten ziehen, sonst in Mischrabatten.
- VERMEHRUNG Durch Aussaat nach der Reife bzw. im Frühjahr oder Brutzwiebeln im Herbst.

HÖHE 5–10 cm

BREITE 5–8 cm

5 cm

Primulaceae	WILDES ALPENVEILCHEN, SOMMER-ALPENVEILCHEN

Cyclamen purpurascens

Wuchs Wurzelknolle, mehrjährig. ***Blüten*** Karminrot; duftend, kegelförmig. Blütezeit Juli–September. ***Blätter*** Immergrün, rundlich-herzförmig; dunkelgrün, oft silbrig gezeichnet, Unterseite purpurn.

- HERKUNFT Mitteleuropa, alpine Wälder.
- KULTUR In humosem, kiesigem und feuchtem, aber gut drainiertem, alkalischem Boden. Darf nicht austrocknen. Winterschutz.
- VERMEHRUNG Samen nach der Reife einweichen, abspülen und im Dunkeln zum Keimen bringen.
- WEITERE NAMEN *C. europaeum, C. fratrense.*

HÖHE 10 cm

BREITE 10–15 cm

2–3 cm

Hypoxidaceae

RHODOHYPOXIS BAURII 'Douglas'

Wuchs Horstbildend; knolliger Wurzelstock, mehrjährig. ***Blüten*** Tiefrot; aufrecht, abgeflacht, 6 Kronblätter in zwei Ebenen versetzt angeordnet. Im Juli–August in Folge blühend. ***Blätter*** Grundständig, schmal lanzettförmig und behaart; dunkelgrün.

- HERKUNFT Züchtung.
- KULTUR Im Steingarten, Hochbeet oder Kübel in kiesigem, gut drainiertem und humosem Boden ziehen. Vor Winternässe schützen.
- VERMEHRUNG Durch Teilung.
- WEITERER NAME *R.* 'Douglas'.

HÖHE
5–10 cm

BREITE
3–5 cm

2–3 cm

Hypoxidaceae

RHODOHYPOXIS BAURII 'Albrighton'

Wuchs Horstig; knolliger Wurzelstock, mehrjährig. ***Blüten*** Dunkel rosarot; aufrecht, flach, 6 Kronblätter in zwei Ebenen versetzt angeordnet. Von Juli bis August in Folge blühend. ***Blätter*** Grundständig und schmal lanzettförmig, behaart; dunkelgrün.

- HERKUNFT Züchtung.
- KULTUR Eignung für Steingärten, Hochbeete oder Kübel mit humosem und kiesigem, durchlässigem Substrat. Verträgt keine Winternässe.
- VERMEHRUNG Durch Teilung.
- WEITERER NAME *R.* 'Albrighton'.

HÖHE
5–10 cm

BREITE
3–5 cm

2–3 cm

Amaryllidaceae/
Liliaceae

HAEMANTHUS COCCINEUS

Wuchs Zwiebel, mehrjährig. ***Blüten*** Rot, Staubbeutel gelb; winzig, in bis zu 10 cm großen Dolden, von Hochblättern umgeben, an kahlen Stengeln. Blütezeit Sommer. ***Blätter*** Riemenförmig, Austrieb nach der Blüte; mittelgrün, oft purpurn gezeichnet.

- HERKUNFT Südafrika, an Hängen.
- KULTUR In nährstoffreichem, kiesigem, gut drainiertem Substrat. Im Zimmer oder Wintergarten ziehen. Während des Wachstums mäßig gießen, Zwiebel nach dem Einziehen des Laubes trocken halten.
- VERMEHRUNG Aussaat oder Frühjahrszwiebeln.

Min. 10 °C

HÖHE
Bis 30 cm

BREITE
20–30 cm

Hals über Bodenniveau

Amaryllidaceae/ Liliaceae

Cyrtanthus brachyscyphus

Wuchs Horstbildend; Zwiebel, mehrjährig. ***Blüten*** Feuerrot; leicht gebogene Röhren, in Dolden an unbelaubten Stengeln. Mai–Juni. ***Blätter*** Halbaufrecht und lanzettförmig; leuchtendgrün.

- HERKUNFT Südafrika.
- KULTUR Als Zimmerpflanze in mäßig nährstoffreichem Kompost. Während des Wachstums reichlich gießen, in der Vegetationsruhe gerade feucht halten.
- VERMEHRUNG Durch Aussaat gleich nach der Samenreife oder Nebenzwiebeln im Frühjahr.
- WEITERER NAME *C. parviflorus.*

Min. 5 °C

HÖHE 20–30 cm

BREITE 10 cm

Spitze auf Bodenniveau

Alliaceae/Liliaceae | SCHNITTLAUCH

Allium schoenoprasum

Wuchs Horstbildend; Zwiebel, mehrjährig. ***Blüten*** Purpurrosa; winzige Glocken in dichten Dolden auf blattlosen Stengeln. Blütezeit Juni–Juli. ***Blätter*** Aufrecht, schmal und röhrig; dunkelgrün.

- HERKUNFT Europa, Asien und Nordamerika.
- KULTUR Im Kräutergarten oder als Rabatteneinfassung. Verlangt feuchten, durchlässigen, nährstoffreichen Boden. Laub und Blüten eßbar. Wächst auch nach häufigem Schnitt immer wieder nach.
- VERMEHRUNG Horste im Frühjahr teilen oder reife Samen aussäen. Zwiebeln selten im Handel.

HÖHE 10–25 cm

BREITE 5–10 cm

5 cm

Alliaceae/Liliaceae | NARZISSENLAUCH

Allium narcissiflorum

Wuchs Horstbildend; mit Zwiebelstamm, mehrjährig. ***Blüten*** Purpurrosa; glockenförmig, in lockeren, nikkenden Dolden. Blütezeit Mai–Juni. ***Blätter*** Schmal riemenförmig, stengelumfassend; graugrün.

- HERKUNFT Portugal, Frankreich, Norditalien.
- KULTUR Schön in Steingärten oder Misch- und Staudenrabatten an trockenen, sonnigen Standorten. Braucht nährstoffreiche, gut durchlässige Böden.
- VERMEHRUNG Aussaat bei Samenreife oder im Frühjahr bzw. Teilung im Frühjahr.
- WEITERER NAME *A. pedemontanum* hort.

HÖHE 15–35 cm

BREITE 8–10 cm

8–10 cm

Alliaceae/Liliaceae

Allium cyathophorum var. *farreri*

Wuchs Kräftig; Zwiebel, mehrjährig. ***Blüten*** Tief purpurviolett; kleine, nickende Glocken, in lockeren Dolden im Sommer. ***Blätter*** Grundständig, aufrecht und schmal riemenförmig; mittelgrün.

- HERKUNFT China, auf grasigen Berghängen.
- KULTUR Attraktiv als Einfassung im Steingarten oder auf Geröllbeeten. Der Boden muß humos und feucht, aber gut drainiert sein.
- VERMEHRUNG Samen nach der Reife oder im Frühjahr, Brutzwiebeln im Herbst. Selbstaussaat.
- WEITERER NAME *A. farreri.*

HÖHE 15–30 cm

BREITE 5 cm

8–10 cm

Zingiberaceae

ROSCOEA HUMEANA

Wuchs Robust; Wurzelknolle, mehrjährig. ***Blüten*** Sattpurpurn; mit helmartig vorgewölbtem oberem Blütenblatt, 4 cm breit, von überlappenden Hochblättern umstanden, an belaubten Stengeln. Von Mai bis Juni kontinuierlich aus den oberen Blattachseln austreibend. ***Blätter*** Rechteckig bis eiförmig, zu 1–2, gelegentlich auch 3, stengelumfassend, gewöhnlich bis zur Blüte nur teilweise entwickelt und erst danach voll ausgewachsen; kräftig dunkelgrün.

• HERKUNFT SW-China, in den Provinzen Yunnan und Szetschuan an grasigen Hängen.

• KULTUR Gedeiht vorzüglich in erhöhten Torfgärten, Gehölzpartien oder feuchten, schattigen Rabatten. Liebt kühle Sommer und hält, tief gepflanzt und im Winter großzügig mit Laubhumus oder ähnlichen Materialien abgedeckt, unter Umständen Temperaturen bis annähernd -15 °C aus. Verlangt feuchten, aber gut durchlässigen, humusreichen und sauren Boden. Der Platz muß kühl und geschützt sowie licht- bis halbschattig sein.

• VERMEHRUNG Aus Samen, alternativ durch Teilen im Frühjahr.

HÖHE
15–25 cm

BREITE
15 cm

15 cm

Hyacinthaceae/ Liliaceae	

Scilla peruviana

Wuchs Horstbildend; Zwiebel, mehrjährig. ***Blüten*** Purpurblau oder weiß; klein, sternförmig, in konischen Trauben. Mai–Juni. ***Blätter*** Beinahe immergrün, grundständig, halbaufrecht, riemenförmig; Austrieb bei Welke des alten Laubes im Herbst; mittelgrün.
- HERKUNFT Mittelmeerraum, Nordafrika.
- KULTUR Entwickelt sich gut in sonnigen Steingärten oder im vorderen Bereich einer Staudenrabatte in nährstoff- und humusreichem Boden. Keine Ruhezeit.
- VERMEHRUNG Durch Aussaat nach der Samenreife oder Brutzwiebeln im Herbst.

HÖHE
15–30 cm

BREITE
10–15 cm

2–5 cm

Iridaceae	NETZIRIS

Iris reticulata 'Cantab'

Wuchs Zwiebel, mehrjährig. ***Blüten*** Zartblau, mit dunkleren, gelb gezeichneten Hängeblättern; einzeln, duftend. Blütezeit Februar–März. ***Blätter*** Aufrecht, schmal und vierkantig; blaß- bis mittelgrün.
- HERKUNFT Züchtung.
- KULTUR In Steingärten, Hochbeeten oder Trögen. Gedeiht in gut drainiertem, nährstoffreichem, neutralem bis leicht alkalischem Boden.
- VERMEHRUNG Bei Laubeinzug von größeren Horsten Jungzwiebeln nehmen. Nebenzwiebeln spalten sich auch von selbst ab und blühen nach Jahren.

HÖHE
10–15 cm

BREITE
3–5 cm

5–8 cm

Iridaceae	NETZIRIS

Iris reticulata 'Harmony'

Wuchs Zwiebel, mehrjährig. ***Blüten*** Königsblau, mit gelber Zeichnung und weißen Flecken; einzeln, duftend. Bütezeit Februar–März. ***Blätter*** Aufrecht, schmal und vierkantig; blaß- bis mittelgrün.
- HERKUNFT Züchtung.
- KULTUR Im Steingarten, Alpinenhaus, Kübel oder Hochbeet. Braucht nährstoffreichen, neutralen bis leicht alkalischen Boden und einen geschützten Platz.
- VERMEHRUNG Beim Einziehen des Laubes von Horsten Brutzwiebeln abtrennen. Bei Abspaltung von Nebenzwiebeln Blüte nach mehreren Jahren.

HÖHE
10–15 cm

BREITE
3–5 cm

5–8 cm

Zingiberaceae	

ROSCOEA CAUTLEOIDES

Wuchs Robust; Wurzelknolle, mehrjährig.
Blüten Fahlgelb, weiß oder purpurn; helmförmig. Von Juni bis August in Folge blühend. ***Blätter*** Linealisch bis lanzettförmig; mittel- bis dunkelgrün.

- HERKUNFT NW-China, in den Provinzen Yunnan und Szetschuan auf grasigen Berghängen.
- KULTUR Ideal für Torfbeete, Feuchtrabatten oder Gehölze mit feuchten, durchlässigen, sauren Laubhumusböden an kühlen Standorten. Winterschutz.
- VERMEHRUNG Durch Aussaat im Frühjahr oder Teilen im Frühherbst.

HÖHE
Bis 55 cm

BREITE
10–15 cm

15 cm

Amaryllidaceae/ Liliaceae	

CHLIDANTHUS FRAGRANS

Wuchs Zwiebel, mehrjährig. ***Blüten*** Gelb; duftend, trichterförmig, zu 3–5 in Rispen. Juli–August. ***Blätter*** Grundständig, linealisch; graugrün.

- HERKUNFT Peru, Anden.
- KULTUR Im Zimmer oder Wintergarten ziehen. In durchlässiges und humusreiches, sandiges Substrat pflanzen. Während des Wachstums großzügig gießen, bei einsetzender Laubwelke Wassergaben einstellen, so daß die Zwiebel trocken überwintert.
- VERMEHRUNG Im Frühjahr durch Samen oder Brutzwiebeln.

Min. 5 °C

HÖHE
30 cm

BREITE
8 cm

Spitze auf Bodenniveau

Alliaceae/Liliaceae	GOLDLAUCH, GELBER ZIERLAUCH

ALLIUM MOLY

Wuchs Stämmig, horstbildend; Zwiebel, mehrjährig. ***Blüten*** Leuchtend goldgelb; sternförmig, bis zu 30 in lockeren Dolden. Blütezeit Mai–Juni. ***Blätter*** Grundständig und lanzettförmig; graugrün.

- HERKUNFT Süd- und SW-Europa, im Bergland auf Felsen und Geröllhalden.
- KULTUR Ideal als Unterpflanzung für Sträucher oder zum Verwildern in Gehölzpartien. Verträgt etwas Schatten.
- VERMEHRUNG Durch Aussaat bei Samenreife oder Brutzwiebeln im Herbst. Selbstaussaat.

HÖHE
15–25 cm

BREITE
5 cm

8–10 cm

Hypoxidaceae/Liliaceae	

HYPOXIS ANGUSTIFOLIA

Wuchs Schlank; Zwiebelknolle, mehrjährig.
Blüten Gelb; kleine, aufwärts gerichtete Sterne. Blütezeit Sommer. ***Blätter*** Halbaufrecht, linealisch und behaart; mittelgrün.

- HERKUNFT Südafrika.
- KULTUR Im Zimmer oder Wintergarten. Braucht ein feuchtes, aber gut durchlässiges und nährstoffreiches Substrat und muß bei intensiver Sonneneinstrahlung beschattet werden. Stets vor starker Nässe schützen.
- VERMEHRUNG Aus Samen im Frühjahr oder Brutknollen im Herbst.

HÖHE
10–20 cm

BREITE
5 cm

3 cm

Colchicaceae/Liliaceae

COLCHICUM SPECIOSUM 'Album'

Wuchs Kräftig; Zwiebelknolle, mehrjährig.
Blüten Weiß; stämmig und wetterfest, kelchförmig. September–Oktober. ***Blätter*** Halbaufrecht, eiförmig, zwischen Spätwinter und Frühjahr; mittelgrün.
- HERKUNFT Kaukasus, Hänge und Wiesen.
- KULTUR Schön für Misch- und Staudenrabatten, auch am Fuß eines Steinhaufens. Zum Verwildern auf Rasen geeignet. Gedeiht in warmer, sonniger Lage in tiefem, nährstoffreichem und gut drainiertem, aber nicht zu trockenem Boden.
- VERMEHRUNG Durch Nebenknollen im Sommer.

HÖHE
10–20 cm

BREITE
Bis 30 cm

10 cm

Primulaceae — HERBST-ALPENVEILCHEN

CYCLAMEN HEDERIFOLIUM 'Album'

Wuchs Wurzelknolle, mehrjährig. ***Blüten*** Reinweiß; federballförmig mit zurückgeschlagenen Blütenblättern. Von September bis Oktober oder mit dem Laubaustrieb blühend. ***Blätter*** Efeuähnlich; grün marmoriert und silbriggrün gesprenkelt.
- HERKUNFT Mittelmeerraum, Wälder und Felsen.
- KULTUR In kiesigem, gut durchlässigem und humosem Boden in Sonne oder lichtem Schatten.
- VERMEHRUNG Samen nach der Reife einweichen, abspülen und im Dunkeln keimen lassen.
- WEITERER NAME *C. neapolitanum* var. *album*.

HÖHE
Bis 10 cm

BREITE
10–15 cm

3–5 cm

Amaryllidaceae/ Liliaceae — HERBST-KNOTENBLUME

LEUCOJUM AUTUMNALE

Wuchs Schmal; Zwiebel, mehrjährig. ***Blüten*** Weiß, mit rötlicher Basis; nickende Glocken, zu 2–4 in lockeren Rispen. Blütezeit September–Oktober. ***Blätter*** Grundständig, aufrecht und grasartig; Austrieb mit den Blüten oder gleich danach; mittelgrün.
- HERKUNFT SW-Europa und Nordafrika, auf Grasland, in Wäldern und Gebüschen.
- KULTUR In feuchtem, nicht staunassem Boden. Liebt warme, sonnige Plätze. Im Winter Laubdecke.
- VERMEHRUNG Durch Aussaat nach der Samenreife oder Nebenzwiebeln, sobald das Laub vergilbt.

HÖHE
10–15 cm

BREITE
5 cm

3–5 cm

Amaryllidaceae/ Liliaceae

ZEPHYRANTHES CANDIDA

Wuchs Schlank, horstbildend; Zwiebel, mehrjährig.
Blüten Weiß, außen oft rot schattiert; einzeln, sternförmig. Von Juli bis Oktober in Folge blühend.
Blätter Immergrün, grundständig und aufrecht, linealisch; mittelgrün.
- HERKUNFT Argentinien, Sumpfgebiete.
- KULTUR Ideal im Steingarten oder Vordergrund einer Staudenrabatte. In nährstoffreichen, stets feuchten, gut drainierten und humosen Boden pflanzen.
- VERMEHRUNG Durch Aussaat bei Samenreife oder Teilen im Frühjahr.

HÖHE
10–20 cm

BREITE
8 cm

10 cm

Primulaceae	

Cyclamen africanum

Wuchs Wurzelknolle, mehrjährig. ***Blüten*** Rosagetönt; rotbraun gesäumter Schlund; konisch, mit zurückgeschlagenen Blütenblättern. Blütezeit August–Oktober vor dem Laubaustrieb. ***Blätter*** Herzförmig; leuchtendgrün, mit helleren Flecken.
- HERKUNFT Algerien.
- KULTUR Im Kalt- oder Alpinenhaus in lehmiger, nährstoffreicher und stark drainierter Erde. In der Ruheperiode nach der Laubwelke trocken halten.
- VERMEHRUNG Reife Samen einweichen, abspülen und im Dunkeln keimen lassen.

HÖHE
12–15 cm

BREITE
25 cm

2 cm

Primulaceae	

Cyclamen mirabile

Wuchs Wurzelknolle, mehrjährig. ***Blüten*** Blaßrosa, rotbraune Basalflecken; schlank, Blütenblätter zurückgeschlagen und gefranst. September–Oktober. ***Blätter*** Herzförmig, mit gewelltem Rand, Austrieb zur Blütezeit; mittelgrün, unterseits purpurrot.
- HERKUNFT SW-Türkei, in Gebüschen.
- KULTUR Verlangt humusreichen und kiesigen, stark durchlässigen Boden. Ein Alpinenhaus bietet die nötige Trockenheit in der Ruhephase.
- VERMEHRUNG Die Samen gleich bei Reife einweichen, abspülen und im Dunkeln keimen lassen.

HÖHE
10 cm

BREITE
30–40 cm

2 cm

Colchicaceae/Liliaceae	HERBSTZEITLOSE

Colchicum autumnale

Wuchs Kräftig; Zwiebelknolle, mehrjährig.
Blüten Blaurosa; kelchförmig, lange Röhre, bis zu 8 pro Knolle. August–Oktober. ***Blätter*** Aufrecht und lanzettförmig, Austrieb im Frühjahr; glänzendgrün.
- HERKUNFT Europa, auf Wiesen.
- KULTUR Zum Verwildern in Gras, hübsch in Misch- und Staudenrabatten oder am Fuß einer Böschung. In tiefgründige, nährstoffreiche, gut drainierte, nicht zu trockene Böden in freier Lage pflanzen.
- VERMEHRUNG Durch Aussaat nach der Samenreife oder Nebenknollen im Sommer.

HÖHE
10–15 cm

BREITE
10–15 cm

10 cm

Colchicaceae/Liliaceae	

Colchicum byzantinum

Wuchs Kräftig, reichblühend; Zwiebelknolle, mehrjährig. ***Blüten*** Lila; offen trichterförmig, bis zu 20 pro Knolle. Blütezeit August–Oktober. ***Blätter*** Aufrecht, eiförmig und gerippt, im Frühjahr; mittelgrün.
- HERKUNFT Unbekannt.
- KULTUR Kann auf Grasflächen verwildern, schön auch am Fuß einer Böschung. Ideal ist ein tiefgründiger, nährstoffreicher, gut drainierter, nicht zu trockener Boden in warmer, freier, sonniger Lage.
- VERMEHRUNG Im Sommer durch Nebenknollen.
- WEITERER NAME *C. autumnale* 'Major'.

HÖHE
12 cm

BREITE
10 cm

10 cm

Primulaceae

CYCLAMEN GRAECUM

Wuchs Knolle, Wurzeln fleischig; mehrjährig. ***Blüten*** Rosa bis karminrot; kegelförmig, zurückgeschlagene Blütenblätter und dunkler Schlund. September–Oktober. ***Blätter*** Herzförmig, Austrieb nach der Blüte; dunkelgrün, blaßgrün gezeichnet.
• HERKUNFT Griechenland.
• KULTUR Im Alpinenhaus in tiefen Töpfen. Braucht lehmhaltigen, nährstoffreichen, stark durchlässigen Kompost und im Sommer Trockenheit.
• VERMEHRUNG Reife Samen einweichen, abspülen und im Dunkeln keimen lassen.

HÖHE
10 cm

BREITE
15 cm

2 cm

Primulaceae

CYCLAMEN ROHLFSIANUM

Wuchs Wurzelknolle, mehrjährig. ***Blüten*** Blaßrosa, mit tiefrotem Basalfleck; duftend, federballförmig, mit hervortretenden Staubblättern. September–Oktober. ***Blätter*** Herzförmig, mit welligem Rand, Austrieb mit der Blüte; grünglänzend, silbriggrün gefleckt.
• HERKUNFT Libyen.
• KULTUR Im Kalthaus in stark durchlässiger Lehmerde. Während des Wachstums regelmäßig gießen, in der sommerlichen Ruhezeit trocken halten.
• VERMEHRUNG Reife Samen einweichen, abspülen und im Dunkeln zum Keimen bringen.

HÖHE
10–13 cm

BREITE
15 cm

2 cm

Amaryllidaceae/
Liliaceae

HABRANTHUS ROBUSTUS

Wuchs Robust; Zwiebel, mehrjährig. ***Blüten*** Blaßrosa; einzeln, offen trichterförmig. Blütezeit Juli–August; mit dem Laub oder gleich danach austreibend. ***Blätter*** Grundständig und riemenförmig; mittelgrün.
• HERKUNFT Brasilien, im trockenen Hochland.
• KULTUR Gedeiht im Kalthaus in kiesiger Lehmerde. Zunächst mäßig; beim Blattaustrieb stärker gießen. Während der Ruheperiode geringfügig feucht halten.
• VERMEHRUNG Durch Aussaat nach der Samenreife oder Brutzwiebeln im Winter.
• WEITERER NAME *Zephyranthes robusta.*

HÖHE
20–30 cm

BREITE
8–10 cm

8–10 cm

Primulaceae

CYCLAMEN CILICIUM

Wuchs Wurzelknolle, mehrjährig. ***Blüten*** Weiß oder rosa, mit karminrotem Basalfleck; grazil, federballähnlich. Blütezeit September–Oktober mit dem Laubaustrieb. ***Blätter*** Rundlich bis herzförmig; mittelgrün, dicht blaßgrün gefleckt.
• HERKUNFT Südtürkei, in Wäldern und Felsnischen.
• KULTUR In humosem und kiesigem, feuchtem, aber nicht staunassem Boden in Sonne oder lichtem Schatten.
• VERMEHRUNG Reife Samen einweichen, abspülen und im Dunkeln keimen lassen.

HÖHE
5 cm

BREITE
8 cm

2–3 cm

Primulaceae	HERBSTALPENVEILCHEN, EFEUBLÄTTRIGES ALPENVEILCHEN

CYCLAMEN HEDERIFOLIUM

Wuchs Wurzelknolle, mehrjährig. ***Blüten*** Blaß- bis tiefrosa, zur Basis dunkler; federballartig, mit zurückgeschlagenen Blütenblättern. Blütezeit September bis Oktober mit oder vor dem Laubaustrieb. ***Blätter*** Variabel, meist aber efeuartig; dunkelgrün marmoriert mit blaß- und silbergrünen Sprenkeln.

• HERKUNFT Mittelmeergebiet, in Wäldern und zwischen Felsen.

• KULTUR Verlangt einen kiesigen, gut drainierten, mit Laubkompost und anderem organischem Material angereicherten Boden. Für sonnige oder lichtschattige Plätze in Steingärten geeignet. Ideal zum Verwildern unter Sträuchern, an einer Hecke oder unter Nadelbäumen, zumal die Knollen in der Ruhezeit Schutz vor starkem Sommerregen benötigen. Jährlich mit Laubhumus oder ähnlichem mulchen, sobald die Blätter welken. Unter günstigen Bedingungen bilden sich durch Selbstaussaat große Kolonien.

• VERMEHRUNG Die reifen Samen einweichen, abspülen und bei 6–12 °C im Dunkeln keimen lassen.

• WEITERER NAME *C. neapolitanum*.

HÖHE
10–13 cm

BREITE
15 cm

3–5 cm

Colchicaceae/Liliaceae

Colchicum cilicium

Wuchs Zwiebelknolle, mehrjährig. ***Blüten*** Violettrosa; breit trichterförmig, bis zu 25 pro Knolle. Blütezeit Oktober–November. ***Blätter*** Halbaufrecht, eiförmig bis lanzettförmig, im Frühjahr; mittelgrün.

- HERKUNFT Türkei, Syrien und Libanon, in Vorgebirgen auf Felsen und Geröllhalden oder im Gebüsch.
- KULTUR Im Hochbeet oder am Fuß eines Geröllbeets. Braucht tiefgründigen, gut drainierten, nicht zu trockenen Boden in freier, sonniger Lage.
- VERMEHRUNG Durch Aussaat bei Samenreife oder Nebenknollen im Sommer.

HÖHE
10 cm

BREITE
8 cm

10 cm

Colchicaceae/Liliaceae

Colchicum agrippinum

Wuchs Zwiebelknolle, mehrjährig. ***Blüten*** Tief violettrosa; schmale Trichter mit deutlichem Würfelmuster, pro Knolle 1–2. Blütezeit September. ***Blätter*** Halbaufrecht, schmal und leicht gewellt, Austrieb im zeitigen Frühjahr; mittelgrün.

- HERKUNFT Ungewiß.
- KULTUR Gedeiht auf Grasböschungen und in Steingärten, etwa am Fuß eines Geröllbeetes oder an einer Felskante. Braucht tiefgründigen, durchlässigen, nicht zu trockenen Boden in freier, sonniger Lage.
- VERMEHRUNG Im Sommer Brutknollen abnehmen.

HÖHE
8–10 cm

BREITE
8 cm

10 cm

Colchicaceae/Liliaceae

Colchicum bivonae

Wuchs Robust; Zwiebelknolle, mehrjährig. ***Blüten*** Purpurrosa, mit weißer Basis; duftend, kelchförmig und stark gescheckt. Blütezeit September–Oktober. ***Blätter*** Halbaufrecht, ei- bis riemenförmig, im Frühjahr; mittelgrün.

- HERKUNFT Italien und Westtürkei.
- KULTUR In tiefgründigen, gut drainierten und nicht zu trockenen Böden in freier, sonniger Lage.
- VERMEHRUNG Die Samen nach der Reife aussäen oder im Sommer Nebenknollen abtrennen.
- WEITERE NAMEN *C. bowlesianum*, *C. sibthorpii*.

HÖHE
10–15 cm

BREITE
10 cm

10 cm

Colchicaceae/Liliaceae

Colchicum 'Waterlily'

Wuchs Kräftig; Zwiebelknolle, mehrjährig. ***Blüten*** Rosiglila; dicht gefüllt, bis zu 5 pro Knolle. Blütezeit August–Oktober. ***Blätter*** Halbaufrecht und schmal eiförmig, im Winter oder Frühjahr; mittelgrün.

- HERKUNFT Züchtung.
- KULTUR. An einem warmen, freien, sonnigen Platz mit tiefgründiger, nährstoffreicher, gut durchlässiger und nicht zu trockener Erde. Schön als Rabattenvorpflanzung oder am Fuß einer Böschung im Steingarten. Kann kleinere Pflanzen bedrängen.
- VERMEHRUNG Im Sommer durch Nebenknollen.

HÖHE
12 cm

BREITE
10 cm

10 cm

Colchicaceae/Liliaceae

MERENDERA MONTANA

Wuchs Zwiebelknolle, mehrjährig. ***Blüten*** Purpurn, auch rötlich getönt; aufrecht, trichterförmig. Blütezeit August–Oktober. ***Blätter*** Linealisch und gerillt, Austrieb mit der Blüte oder gleich danach; mittelgrün.

- HERKUNFT Pyrenäen und Iberische Halbinsel, auf steinigem Grund und Trockenrasen.
- KULTUR Im sonnigen Steingarten oder Hochbeet in mäßig nährstoffreichem Substrat ohne Staunässe.
- VERMEHRUNG Durch Aussaat im Frühjahr oder Brutknollen im Sommer.
- WEITERE NAMEN *M. bulbocodium, M. pyrenaica.*

HÖHE
5 cm

BREITE
5 cm

5–8 cm

Araceae

BIARUM TENUIFOLIUM

Wuchs Wurzelknolle, mehrjährig. ***Blüten*** Tiefpurpurn überhauchtes Grün, Kolben purpurschwarz; schlank, oft verdreht, mit eingerollter Blütenscheide, unangenehm riechend. Herbst. ***Blätter*** Grundständig, aufrecht, lanzettförmig, Austrieb nach der Blüte; grün.

- HERKUNFT Mittelmeerraum, auf Felshängen.
- KULTUR Braucht leichte, kiesige, stark durchlässige Erde und einen geschützten Platz vor einer sonnigen Mauer. Breitet sich unter günstigen Bedingungen aus.
- VERMEHRUNG Im Frühjahr aussäen oder im Sommer Nebenknollen nehmen.

HÖHE
10–20 cm

BREITE
5–8 cm

5 cm

Araceae

ARUM PICTUM

Wuchs Wurzelknolle, mehrjährig. ***Blüten*** Purpurschwarz; helmartige Blütenscheide, kurzer Kolben. September–Oktober. ***Blätter*** Pfeilförmig, ledrig; dunkelgrün mit cremeweißer Aderung.

- HERKUNFT Mittelmeergebiet, im Schatten.
- KULTUR In nährstoffreichem, humusreichem Substrat im Alpinenhaus oder im Freien an einem geschützten, sonnigen Platz. Während des Wachstums gut gießen, bei Laubwelke Wassergaben reduzieren.
- VERMEHRUNG Durch Aussaat reifer Samen oder Teilen dicker Knollenklumpen nach der Blüte.

HÖHE
15–25 cm

BREITE
15 cm

10–15 cm

Amaryllidaceae

STERNBERGIA LUTEA

Wuchs Reichblühend; Zwiebel, mehrjährig. ***Blüten*** Tiefgelb; kelchförmig. Blütezeit September–Oktober. ***Blätter*** Schmal lanzettförmig, erscheinen mit den Blüten; dunkelgrün.

- HERKUNFT Vom Mittelmeergebiet bis zum Iran und nach Zentralasien, an steinigen Hängen.
- KULTUR In Steingärten oder Hochbeeten. Braucht extrem durchlässigen, mäßig nährstoffreichen Boden in warmer, sonniger Lage.
- VERMEHRUNG Aussaat gleich bei Samenreife, alternativ in der Ruhezeit Nebenzwiebeln abtrennen.

HÖHE
15 cm

BREITE
8 cm

15 cm

Amaryllidaceae/ Liliaceae	SCHNEEGLÖCKCHEN

GALANTHUS NIVALIS 'Flore Pleno' 🏆

Wuchs Robust; Zwiebel, mehrjährig. ***Blüten*** Weiß, innen mit grünen Flecken; birnenförmig, nickend, unregelmäßig gefüllt und nach Honig duftend. Blütezeit Februar–März. ***Blätter*** Grundständig, halbaufrecht und schmal lanzettförmig; graugrün.
• HERKUNFT Von den Pyrenäen bis zur Ukraine in Wäldern, auch anderswo eingebürgert.
• KULTUR In feuchtem, nicht staunassem Boden an einem halb- bis lichtschattigen Platz.
• VERMEHRUNG Horste nach der Blüte, aber vor der Laubwelke teilen; Zwiebeln sogleich neu pflanzen.

❄❄❄

HÖHE
10–15 cm

BREITE
5 cm

5–8 cm

Amaryllidaceae/ Liliaceae	

GALANTHUS GRACILIS

Wuchs Schlank; Zwiebel, mehrjährig. ***Blüten*** Weiß, innere Spitzen und Basis grün; birnenförmig, überhängend, duftend. Blütezeit Februar–März. ***Blätter*** Linealisch und verdreht; graugrün.
• HERKUNFT Bulgarien, Griechenland und Türkei, in Wäldern.
• KULTUR An feuchten, aber gut drainierten Stellen im lichten Schatten bis Halbschatten pflanzen.
• VERMEHRUNG Teilen der Horste nach der Blüte, Aussaat bei Samenreife. Neigt zur Hybridisierung.
• WEITERE NAMEN *G. elwesii* var. *minor*, *G. graecus*.

❄❄❄

HÖHE
10 cm

BREITE
5 cm

5–8 cm

Amaryllidaceae/ Liliaceae	SCHNEEGLÖCKCHEN

GALANTHUS NIVALIS 'Pusey Green Tip'

Wuchs Kräftig; Zwiebel, mehrjährig. ***Blüten*** Weiß, äußere Spitzen blaßgrün; nickend, birnenförmig und unregelmäßig gefüllt. Blütezeit Februar–März. ***Blätter*** Grundständig und halbaufrecht, schmal lanzettförmig; graugrün.
• HERKUNFT Züchtung.
• KULTUR Liebt feuchte, aber nicht staunasse, licht- bis halbschattige Plätze.
• VERMEHRUNG Dichte Bestände teilen, wenn die Blüte vorüber, das Laub aber noch grün ist.

❄❄❄

HÖHE
10–15 cm

BREITE
5 cm

5–8 cm

Amaryllidaceae/ Liliaceae	

GALANTHUS RIZEHENSIS

Wuchs Schmal; Zwiebel, mehrjährig. ***Blüten*** Weiß, an den Spitzen ein grünes Mal; klein, birnenförmig, nickend. Blütezeit Februar–März. ***Blätter*** Linealisch und zurückgebogen; dunkelgrün.
• HERKUNFT NO-Türkei, Wälder und Gebirgsausläufer.
• KULTUR Bevorzugt feuchten, gut durchlässigen und nährstoffreichen Boden sowie lichten Schatten oder Halbschatten.
• VERMEHRUNG Teilung nach der Blüte, Aussaat bei Reife. Hybridisiert; nicht immer samenecht.

❄❄❄

HÖHE
12 cm

BREITE
5 cm

5–8 cm

Amaryllidaceae/ Liliaceae	

GALANTHUS ELWESII

Wuchs Robust; Zwiebel, mehrjährig. ***Blüten*** Weiß, mit grünen, oft verlaufenden Malen an Spitzen und Basis; nach Honig duftend, schlank birnenförmig und nickend. Blütezeit Februar. ***Blätter*** Riemenförmig, manchmal verdreht; graugrün.

- HERKUNFT Balkan und Westtürkei.
- KULTUR In feuchtem, drainiertem, nährstoffreichem Boden in lichtem Schatten bis Halbschatten.
- VERMEHRUNG Nach der Blüte die Horste teilen oder die Samen nach der Reife aussäen. Neigt zur Hybridisierung und ist nicht immer samenecht.

HÖHE
12–22 cm

BREITE
8 cm

5–8 cm

Amaryllidaceae/ Liliaceae	

GALANTHUS IKARIAE ssp. *IKARIAE*

Wuchs Zwiebel, mehrjährig. ***Blüten*** Weiß, mit einem großen grünen Fleck an den inneren Spitzen; birnenförmig, nickend. Blütezeit Februar–März. ***Blätter*** Riemenförmig; glänzend leuchtendgrün.

- HERKUNFT Ägäische Inseln und Türkei.
- KULTUR In nährstoffreichem, feuchtem, aber gut durchlässigem Boden, möglichst im lichten Schatten oder Halbschatten.
- VERMEHRUNG Teilen der Zwiebelklumpen nach der Blüte, Aussaat reifer Samen. Hybridisiert.
- WEITERE NAMEN *G. latifolius* hort., *G. platyphyllus*.

HÖHE
10–15 cm

BREITE
5 cm

5–8 cm

Amaryllidaceae/ Liliaceae	

GALANTHUS 'Atkinsii'

Wuchs Kräftig; Zwiebel, mehrjährig. ***Blüten*** Weiß, an den inneren Blütenblättern ein grünes, herzförmiges Mal; schlank und langgestreckt, auf kurzen Stielen. Blütezeit Februar–März. ***Blätter*** Linealisch; graugrün.

- HERKUNFT Züchtung.
- KULTUR Gedeiht in feuchtem, aber durchlässigem, nährstoffreichem Grund und lichtem Schatten oder Halbschatten. Wie andere widerstandsfähige Sorten eignet sich auch diese vorzüglich zum Verwildern.
- VERMEHRUNG Horste teilen, bevor das Laub nach der Blüte welkt; unverzüglich wieder einpflanzen.

HÖHE
20 cm

BREITE
8 cm

5–8 cm

Amaryllidaceae/ Liliaceae	SCHNEEGLÖCKCHEN

GALANTHUS NIVALIS 'Scharlockii'

Wuchs Robust; Zwiebel, mehrjährig. ***Blüten*** Weiß, außen blaßgrün gezeichnet; nickend, birnenförmig, mit zwei eselsohrähnlichen Hochblättern. Blütezeit Februar–März. ***Blätter*** Grundständig, halbaufrecht und schmal lanzettförmig; graugrün.

- HERKUNFT Rheinländische Wälder.
- KULTUR Liebt halb- bis lichtschattige Plätze mit feuchtem, gut drainiertem und humosem Boden.
- VERMEHRUNG Nach der Blüte teilen, alternativ Aussaat nach der Samenreife.
- WEITERER NAME *G.* 'Scharlockii'.

HÖHE
10–15 cm

BREITE
5 cm

5–8 cm

Amaryllidaceae/ Liliaceae

GALANTHUS PLICATUS ssp. *BYZANTINUS*

Wuchs Zwiebel, mehrjährig. ***Blüten*** Weiß, innere Spitzen und Basis mit grünem Mal; birnenförmig, nickend. Blütezeit Februar–März. ***Blätter*** Breit linealisch, am Rand umgebogen; matt dunkelgrün, graugrüner Mittelstreifen.
- HERKUNFT Türkei, in Gebüschen und Feldern.
- KULTUR Liebt feuchten, gut drainierten und nährstoffreichen Boden sowie licht- bis halbschattige Standorte.
- VERMEHRUNG Durch Teilen nach der Blüte oder Aussaat der reifen Samen. Nicht immer samenecht.

HÖHE
Bis 20 cm

BREITE
8 cm

5–8 cm

Amaryllidaceae/ Liliaceae

GALANTHUS 'S. Arnott'

Wuchs Kräftig; Zwiebel, mehrjährig. ***Blüten*** Weiß, an den inneren Spitzen ein grünes Mal in Form eines umgekehrten V; stark duftend, rundlich birnenförmig. Blütezeit Februar–März. ***Blätter*** Grundständig, halbaufrecht und schmal lanzettförmig; graugrün.
- HERKUNFT Züchtung.
- KULTUR Gedeiht in nährstoffreichem, feuchtem, aber durchlässigem Grund.
- VERMEHRUNG Nach der Blüte teilen.
- WEITERE NAMEN *G.* 'Arnott's Seedling', *G.* 'Sam Arnott'.

HÖHE
20 cm

BREITE
8 cm

5–8 cm

Primulaceae | VORFRÜHLINGS-ALPENVEILCHEN

CYCLAMEN COUM ssp. *ALBUM*

Wuchs Wurzelknolle, mehrjährig. ***Blüten*** Weiß, mit karminrotem Mal an der Basis; kegelförmig. Blütezeit Februar–April. ***Blätter*** Rundlich, mit den Blüten austreibend; dunkelgrün, mitunter silbrig gefleckt.
- HERKUNFT Von Bulgarien bis zum Libanon, in Wäldern und Gebüschen sowie zwischen Felsen.
- KULTUR In humosem, nährstoffreichem, kiesigem und gut drainiertem Grund. Bevorzugt Sonne oder lichten Schatten.
- VERMEHRUNG Samen gleich nach der Reife einweichen, abspülen und im Dunkeln keimen lassen.

HÖHE
Bis 10 cm

BREITE
5–10 cm

3–5 cm

Primulaceae

CYCLAMEN PERSICUM

Wuchs Wurzelknolle, mehrjährig. ***Blüten*** Weiß oder rosa; duftend, federballähnlich mit zurückgeschlagenen Blütenblättern. Blütezeit März–April. ***Blätter*** Herzförmig; dunkelgrün, oft silbrig marmoriert, Unterseite blaß- oder purpurgrün.
- HERKUNFT Südöstlicher Mittelmeerraum.
- KULTUR In mäßig nährstoffreiche Topferde pflanzen. Während des Wachstums gleichmäßig gießen. Die Knolle in der Ruhephase trocken halten.
- VERMEHRUNG Reife Samen einweichen, abspülen und im Dunkeln bei 12–15 °C keimen lassen.

Min. 5–7 °C

HÖHE
10–20 cm

BREITE
10–15 cm

Spitze auf Bodenniveau

Amaryllidaceae/Liliaceae	SCHNEEGLÖCKCHEN

GALANTHUS NIVALIS 'Sandersii'

Wuchs Zierlich; Zwiebel, mehrjährig. ***Blüten*** Weiß, innere Spitzen und Basis gelb; nickend und birnenförmig, duftend. Blütezeit Februar–März.
Blätter Grundständig und halbaufrecht, schmal lanzettförmig; graugrün.

• HERKUNFT Züchtung.

• KULTUR Gedeiht in licht- bis halbschattiger Lage und feuchtem, aber gut drainiertem und nährstoffreichem Boden. Diese Sorte ist weniger robust als viele andere und auch in ihrer Gestalt zarter. Sie eignet sich zum Verwildern unter Sträuchern oder in lichtem Gehölz, braucht aber etwas mehr Pflege, damit sich Kolonien bilden. In dichtem Gras oder zwischen anderen, robusteren Pflanzen kann sie sich nicht behaupten. Nach der Blüte möglichst mit einem Universaldünger kräftigen.

• VERMEHRUNG Zwiebelklumpen nach der Blüte und vor der Laubwelke teilen. Sofort in gleicher Tiefe wieder pflanzen, ohne Zwiebeln und Wurzeln zu verletzen.

• WEITERE NAMEN *G.* 'Howick Yellow', *G.* 'Lutescens', *G. nivalis flavescens.*

HÖHE
10 cm

BREITE
3–5 cm

5 cm

Primulaceae	

Cyclamen persicum 'Pearl Wave'

Wuchs Wurzelknolle, mehrjährig. ***Blüten*** Tiefrosa; schlank, duftend, federballförmig mit gekräuselten Rändern. Blütezeit März–April. ***Blätter*** Herzförmig; dunkelgrün, mit silbriger und blaßgrüner Zeichnung.

- HERKUNFT Züchtung.
- KULTUR Als Zimmerpflanze oder im Wintergarten. Während des Wachstums gießen, Krone nicht benetzen. Alle 2 Wochen stickstoffarmen Dünger verabreichen, in der Ruhezeit trocken halten.
- VERMEHRUNG Reife Samen einweichen, abspülen und bei 12–15 °C im Dunkeln keimen lassen.

Min. 5–7 °C

HÖHE 10–20 cm

BREITE 10–15 cm

Spitze auf Bodenniveau

Primulaceae	

Cyclamen persicum 'Esmeralda'

Wuchs Wurzelknolle, mehrjährig. ***Blüten*** Karminrot; federballähnlich, mit breiten Blütenblättern. Winter. ***Blätter*** Herzförmig; dunkelgrün, silbrig gezeichnet.

- HERKUNFT Züchtung.
- KULTUR Im Zimmer oder Wintergarten. Während des Wachstums gleichmäßig gießen, Knolle jedoch nicht benässen. Alle 2 Wochen stickstoffarmen Dünger verabreichen. Mit einsetzender Laubwelke die Gaben reduzieren.
- VERMEHRUNG Reife Samen einweichen, abspülen und im Dunkeln bei 12–15 °C keimen lassen.

Min. 5–7 °C

HÖHE 10–20 cm

BREITE 10–15 cm

Spitze auf Bodenniveau

Primulaceae	VORFRÜHLINGS-ALPENVEILCHEN

Cyclamen coum ssp. *coum*

Wuchs Wurzelknolle, mehrjährig. ***Blüten*** Leuchtend karminrosa; kompakt, federballförmig, Basis dunkel. Februar–April. ***Blätter*** Rundlich, Austrieb mit den Blüten; dunkelgrün, zuweilen silbrig gezeichnet.

- HERKUNFT Bulgarien, Kaukasus, Türkei und Libanon, in Wäldern und Gebüschen.
- KULTUR Liebt Sonne oder lichten Schatten sowie humosen, nährstoffreichen und kiesigen, durchlässigen Boden.
- VERMEHRUNG Reife Samen einweichen, abspülen und im Dunkeln keimen lassen.

HÖHE Bis 10 cm

BREITE 5–10 cm

3–5 cm

Primulaceae	

Cyclamen persicum Kaori-Rasse

Wuchs Wurzelknolle, mehrjährig. ***Blüten*** Verschiedene Farben; federballartig, duftend. Blüht im Winter. ***Blätter*** Herzförmig; dunkelgrün, silbrig geadert.

- HERKUNFT Züchtung.
- KULTUR Im Zimmer oder Wintergarten in mäßig nährstoffreicher Blumenerde. Während des Wachstums gießen, dabei die Knolle meiden. Bis zur Laubwelke jede 2. Woche einen stickstoffarmen Dünger geben. In der Ruhezeit trocken halten.
- VERMEHRUNG Reife Samen einweichen und abspülen, bei 12–15 °C im Dunkeln keimen lassen.

Min. 5–7 °C

HÖHE 10–20 cm

BREITE 10–15 cm

Spitze auf Bodenniveau

Primulaceae	

Cyclamen persicum 'Renown'

Wuchs Wurzelknolle, mehrjährig. ***Blüten*** Scharlachrot; schlank, federballähnlich, duftend. Blütezeit Februar–April. ***Blätter*** Herzförmig; silbriggrün, mit dunkelgrüner Mitte.

- HERKUNFT Züchtung.
- KULTUR Im Zimmer oder Wintergarten halten. Während des Wachstums gießen, dabei die Knolle aussparen. Alle 2 Wochen stickstoffarmen Dünger verabreichen. Mit der Laubwelke die Dosis verringern.
- VERMEHRUNG Reife Samen einweichen und abspülen und bei 12–15 °C im Dunkeln keimen lassen.

Min. 5–7 °C

HÖHE
10–20 cm

BREITE
10–15 cm

Spitze auf Bodenniveau

Hyacinthaceae/ Liliaceae	

Lachenalia aloides var. *quadricolor*

Wuchs Zwiebel, mehrjährig. ***Blüten*** Grün und gelb, Knospen feuerrot; nickend, röhrenförmig, in Ähren. Januar–März. ***Blätter*** Riemenförmig; bläulichgrün.

- HERKUNFT Südafrika, westliches Kapland.
- KULTUR Braucht leichten, gut drainierten Boden und während der Ruhezeit im Sommer Trockenheit.
- VERMEHRUNG Durch Aussaat nach der Samenreife oder im Frühjahr bzw. Abtrennen der Brutzwiebeln im Spätsommer oder Herbst.
- WEITERER NAME *L. tricolor.*

HÖHE
15–25 cm

BREITE
5–8 cm

10 cm

Ranunculaceae	KLEINER WINTERLING

Eranthis hyemalis

Wuchs Horstbildend; Wurzelknollen, mehrjährig. ***Blüten*** Leuchtendgelb; ungestielt, von halskrausenähnlichem Hochblatt umgeben, schalenförmig. Blütezeit Februar–März. ***Blätter*** Eingeschnitten; leuchtendgrün.

- HERKUNFT Südfrankreich bis Bulgarien.
- KULTUR In nährstoffreichem, feuchtem, aber durchlässigem Boden an einem licht- bis halbschattigen Platz. Bildet rasch größere Kolonien.
- VERMEHRUNG Durch Aussaat im späten Frühjahr oder Teilen der Horste nach der Blüte.

HÖHE
5–10 cm

BREITE
8–10 cm

5 cm

Hyacinthaceae/ Liliaceae	

Lachenalia aloides 'Nelsonii'

Wuchs Zwiebel, mehrjährig. ***Blüten*** Leuchtendgelb, grüngetönt; nickende Röhren, in dichten Ähren im Winter. Blütezeit Februar–März. ***Blätter*** Halbaufrecht und riemenförmig; mittelgrün, purpurn getupft.

- HERKUNFT Züchtung.
- KULTUR Verlangt leichten Boden ohne Staunässe. Während des Wachstums mäßig gießen, in der Ruhezeit im Sommer trocken halten, erst mit dem Wachstum wieder beginnen. Ideal für Kalthaus.
- VERMEHRUNG Im Spätsommer oder Herbst während der Ruheperiode Brutzwiebeln abnehmen.

HÖHE
15–25 cm

BREITE
5–8 cm

10 cm

DIE PFLEGE DER BLUMENZWIEBELN UND KNOLLEN

Blumenzwiebeln und Knollen treten in der Regel nach der Blüte in eine Ruhepriode und verlangen somit die meiste Zeit des Jahres wenig Aufmerksamkeit. Wichtig ist jedoch zunächst die richtige Auswahl der Zwiebeln und Knollen und ihre sachgemäße Pflanzung. Vor allem müssen die Ansprüche der jeweiligen Arten und Sorten mit den Standortfaktoren wie Bodenbeschaffenheit, Feuchtigkeit, Licht und Wärme übereinstimmen.

Der Naturschutz spielt bei Blumenzwiebeln und Knollen eine wichtige Rolle. Daher unterliegt ihre Einfuhr strikten Vorschriften. Beim Kauf sollte man sich vergewissern, daß die Pflanzen nicht aus Wildbeständen stammen, und Ware dubioser Herkunft ablehnen. Seriöse Händler vertreiben nur gezüchtete Pflanzen, die meist entsprechend gekennzeichnet sind.

Da der Markt Zwiebeln und Knollen ganz unterschiedlicher Qualität anbietet, sollte man sie vor dem Kauf gründlich prüfen. Sie müssen dick und prall sein, mit gesunden, kräftigen Vegetationspunkten und ohne jegliches Anzeichen von Fäulnis oder anderen Krankheiten. Zu bedenken ist auch, daß Nebenzwiebeln, genauso wie überdurchschnittlich kleine Zwiebeln, im ersten Jahr normalerweise nicht zur Blüte gelangen.

Am besten kauft man Zwiebeln und Knollen in der jeweiligen Saison. So hat man die Gewähr, daß sie noch nicht ausgetrieben oder während der Lagerung durch Überwärmung oder Austrocknung Schaden genommen haben. Vor allem schattenliebende oder in Feuchtwäldern heimische Zwiebelgewächse wie etwa Hundszahn *(Erythronium)* gehen bei längerer Trockenheit ein. Üblicherweise werden Zwiebeln deshalb in Torfmull oder Sägespäne gepackt. Ist dieses Material völlig ausgetrocknet, wird vom Kauf abgeraten. Manche Pflanzen, vor allem Alpenveilchen *(Cyclamen)*, gewöhnen sich am besten ein, wenn die aus den Knollen sprießenden Faserwurzeln sich unbeeinträchtigt durch Trockenheit gut entwikkeln konnten.

Oft lohnt es, etwas mehr für Containerware auszugeben, die dafür besser anwachsen. Vor allem Schneeglöckchen entwickeln sich kaum zufriedenstellend aus trockenen Zwiebeln und werden daher vom Fachhandel gewöhnlich mit Belaubung angeboten.

AUSWAHLKRITERIEN FÜR ZWIEBELN

MAKELLOSE ZWIEBELN, ZWIEBEL- UND WURZELKNOLLEN

ANEMONE RANUNCULOIDES

IRIS AUCHERI (JUNO-IRIS)

ERYTHRONIUM OREGONUM

CYLAMEN HEDERIFOLIUM

BODENVORBEREITUNG UND PFLANZUNG

Das natürliche Habitat von Pflanzen läßt unmittelbare Schlüsse auf ihre Ansprüche zu. Die meisten mehr oder weniger winterharten Zwiebelgewächse stammen aus mediterranen Klimazonen, geprägt durch einen kühlen, feuchten Winter, ein nicht zu trockenes Frühjahr und einen heißen, trockenen Sommer, in dem sie in eine Ruhephase treten. Daher gedeihen Zwiebeln an warmen, sonnigen Standorten in gut durchlässiger Erde, die sich im Frühjahr schnell erwärmt und im Sommer trocken ist.

Der Boden sollte mäßig nährstoffreich und mit organischem Material angereichert sowie für die meisten Zwiebeln neutral bis leicht basisch sein. Einige Arten wie Elfenkrokus *(Crocus tommasinianus)* und Frühlingskrokus *(C. vernus)* sowie ihre Sorten vertragen auch einen schwereren Boden, der während der Wachstumsperiode feucht bleiben muß. Allerdings benötigen auch sie in der Ruhezeit einen trockenen Grund. Ohne ausreichende Drainage und Bodendurchlüftung würden die Zwiebeln in dieser Phase faulen. Arten, die in Sümpfen und Wassernähe heimisch sind, brauchen hingegen einen Standort, der auch im Sommer feucht ist.

Sandböden geben in vielen Fällen das ideale Substrat ab, da sie einen guten Wasserabzug gewährleisten und sich im Frühjahr rasch erwärmen. Um ihren Nährstoffgehalt zu erhöhen, arbeitet man mindestens drei Monate vor dem Pflanztermin gut verrotteten Kompost oder Stallmist bis unterhalb des Zwiebelniveaus ein. Zusätzlich wird jährlich im Frühjahr in der empfohlenen Dosierung gedüngt. Sandiger Lehm sowie gut aufbereiteter Sandboden werden mit Humus verbessert, im ersten Jahr jedoch erübrigt sich eine Düngung.

In Steingärten und Hochbeeten erzielt man die erforderliche Drainage durch Kies, den man etwa 30 cm tief einarbeitet. Die empfohlene Menge sollte ungefähr ein Drittel des Erdvolumens ausmachen.

Auch schwere Tonböden müssen, obwohl meist sehr nährstoffreich, für die Zwiebelkultur aufbereitet werden. Bei schlechtem Wasserabzug im Unterboden legt man ein Drainagesystem an. Dann werden zur Verbesserung der Struktur und Durchlässigkeit pro Quadratmeter zwei Eimer Kies sowie reichlich gut verrottetes organisches Material beigemischt.

Pflanzzeit

Trockene Zwiebeln und Knollen werden meist gegen Ende ihrer natürlichen Vegetationsruhe im Handel angeboten. Man pflanzt sie möglichst bald nach dem Kauf, bevor das Wurzelwachstum einsetzt. Bei Frühjahrsblühern beginnt die Ruhephase zwischen Spätsommer (etwa bei den meisten *Narcissus*-Vertretern) und Frühherbst. Herbstblüher werden am besten im Spätsommer gepflanzt. Einige aber, wie die Herbstkrokusse *(Crocus)* und Zeitlosen *(Colchicum)*, brauchen eine längere Wachstumsperiode und sollten daher im Hochsommer gelegt werden. Im Sommer blühende Zwiebel- und Knollengewächse wie die Sommerhyazinthe *(Galtonia)* und Gladiolen *(Gladiolus)* sowie belaubte Zwiebeln kommen im zeitigen bis mittleren Frühjahr in die Erde.

Zwiebeln pflanzen

Die Pflanztiefe von trockenen Zwiebeln richtet sich in der Regel nach ihrer Höhe. In freien Lagen sollte die Bodendecke das Zwei- bis Dreifache der Zwiebelhöhe und der Pflanzabstand das Zwei- bis Dreifache der Zwiebelbreite betragen. Arbeiten Sie mit einer Gabel etwas Knochenmehl in das Pflanzloch ein, geben Sie eine Schicht groben Sand darauf, und drücken Sie die Zwiebeln vorsichtig hinein. Dies verhindert Lufttaschen, hält Schnecken ab und verbessert die Bodendurchlässigkeit. Decken Sie das ganze mit Erde ab, die Sie festklopfen. Man legt Zwiebeln entweder zu mehreren in ein größeres, mit dem Spaten ausgehobenes Loch oder auch einzeln in kleine Löcher, die man mit der Pflanzkelle gräbt. Eine unregelmäßige Anordnung wirkt besonders natürlich.

Belaubte Zwiebeln werden in die gleiche Tiefe gesetzt, in der sie zuvor gepflanzt waren, und gründlich angegossen. In Töpfen gezogene Zwiebeln läßt man zunächst einziehen und setzt sie dann in ein Pflanzloch, das für den gesamten Ballen Platz bietet. Ungefähr in der richtigen Tiefe gelegt, ziehen sich viele Zwiebelgewächse mittels ihrer Wurzeln selbst in die optimale Position. Dies schützt sie in freier Natur vor Fraßschäden und extremen Witterungseinflüssen.

Pflanzung im Freien

1 *Bereiten Sie ein großes Pflanzloch vor, in das Sie eine Schicht Sand geben. Als Pflanztiefe und -abstand rechnet man die zweifache Zwiebelhöhe bzw. -breite.*

2 *Für ein natürliches Bild verteilt man die Zwiebeln unregelmäßig. Sie werden mit der Spitze nach oben ausgerichtet, dann bedeckt man sie vorsichtig mit der ausgehobenen Erde, ohne sie zu verschieben.*

3 *Drücken Sie die Erde über den Zwiebeln mit dem Rücken eines Rechens fest. Treten Sie nicht auf die Pflanzfläche, um die Vegetationspunkte der Zwiebeln nicht zu verletzen.*

Grosse Zwiebeln in Rasen pflanzen

1 Verteilen Sie die Zwiebeln auf dem Pflanzbereich. Prüfen Sie die Abstände – sie müssen mindestens der Zwiebelbreite entsprechen.

2 Mit dem Zwiebelpflanzer heben Sie für jede Zwiebel ein 10–15 cm tiefes Loch aus.

3 Füllen Sie eine Mischung aus Knochenmehl und dem Aushub in das Loch, und setzen Sie die Zwiebel aufrecht hinein.

4 Zerkrümeln Sie den unteren Teil des Aushubs, und bedecken Sie damit die Zwiebel. Zuletzt wird die ausgestochene Sode wieder eingesetzt.

5 Drücken Sie die Sode vorsichtig an, ohne den Vegetationspunkt der Zwiebel zu verletzen. Etwaige Löcher mit Erde füllen.

Kleine Zwiebeln in Rasen pflanzen

1 Mit dem Spaten oder Rasenkantenstecher schneidet man den Rasen bis in die Erde darunter H-förmig ein.

2 Die Grasdecke wird abgelöst und zurückgeklappt. Lockern Sie die freigelegte Erde etwa 7 cm tief mit einer Handgabel auf.

3 Die Zwiebeln in unregelmäßigen Abständen – mindestens 2–3 cm – hineindrücken. Die Soden aufrauhen und wieder umklappen.

Blumenzwiebeln und Knollen pflanzen

Die meisten Knollen werden genauso tief und auf die gleiche Weise gepflanzt wie Zwiebeln. Allerdings sollte man wegen der Wurzeln etwas größere Abstände vorsehen. Manche Knollengewächse, vor allem Waldpflanzen, gewöhnen sich schneller ein und blühen eher im ersten Jahr, wenn ihre Wurzeln zum Zeitpunkt des Pflanzens bereits wachsen. Dagegen sind trockene Knollen weniger zuverlässig. In Wäldern heimische Arten lieben feuchte, aber durchlässige Böden mit einem hohen Anteil an Laubkompost. Man sollte daher am vorgesehenen Standort reichlich gut verrottetes organisches Material einarbeiten. Beim Pflanzen breitet man die Wurzeln vorsichtig gleichmäßig im Pflanzloch aus und bedeckt sie mit Erde, die man dann behutsam andrückt, um etwaige Luftlöcher zu beseitigen.

Im Gegensatz zu anderen Knollenpflanzen wachsen Alpenveilchen *(Cyclamen)* dicht unter der Erdoberfläche. Werden sie zu tief in die Erde gesetzt, kümmern sie oder blühen nicht schön. Ihre Triebspitzen – sie können nach Belieben locker mit einer dünnen Schicht Laubkompost oder Kies abgedeckt werden – müssen aus dem Boden ragen, die Abstände sollten mindestens dem Knollendurchmesser entsprechen.

Zwiebeln und Knollen in Topfkultur

Pflanzgefäße mit Blumenzwiebeln und Knollen geben einen attraktiven Blickfang für Balkon und Terrasse ab. Auch als Zimmerschmuck sind vorgetriebene Zwiebelblumen beliebt. Mitunter ist die Topfkultur indes angezeigt, wenn spezielle Kulturansprüche zu berücksichtigen sind. So müssen einige Pflanzen bei Frostgefahr in einen beheizten Raum gestellt werden, andere wieder verlangen während der Ruheperiode im Sommer oder Winter Schutz vor zuviel Nässe.

Manche Gewächse schließlich brauchen einfach ein anderes Substrat, als es ihr vorgesehener Standort bietet. In all diesen Fällen ist die Kultur im Kalthaus, ob in Töpfen oder Beeten, in einem Alpinenhaus oder im Zwiebelkasten die Lösung.

Tontöpfe sind aufgrund ihrer vergleichsweise hohen Verdunstungsrate für Arten angezeigt, die keine übermäßige Nässe vertragen. Dagegen erweisen sich Plastiktöpfe besonders für Waldpflanzen als nützlich, die gleichmäßige Feuchtigkeit lieben. Damit das Wasser gut ablaufen kann, stellt man alle Pflanzgefäße vor allem im Freien am besten auf Füße, die Tontöpfe im Frühjahr zusätzlich gegen unmittelbare Frosteinwirkung von unten schützen.

Zwiebeln in Töpfen pflanzen

1 *Die Abstände entsprechen der einfachen Zwiebelbreite, die Pflanztiefe der doppelten Zwiebelhöhe. Entsprechend viel Erde einfüllen.*

2 *Bedecken Sie die Zwiebeln bis 1 cm unter dem Rand mit Erde und dann mit feinem Kies. Beschriften Sie den Topf (kleines Bild).*

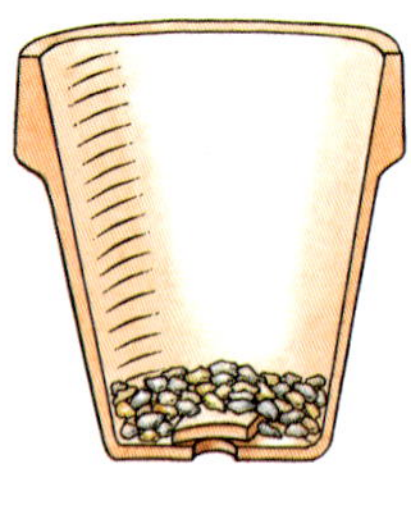

Tontöpfe vorbereiten
Vor dem Einfüllen der Erde wird das Ablaufloch mit Tonscherben oder einer Schicht grobem Kies abgedeckt.

Geeignete Substrate für Unterglaskultur

Blumenzwiebeln und Knollen benötigen stets eine gute Drainage und Bodendurchlüftung. Die folgenden Substrate eignen sich für die Kultur in Töpfen, Gewächshausbeeten und Zwiebelkästen. Vor allem für ausgereifte Zwiebeln empfiehlt sich eine Mischung aus zwei Teilen Torf (oder einem geeigneten Ersatz), drei Teilen Kies und vier Teilen Lehm, angereichert mit Allzweckdünger (25 g/5 l) sowie Gartenkalk (25 g/18 l). Für kalkmeidende Pflanzen verwenden Sie kalkfreien Lehm. In Wäldern heimische Arten gedeihen in einer Mischung aus drei Teilen Laubkompost, zwei Teilen Lehm und einem Teil Kies oder grobem Sand. Handelsübliche Erden erhalten die nötige Durchlässigkeit durch Zusatz von mindestens einem Drittel grobem Sand oder Kies. Zwiebelkästen und Gewächshausbeete werden 5 cm hoch mit gut verrottetem Kompost oder Stallmist und anschließend 30 cm hoch mit der jeweiligen Substratmischung gefüllt.

Topfpflanzen

Zwiebeln und Knollen werden in Töpfen genauso tief gepflanzt wie im Freien. Bei einigen größeren Zwiebeln wie Ritterstern *(Hippeastrum)* muß die Spitze auf Bodenniveau sein. Alle großen Zwiebeln erhalten eine mindestens 2–3 cm hohe Unterlage aus feuchtem Kompost. Man füllt die Töpfe bis 1 cm unter dem Rand mit Erde und gibt darauf Kies. Zuletzt werden die Töpfe noch mit der Angabe des Namens und Datums versehen. Zum Schutz gegen Frost bzw. gegen Austrocknung und Überwärmung im Sommer stellt man sie, möglichst in Sand eingesenkt, ins Kalthaus oder in einen Zwiebelkasten. Gegossen wird erst, wenn die Erde trocken ist und das Wurzelwachstum beginnt.

Töpfe einsenken

Schutz vor Frost und Austrocknung
Senken Sie die Töpfe bis zum Rand in ein Bett aus grobem Sand oder auch in einen kalten Kasten ein. Die Topferde darf nicht austrocknen.

Hyazinthentreiben in Töpfen

1 *Man setzt die Zwiebeln so tief in ein faserreiches Substrat, daß die Spitzen herausschauen. Halten Sie sie kühl, dunkel und etwas feucht. Bei Bedarf wird die Erde sparsam gegossen.*

2 *Nach 8 Wochen sind die Triebe 5 cm lang und die Blütentrauben sichtbar. Jetzt kommt der Topf an einen kühlen, hellen Platz ohne direkte Sonne. Bald wird sich das Laub grün färben.*

Laufende Pflege

Einmal gut eingewöhnt, brauchen Zwiebeln und Knollen wenig Pflege. Der häufigste Grund für mangelnde Blühleistung ist eine zu starke Verdichtung der Bestände. In diesem Fall werden sie einfach ausgegraben, geteilt und an einem neuen Platz gepflanzt, wie auf Seite 170 beschrieben.

Zwiebeln und Knollen auf Rasenflächen

Sie werden weitgehend sich selbst überlassen. Gelegentlich gibt man zur Unterstützung der Blütenbildung einen kalihaltigen Dünger – ein stickstoffreiches Präparat würde das Gras zu sehr stärken. Entscheidend ist der richtige Mähtermin. Ob Frühjahrs-, Sommer- oder Herbstblüher, alle Zwiebel- und Knollengewächse brauchen genügend Zeit, um ihr Laub vollständig zu entwickeln und anschließend einzuziehen. Denn dadurch sammeln die Speicherorgane die notwendige Energie, die sie auch im Folgejahr wieder sprießen und blühen läßt.

Bei frühen Arten wie Narzissen mäht man erstmals etwa 6 Wochen nach der Blüte, wenn die Blätter vergilben. Wo Schneeglöckchen oder andere Zwiebeln wachsen, die durch Selbstaussaat Kolonien bilden sollen, wartet man noch 3 Wochen länger, denn die Samenkapseln reifen meist erst nach dem Laubeinzug. Falls erwünscht, kann man die Blätter zuvor von Hand schneiden.

Bei Herbstblühern wie Zeitlosen *(Colchicum)* beginnt der Laubaustrieb schon vor dem Ende der Mähsaison. Dennoch mäht man entweder nicht mehr, sobald sich die Blattspitzen zeigen, oder aber man stellt die Schnitthöhe so ein, daß das sprießende Laub nicht erfaßt wird.

Entfernen welker Blüten

Das regelmäßige Entfernen welker Blüten – ob auf Rasenflächen, in Beeten oder in Rabatten – kommt der Energiebilanz von Zwiebeln zugute. Es verhindert die Bildung von Samen, die die Zwiebeln sehr viel Kraft kostet und meist ohnehin unerwünscht ist, und begünstigt die Anlage der nächstjährigen Blüten in der Zwiebel selbst. Schneiden Sie bei Rabattenblumen die vertrockneten Blütenstengel mit einer Gartenschere an der Basis ab. Falls Samen für die Selbstaussaat benötigt werden, lassen Sie einige Kapseln reifen, die Sie vor dem Rückschnitt des welken Laubes ernten.

Welkes Laub entfernen

Nach der Blüte läßt man den Zwiebeln (hier Narcissus*) Zeit zum Einziehen. Auf Grasflächen schneidet man die Blätter vor dem Mähen möglichst von Hand bis zum Boden zurück.*

Welke Blüten entfernen

Abgestorbene Blütenstiele (hier Allium*) werden mit einer Gartenschere an der Basis gekappt. Bei Bedarf läßt man einige Stengel stehen und sammelt die Samen, wenn sich die Kapseln öffnen.*

Auf Rabatten und in Gehölzen

Der Pflegeaufwand für Zwiebeln und Knollen in Rabattenpflanzungen oder Gehölzpartien richtet sich danach, ob sie auf Dauer oder aber vorübergehend dort wachsen.

Narzissen etwa, die an einer Stelle dauerhaft angesiedelt sind, muß man nur gelegentlich ausgraben und teilen, falls die Bestände zu dicht werden und dadurch die Blüte nachläßt. Bei gut aufbereitetem Boden geben Sie ab dem zweiten Jahr ein- bis zweimal während des Wachstums einen kaliumreichen, jedoch stickstoffarmen Dünger.

Saisonale Arrangements, etwa von Tulpen, werden genauso gepflegt wie dauerhafte Pflanzungen in ihrem ersten Jahr – mit dem Unterschied, daß man die Zwiebeln beim Laubeinzug ausgräbt und einlagert.

Stützen

Gladiolen und andere hohe Zwiebel- und Knollenblumen mit schlanken Stielen müssen meist gestützt werden. Sobald sie zum Anbinden groß genug sind, schiebt man vorsichtig einen Stützstab in die Erde, ohne die Zwiebel oder Knolle zu verletzen. Zum Anbinden eignet sich weiche Schnur oder Bast. Wenn die Pflanze voll ausgewachsen ist und vor der

Pflanzengruppen stützen

Bei horstbildenden Arten (hier Lilium*) setzt man Stäbe zwischen die Pflanzen, ohne die Zwiebeln zu verletzen. Die Sprosse werden mit weicher Schnur oder Bast in Achterschlaufen angebunden.*

Einzelpflanzen stützen

1 *Pflanzen mit nur einem Stengel, z. B.* Gladiolus, *bindet man mit weicher Schnur oder Bast an, sobald sie etwa 15 cm hoch sind. Der Stab darf die Zwiebeln oder Knollen nicht verletzen.*

2 *Wenn der Sproß ausgewachsen ist und Knospen treibt, binden Sie ihn nochmals gleich unter der letzten Knospe an. So kann er unter der Last der geöffneten Blüten nicht brechen.*

Dichte Bestände teilen

1 *Stark verdichtete Horste gräbt man vorsichtig aus, sobald nach der Blüte das Laub welkt. Verletzen Sie die Zwiebeln nicht mit der Gabel.*

2 *Ziehen Sie die Klumpen vorsichtig auseinander, und vereinzeln Sie die Zwiebeln. Abgestorbene oder beschädigte Pflanzenteile werden entfernt.*

3 *Schadhafte Zwiebeln sortiert man aus. Die übrigen werden gesäubert, lose Zwiebelhäute abgerieben. Danach pflanzt man die Zwiebeln einzeln in gut vorbereiteten Boden.*

Blüte steht, wird sie nochmals fixiert. Stehen mehrere Pflanzen in einer Gruppe, plaziert man den Stab am besten in ihrer Mitte, so daß er vom Blattwerk kaschiert wird. Damit die Stengel nicht am Stab reiben können, führt man die Schnur in Form einer liegenden Acht um Stab und Sprosse.

Entfernen von welkem Laub

Nachdem Zwiebel- und Knollenpflanzen auf Rabatten verblüht sind, läßt man das Laub erst ganz einziehen, bevor man es entfernt. Es darf keinesfalls geschnitten oder zusammengebunden werden, solange es noch grün ist. Dadurch würde man den Zwiebeln oder Knollen Kraft rauben und die Blühleistung im Folgejahr mindern.

Teilen dichter Bestände

Wenn die Blühkraft ausgereifter Zwiebeln und Knollen nachläßt, haben sie in der Regel zuwenig Platz zur Verfügung. Um dies zu beheben, graben Sie die dichten Horste in der Ruheperiode noch vor Einsetzen des Wurzelwachstums aus. Untersuchen Sie sie auf weiche Stellen oder Fäulnis, und sortieren Sie alle verdächtigen Zwiebeln oder Knollen aus. Die übrigen werden in der erforderlichen Tiefe und Pflanzweite einzeln neu gesetzt. Eine unregelmäßige Anordnung und Abwechslung zwischen ausgereiften und jungen Exemplaren ergibt ein überzeugend natürliches Bild. Alternativ setzen Sie Brutzwiebeln und -knollen zunächst in ein Anzuchtbeet oder einzelne Töpfe. In der Wachstumszeit erhalten sie regelmäßig einen kaliumhaltigen, stickstoffarmen Dünger. Wenn sie Blühreife erreicht haben, was mehrere Jahre dauern kann, werden sie in der Ruhezeit ausgepflanzt.

Mangelnde Blühleistung

Das Ausbleiben der Blüte kann neben zu starker Verdichtung der Horste noch andere Ursachen haben, etwa Schädlinge oder Krankheitserreger (siehe S. 183). Zudem schwanken manche Arten wie *Fritillaria recurva* und *Iris danfordiae* auch in freier Natur in ihrer Blühfreude, was oft auf die Bildung zahlreicher Brutknöllchen zurückzuführen ist. Solange das Laub gesund wirkt, sollten Sie die Pflanzen nicht stören, sondern geduldig auf die nächste Blüte warten.

Aufnehmen, trocknen und lagern

Zwiebeln und Knollen, die zeitweilig als Füllpflanzen dienen, bleiben an Ort und Stelle, bis das Laub vergilbt. Dann nimmt man sie auf, säubert sie und läßt sie auf einem Drahtgitter trocknen. Bei Anzeichen von Pilzbefall bestäubt man sie mit einem Fungizid. In beschrifteten Papiertüten werden sie schließlich bis zur erneuten Pflanzung an einem kühlen, trockenen Ort gelagert. Man kann Zwiebeln und Knollen auch noch während des Wachstums ausgraben, wenn sie zum Beispiel als Beetschmuck ihren Zweck erfüllt haben und für Nachfolgepflanzen Platz machen sollen. In dem Fall nehmen Sie sie gleich nach der Blüte auf, und setzen sie in ein Anzuchtbeet, bis das Laub völlig eingezogen ist.

Topfkultur im Freien

Bei eingetopften Blumenzwiebeln und Knollen ist besonders darauf zu achten, daß sie während des Wachstums nicht austrocknen. Mit jedem zweiten Gießen erhalten sie einen kaliumhaltigen Dünger. Frühjahrsblüher nimmt man auf, sobald das Laub völlig welk ist, läßt sie trocknen und lagert sie genauso wie Zwiebeln aus Freilandkultur. Im Herbst werden sie dann in frische Erde eingetopft. Falls die Pflanzgefäße für Sommerblumen benötigt werden, setzt man die noch belaubten Blumenzwiebeln oder Knollen an eine Stelle im Garten, wo sie vor dem Einlagern ungestört einziehen können. Alternativ kann man die Zwiebeln und Knollen von Narzissen oder Krokussen in den Garten umsiedeln und dort verwildern lassen. Manche Zwiebeln, namentlich Lilien, dürfen während der Ruhephase nicht vollständig austrocknen. Am besten senkt man sie in der Vegetationsruhe eingetopft in einen beschatteten kalten Kasten ein. Im Frühjahr erhalten sie dann frische Erde.

Pflege bei Unterglaskultur

Ob im Zwiebelkasten oder auf Rabatten gezogen, Zwiebeln werden prinzipiell gleich behandelt. Allerdings spielt regelmäßiges Wässern und Düngen im Zwiebelkasten eine besonders wichtige Rolle. Die Fenster werden zu Beginn der Wachstumsperiode abgenommen, bei Kälteeinbrüchen oder ergiebigen Niederschlägen und mit der beginnenden Vegetationsruhe jedoch wieder aufgelegt. Während des

Zwiebeln fachgerecht aufnehmen, trocknen und lagern

1 *Wenn das Laub etwa 4–6 Wochen nach der Blüte vergilbt, gräbt man die Zwiebeln (hier* Tulipa*) vorsichtig aus und sammelt sie in beschrifteten Behältern.*

2 *Reiben Sie Erdreste und lose Zwiebelhäute ab. Das welke Laub wird weggeschnitten oder behutsam abgezogen. Schadhafte Zwiebeln sortieren Sie aus.*

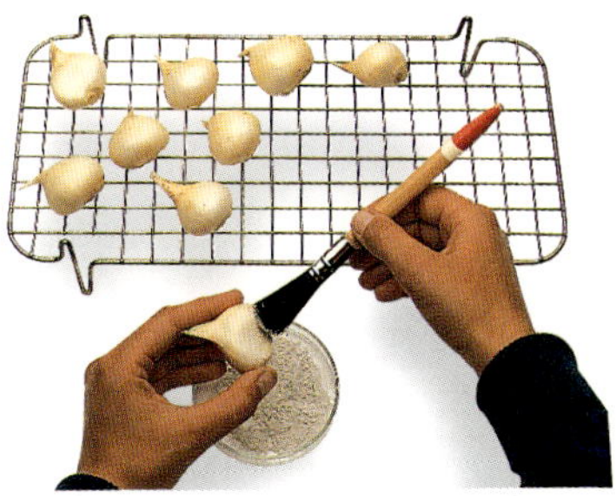

3 *Man läßt die Zwiebeln auf einem Rost über Nacht trocknen, bestäubt sie mit Fungizid und bewahrt sie in beschrifteten Papiertüten kühl und trocken auf.*

Wachstums die Zwiebeln bei anhaltender Trokkenheit gießen und alle zwei bis drei Wochen mit einem Flüssigdünger versorgen. In der fortgeschrittenen Wachstumsperiode wechselt man zu einem kaliumhaltigen Dünger, um eine reiche Blüte im Folgejahr zu gewährleisten. Zwiebeln, die in Gefäßen unter Glas kultiviert werden, topft man im Abstand von mehreren Jahren um. Jährlich zu Beginn der Wachstumsperiode wird die obere Erdschicht erneuert, um die Nährstoffvorräte zu ergänzen. Sie können aber auch während des Wachstums bei jedem zweiten Gießen einen stickstoffarmen Kalidünger verabreichen. Sobald das Laub nach der Blüte welkt, reduziert man allmählich die Wassergaben. Während der Ruhezeit muß die Topferde trocken bleiben. Zu dichte Bestände werden am Ende der Vegetationsruhe geteilt und neu eingetopft. Manche Zwiebeln, vor allem Waldgewächse und auch Traubenhyazinthen, deren Wurzeln in der sommerlichen Ruhephase nicht absterben, werden in dieser Zeit nur etwas feucht gehalten. Sie dürfen keinesfalls austrocknen. Sommerblüher wie die Sommerhyazinthe *(Galtonia)* stammen gewöhnlich aus Regionen mit feuchten Sommern und legen daher im Winter eine Ruheperiode ein. Unter Glas gezogen, müssen sie den ganzen Sommer hindurch gegossen werden.

Umtopfen dichter Zwiebelbestände

1 *Am Ende der Ruheperiode legen Sie die eingetopften Zwiebeln (hier* Narcissus*) frei und prüfen sie. Zu dichte Bestände werden umgetopft.*

2 *Leeren Sie den Topf aus, und lösen Sie die Zwiebeln aus dem Ballen. Schadhafte oder kranke Exemplare werden aussortiert und abgestorbene Pflanzenteile entfernt.*

3 *Trennen Sie Zwiebelpaare oder -klümpchen sowie die Tochterzwiebeln durch vorsichtiges Ziehen voneinander.*

4 *Wählen Sie gesunde, feste Zwiebeln aus, reiben Sie die losen Häute ab, und bestäuben Sie die Zwiebeln mit Fungizid.*

5 *Setzen Sie sie zwei Zwiebellängen tief und in einem Abstand entsprechend ihrer Breite in frischen, feuchten Kompost.*

Vermehrung

In freier Natur vermehren sich Zwiebelpflanzen durch Samen oder Nebenzwiebeln, die am Zwiebelboden gebildet werden. Manche, darunter einige Lilien, produzieren am unterirdischen Sproßabschnitt oder in den Blattachseln zusätzlich Bulben. Diese Pflanzenteile können alle für die natürliche Vermehrung verwendet werden. Die Aufzucht aus Samen setzt bei vielen Arten zwar reichlich Geduld voraus, bringt dabei aber ohne größeren Aufwand zahlreiche Jungpflanzen. Verschiedene Spezialtechniken wie zum Beispiel das Teilen, Einschneiden oder Aushöhlen von Zwiebeln kommen zum Einsatz, wenn die Pflanzen entweder kaum Nebenzwiebeln bilden oder nicht aus Samen herangezogen werden können, da es sich um Hybriden komplexer Abstammung handelt.

Vermehrung durch Nebenzwiebeln

Während der Wachstumsperiode entwickeln sich, oft innerhalb der Zwiebelhülle, gewöhnlich Nebenzwiebeln. Mit ihnen lassen sich Zwiebelgewächse sehr leicht vermehren. Man kann sie jedes zweite oder dritte Jahr abnehmen und gleich auspflanzen oder zunächst in Töpfen kultivieren, bis sie die Blühreife erreichen. Würde man sie hingegen an den Mutterzwiebeln belassen, hätte dies eine übermäßige Verdichtung der Zwiebelklumpen zur Folge. Sowohl die Mutter- als auch die Nebenzwiebeln würden nicht zufriedenstellend blühen.

Bei manchen Pflanzen, zum Beispiel Hakenlilien *(Crinum)*, teilt man gut eingewachsene Zwiebelklumpen unmittelbar vor Beginn der Wachstumsperiode im Frühjahr. Graben Sie dazu die dicken Ballen aus, und säubern Sie sie von Erdresten und losem Pflanzenmaterial. Dann werden die Nebenzwiebeln vorsichtig von den Mutterzwiebeln abgetrennt. Eventuell ist an der Ansatzstelle ein Schnitt durch den Zwiebelboden nötig. Nachdem die Schnittstellen mit einem Fungizid bestäubt wurden, pflanzt man die Mutterzwiebeln und die größeren Nebenzwiebeln wieder ein. Kleinere Exemplare werden, einzeln oder zu mehreren in einen größeren Topf gesetzt, noch ein oder zwei Jahre im Kalthaus gezogen.

Vermehrung durch Brutzwiebeln und Bulben

Aus Brutzwiebeln gezogene Pflanzen blühen meist ein oder zwei Jahre früher als aus Samen gewonnener Nachwuchs. Man nimmt die Brutzwiebeln in der Ruheperiode von der Mutterpflanze ab. Gegen Ende der Vegetationsruhe steckt man sie in Reihen in Schalen mit einem Substrat auf Lehmbasis – der Abstand ent-

Zwiebelgewächse aus Nebenzwiebeln vermehren

1 *Vor Beginn der Wachstumsperiode nimmt man die Zwiebelklumpen (hier* Crinum*) mit einer Gabel auf und schüttelt die Erde ab.*

2 *Von einer großen Zwiebel zieht man die gut entwickelten Nebenzwiebeln vorsichtig ab, ohne die Wurzeln zu beschädigen.*

3 *Man setzt die Nebenzwiebeln einzeln 2–3 cm tief in 15 cm große Töpfe mit feuchtem Kompost, gießt und etikettiert sie.*

Gladiolen aus Brutknöllchen vermehren

1 *Sobald das Laub nach der Blüte einzieht, nimmt man die Zwiebelknollen mit einer Handgabel auf und überwintert sie an einem kühlen, trockenen Ort.*

2 *Im Spätwinter oder zeitigen Frühjahr trennt man die Brutknöllchen an der Basis der Mutterknolle ab – sie sollten sich mühelos lösen und sind, ob groß oder klein, zur Vermehrung geeignet.*

3 *Man legt die Knöllchen im Abstand von 2–3 cm aufrecht in eine Schale mit feuchter, grobsandiger Erde. Sie werden mit Erde bedeckt, die man leicht andrückt, und zuletzt beschriftet.*

spricht der Zwiebelbreite – und etikettiert sie. Stellen Sie die Schalen in einen schattigen Teil des Gartens oder einen kalten Kasten. Die Erde darf nicht austrocknen. Daher werden Tontöpfe, falls man sie verwendet, in ein Sandbett oder einen kalten Kasten eingesenkt. Während der ersten Vegetationsperiode erhalten die Jungzwiebeln regelmäßig einen nicht zu konzentrierten Kaliumdünger. Nach dem völligen Einziehen des Laubes nimmt man die Jungzwiebeln aus ihren Töpfen, vereinzelt und säubert sie. Ausreichend große Exemplare pflanzt man am Ende ihrer ersten Saison bereits aus, andere werden in einem Substrat für ausgereifte Zwiebeln ein weiteres Jahr in Töpfen kultiviert.

Bulben, wie sie etwa an den Stengeln der Osterlilie *(Lilium longiflorum)* und Pantherlilie *(L. pardalinum)* sprießen, werden ähnlich behandelt. Man nimmt die reifen Exemplare im Spätsommer ab und legt sie in eine Schale mit Anzuchterde auf Lehmbasis. Allerdings werden sie nicht mit Erde bedeckt, sondern nur leicht hineingedrückt; darüber verteilt man eine Schicht Kies. Mit Namen und Datum versehen, werden sie in den kalten Kasten gestellt. Im nächsten Herbst pflanzt man sie in einzelne Töpfe oder bereits an Ort und Stelle im Freien.

Vermehrung aus Brutknollen

Brutknollen entstehen, vergleichbar den Brutzwiebeln, an Zwiebelknollen. Gladiolen bilden besonders zahlreiche Brutknöllchen. Man beläßt sie während der trockenen, frostfreien Überwinterung an der Mutterknolle. Kurz vor Beginn der neuen Wachstumsperiode im Spätwinter oder zeitigen Frühjahr werden sie abgenommen und wie Brutzwiebeln in Schalen gelegt. Alternativ können Sie mit 2–3 cm Abstand in Reihen in ein Anzuchtbeet mit leichtem, durchlässigem, nährstoffreichem Boden gepflanzt werden – in frostgefährdeten Regionen in den kalten Kasten. Wenn sie nach zwei bis drei Jahren Blühreife erreicht haben, werden sie aufgenommen und wie ausgereifte Knollen an Ort und Stelle gesetzt.

Anzucht aus Samen

Neben geringen Kosten hat diese Vermehrungsmethode den Vorteil, daß die meisten Viren auf diese Weise nicht weitergegeben werden (siehe S. 183). Demgegenüber werden bei der vegetativen, also ungeschlechtlichen, Vermehrung etwaige Krankheiten nur allzu oft von der Mutterpflanze auf ihre Abkömmlinge übertragen.

Die meisten Blumenzwiebeln und Knollen benötigen bei der Aufzucht aus Samen etwa drei bis fünf Jahre bis zur ersten Blüte. Einige Gattungen wie die Riesenlilie *(Cardiocrinum)* sterben nach der Blüte ab. Durch jährliche Aussaat aber erhält man immer wieder gesunde, blühfreudige Neubestände.

In der Regel sind die Samenkapseln deutlich erkennbar, da sie sich an der Spitze der Blütenstiele entwickeln. Bei einigen Gattungen, darunter *Crocus*, sprießen sie auch knapp über dem Boden. Verfolgen Sie aufmerksam ihren Reifeprozeß. Sobald sie braun werden und sich öffnen, nimmt man sie ab, denn nun werden die Samen oft schnell freigegeben und sind damit für die Zucht verloren. Man löst sie unverzüglich aus den reifen Früchten und bewahrt sie bis zur Aussaat in beschrifteten Papiertüten an einem kühlen und trockenen Ort geschützt auf.

Für die meisten winterharten Zwiebel- und Knollenpflanzen ist der Herbst die ideale Zeit für die Aussaat. Sind die Samen eher reif, wird

Einjährige Sämlinge

Am Ende der ersten Wachstumsperiode sind die Sämlinge (hier Fritillaria*) zum Umtopfen oft noch zu schwach. Nachdem das Laub eingezogen ist, hält man die Erde noch etwas feucht.*

Vermehrung aus Samen

1 *Füllen Sie einen Topf bis 1 cm unter den Rand mit Anzuchterde und $^{1}/_{4}$ Teil grobem Sand. Drücken Sie das Substrat leicht fest, und streuen Sie die Samen auf.*

2 *Sieben Sie dünn und gleichmäßig Erde darüber, bis die Samen leicht bedeckt sind. Danach streuen Sie 1 cm hoch feinen Kies darauf. Zuletzt erhält der Topf ein Etikett mit Pflanzennamen und Datum.*

3 *An einem schattigen Platz wird der Topf in einem Frühbeetkasten in feuchten Sand oder Schotter eingesenkt. Man gießt so oft, wie nötig ist, um das Substrat feucht zu halten.*

auch schon früher ausgesät. Die Keimung erfolgt gewöhnlich im nächsten Frühjahr. Bei winterharten Alpenveilchen reifen die Samen im Hochsommer und werden dann möglichst gleich ausgesät. Trockene Samen sollten zuvor etwa 24 Stunden eingeweicht und gründlich abgespült werden.

Auch die Samen der meisten Lilien reifen zwischen Spätsommer und Frühherbst. Je nach Art verläuft die Keimung unterschiedlich. Bei der epigäischen Keimung setzen Wurzel- und Sproßwachstum beinahe gleichzeitig ein, und die Samen keimen, von Ausnahmen abgesehen, zwei bis sechs Wochen nach der Aussaat. Von einer hypogäischen Keimung spricht man, wenn zunächst die Wurzeln wachsen und das Sproßwachstum durch eine Kälteperiode angeregt wird. Bis Zeichen der Keimung sichtbar werden, können mehrere Monate vergehen.

Die ideale Anzuchterde

Um für die notwendige Drainage zu sorgen, reichern Sie handelsübliche Anzuchterde mit einem viertel Anteil grobem Sand an. Eine alternative Mischung besteht aus 2 Teilen sterilem Lehm, 1 Teil Torf und 1 1/2 Teilen Saatperlit oder grobem Sand. Dazu geben Sie Superphosphat und Kalk (jeweils 25 g/18 l), wobei Sie letzteren für säureliebende Arten wie *Lilium superbum* weglassen. Für die Mehrzahl der Waldgewächse empfiehlt sich ein Substrat aus gleichen Teilen sterilisiertem Laubkompost, Torf und Lehm, dem zusätzlich 1 1/2 Teile Saatperlit oder grober Sand beigemengt wurden.

Aussaat

Füllen Sie einen Topf bis 1 cm unter dem Rand mit Erde, die Sie leicht andrücken. Verteilen Sie die Samen gleichmäßig auf der Oberfläche – bei kleinen Körnern beträgt der Abstand etwa 5 mm, bei größeren entspricht er mindestens ihrem Durchmesser. Geben Sie dann eine dünne Schicht gesiebte Erde und anschließend eine Lage Kies darüber. Mit Namen und Datum versehen, wird der Topf jetzt an einem schattigen Platz in den Grund eingesenkt oder in einen offenen Frühbeetkasten gestellt. Halten Sie die Erde stets gleichmäßig feucht. Die Samen halbwinterharter und frostempfindlicher Arten werden frostfrei überwintert. Viele frostempfindliche Arten keimen schneller, wenn sie konstant einer Temperatur von 21 °C ausgesetzt werden. Regt sich dabei nach sechs bis acht Wochen noch kein Leben, stellen Sie den Topf an einen kühleren Platz.

SÄMLINGE UMTOPFEN

1 *Leeren Sie den Topfinhalt auf eine Arbeitsfläche. Die Jungzwiebeln (hier* Fritillaria*) sind deutlich zu sehen. Nehmen Sie sie aus dem Substrat, und sortieren Sie schadhafte Exemplare aus.*

2 *Geben Sie frisches, kieshaltiges Zwiebelsubstrat in einen Topf, in das Sie die Zwiebeln legen. Als Pflanztiefe rechnet man die doppelte Zwiebelhöhe, als Abstand mindestens eine Zwiebelbreite.*

Pflege der Sämlinge

Sobald die Keimung einsetzt, stellt man den Topf mit den Sämlingen im kalten Kasten oder Kalthaus in die volle Sonne. Sorgen Sie stets für eine angemessene Belüftung, um zu hohe Luftfeuchtigkeit und damit die Entstehung von Fäulnispilzen zu vermeiden. Gießen Sie in der Wachstumsperiode regelmäßig, bis das Laub vergilbt. Waldgewächse wie Hundszahn *(Erythronium)* und einige Gebirgskrokusse, die von Natur aus in der Ruheperiode keine Trockenheit gewöhnt sind, werden etwas feucht gehalten. Gießen Sie erneut ab dem Frühherbst beziehungsweise sobald das Wachstum wieder einsetzt. Am besten beläßt man die Sämlinge bis zum Ende der zweiten Saison in ihrem Topf – eine Ausnahme bilden starkwüchsige Arten. Während der zweiten Wachstumsperiode erhalten sie alle zwei bis drei Wochen einen nicht zu konzentrierten Kalidünger.

Wenn das Laub gegen Ende der Ruheperiode eingezogen ist, leert man den Topf. Die jungen Zwiebeln bzw. Knollen werden vereinzelt, gesäubert und in ein Substrat für ausgereifte Zwiebeln gesetzt. Bei langsamwachsenden Arten, darunter viele Waldpflanzen, hat es sich bewährt, die Wurzeln nicht wiederholt zu stören. Man setzt daher den gesamten Erdballen in einen größeren Topf mit einer für reife Zwiebeln geeigneten Erdmischung. Die meisten Zwiebeln und Knollen werden am besten erst nach zwei bis drei Jahren ausgepflanzt und bis dahin in der Vegetationsperiode regelmäßig gedüngt. Man pflanzt den gesamten Topf nach der Ruhezeit aus, sobald sich erneutes Wachstum regt, und düngt sogleich, um die Blütenbildung zu fördern.

SAMEN VON ALPENVEILCHEN

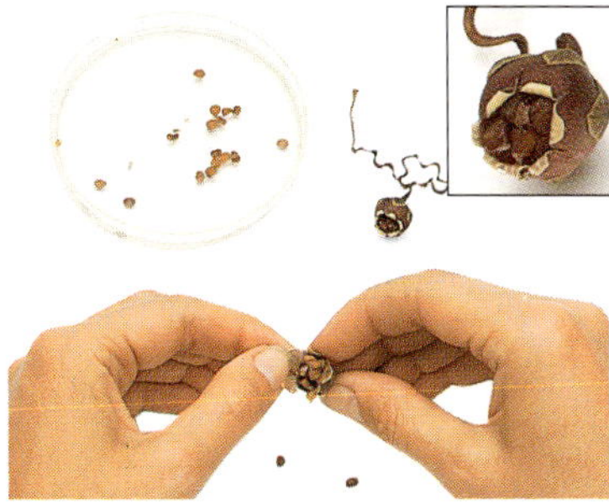

Man erntet die Früchte im Frühsommer, sobald sie sich öffnen. Die Samen herausschütteln und 24 Stunden einweichen. Vor der Aussaat gut abspülen.

»WALDZWIEBELN« AUSPFLANZEN

1 *Die Jungzwiebeln (hier* Erythronium*) werden vor dem Auspflanzen nach der zweiten Saison nicht getrennt. Klopfen Sie gegen den Topf, bis der Inhalt als Ganzes herausgleitet.*

2 *Pflanzen Sie die Zwiebeln mit dem intakten Ballen so, daß er mindestens 2–3 cm tief im Boden sitzt. Drücken Sie die Erde leicht fest, gießen Sie etwas, und kennzeichnen Sie den Platz.*

Vermehrung durch Zwiebelschuppen

Diese Technik spielt bei der Vermehrung von Lilien eine große Rolle, eignet sich aber auch für andere Zwiebeln mit ausgeprägten Schuppen, zum Beispiel bestimmten Fritillarien-Arten. Die meisten Lilienzwiebeln bestehen aus konzentrisch auf dem Zwiebelboden angeordneten Schuppen. Trennt man diese zusammen mit einem kleinen Stück des Zwiebelbodens ab, können daraus neue Brutzwiebeln hervorgehen.

Bei dieser und ähnlichen Vermehrungsmethoden ist Hygiene äußerst wichtig, Werkzeuge und Hände müssen absolut sauber sein. Graben Sie die Mutterzwiebeln kurz vor dem erneuten Einsetzen des Wurzelwachstums im Spätsommer oder zeitigen Frühjahr aus. Nehmen Sie etwa sechs der äußeren Schuppen ab, und pflanzen Sie die Mutterzwiebel wieder ein – sie wird im folgenden Jahr erneut blühen. Bei einem größeren Bedarf an Nachwuchs können auch sämtliche Schuppen verwendet werden. Die wirklich einwandfreien, festen und gesunden Schuppen geben Sie mit einem Fungizidpulver in einen Plastikbeutel und schütteln ihn, bis sich das Fungizid gleichmäßig verteilt hat. Nun füllt man die Schuppen mit feuchtem Vermiculit oder Perlit in einen frischen Plastikbeutel und legt die-

Lilienvermehrung aus Zwiebelschuppen

1 *Säubern Sie die Zwiebel, und entfernen Sie welke oder schadhafte Außenschuppen. Dicke Schuppen gleich am Ansatz abbrechen.*

2 *Geben Sie die Schuppen mit etwas Fungizidpulver in einen Beutel. Das Ganze leicht schütteln und in einen sauberen Beutel umfüllen.*

3 *Fügen Sie eine Mischung aus Torf und Perlit zu, blasen Sie den Beutel auf, und verschließen Sie ihn. Bei 21 °C dunkel lagern.*

4 *Wenn sich Brutzwiebeln an den Schuppen zeigen, nehmen Sie weiche Schuppen ab. Feste Schuppen werden nicht entfernt.*

5 *Die Zwiebeln werden einzeln in kleine Töpfe gelegt, mit feinem Kies bedeckt und etikettiert. Man kultiviert sie im kalten Kasten weiter.*

6 *Im Herbst nimmt man die Zwiebeln heraus, trennt sie voneinander und topft sie einzeln ein oder pflanzt sie endgültig aus.*

sen verschlossen etwa drei Monate bei 21 °C an einen dunklen Ort. Danach kommt der Beutel weitere sechs bis acht Wochen in das unterste Fach des Kühlschranks. Haben sich nach dieser Behandlung an der Basis der Schuppen kleine Zwiebeln gebildet, steckt man die Schuppen einzeln oder zu mehreren so in Töpfe mit durchlässiger Anzuchterde, daß die Spitzen knapp unter der Erdoberfläche stehen.

Stellen Sie die Töpfe in ein beschattetes Gewächshaus oder einen kalten Kasten. Im Sommer werden sie im Freien eingesenkt, so daß das Substrat gleichmäßig kühl und feucht bleibt. Am Ende der ersten Wachstumsperiode trennt man die Jungzwiebeln ab und pflanzt sie einzeln in Töpfe mit Anzuchterde für reife Zwiebeln. Bis zum nächsten Frühjahr werden sie im Kalthaus oder kalten Kasten weiterkultiviert und dann entweder umgetopft oder ausgepflanzt.

Bei einem anderen Verfahren bestäubt man die Schuppen mit einem Fungizid und steckt sie in Schalen mit einer Mischung aus zwei Teilen Vermiculit oder feuchtem Perlit und einem Teil groben Sand. Nun werden sie zwei Monate in einem schattigen Vermehrungsbeet bei 21 °C feucht gehalten. Um die Laubentwicklung anzuregen, kommen sie im Frühjahr in einen schattierten und kühlen, aber frostfreien Frühbeetkasten. Am Ende der Wachstumsperiode werden sie einzeln eingetopft. Bis zum endgültigen Auspflanzen wartet man noch ein Jahr.

Vermehrung aus Doppelschuppen

Diese auch als »Twin-scaling« bezeichnete Variante der Zwiebelteilung bringt zahlreiche Jungpflanzen hervor. Sie wird bei dicht aufgebauten Zwiebeln angewandt, wie sie zum Beispiel Narzissen, Hyazinthen und Schneeglöckchen *(Galanthus)* besitzen. Die Mutterzwiebel wird dabei so geteilt, daß jeweils zwei Schuppensegmente durch ein Stückchen des Zwiebelbodens miteinander verbunden bleiben. Man taucht sie in flüssiges Fungizid, das besser zwischen die Schuppen dringt als Pulver, und behandelt sie weiter wie einzelne Schuppen. Desinfizieren Sie vor Beginn der Arbeit und zwischendurch die Messerklinge und Arbeitsfläche – ideal ist eine Glasscheibe – mit Brennspiritus.

Twin-scaling

1 *Entfernen Sie die trockene Außenhaut der Zwiebeln (hier* Narcissus*). Trennen Sie die Zwiebelnase und -wurzeln ab, ohne den Zwiebelboden zu verletzen.*

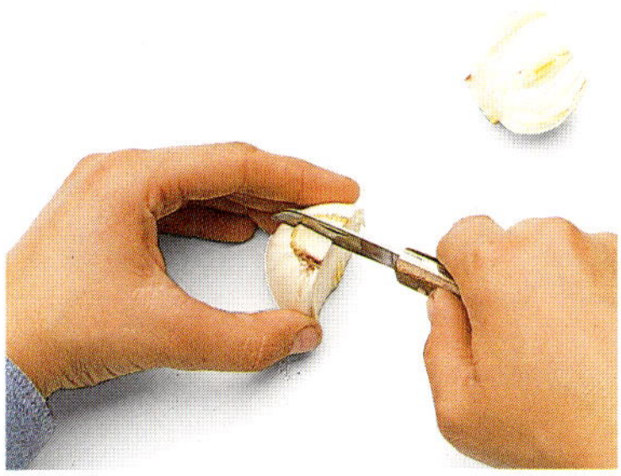

2 *Setzen Sie die Zwiebeln umgekehrt auf. Schneiden Sie sie senkrecht in Segmente, die jeweils ein Stück des Zwiebelbodens aufweisen.*

3 *Spreizen Sie die Schuppen auseinander. Mit einem Skalpell trennen Sie jeweils ein Schuppenpaar so ab, daß es noch von einem Stück des Zwiebelbodens zusammengehalten wird.*

Teilung von Zwiebeln und Knollen

Dieses Verfahren wird von Hobbygärtnern selten praktiziert, obwohl es eine rasche Vermehrung ermöglicht. Es eignet sich besonders für Pflanzen, die kaum Brutzwiebeln bzw. -knollen bilden oder die nicht samenecht sind, wie etwa Tulpen- und Gladiolensorten. Auch hier ist Hygiene oberstes Gebot.

Zwiebeln teilen

Man wendet dieses Verfahren bei Zwiebeln an, die aus dichten Schuppen zusammengesetzt sind, wie bei Ritterstern *(Hippeastrum)*, Narzisse *(Narcissus)* und Schneeglöckchen *(Galanthus)*. Vor Beginn der Arbeit und jedesmal wenn eine neue Zwiebel an die Reihe kommt, müssen Arbeitsfläche und Messerklinge mit Brennspiritus gereinigt werden.

Am Ende der Ruheperiode zwischen Hochsommer und Herbst wählt man gesunde Mutterzwiebeln aus. Trennen Sie mit einer dünnen, scharfen Klinge die Zwiebelnase und -wurzeln ab, und schneiden Sie die Zwiebel mit einem glatten Schnitt in der Mitte senkrecht entzwei. Die Hälften werden wiederum senkrecht geteilt. An jedem Stück befindet sich ein Teil des Zwiebelbodens. Kleine Zwiebeln, etwa von *Galanthus* oder *Narcissus*, teilt man meist in Viertel oder Achtel, große Zwiebeln wie *Hippeastrum* ergeben hingegen bis zu 16 Teilstücke. Tauchen Sie diese in ein flüssiges Fungizid, und lassen Sie sie gut 5–10 Minuten abtropfen. Nun gibt man sie in einen Plastikbeutel mit feuchtem Vermiculit oder Perlit, den man so verschließt, daß er viel Luft enthält. Legen Sie die Zwiebeln dann für etwa 12 Wochen an einen dunklen Ort mit einer Temperatur von 21 °C, und untersuchen Sie sie regelmäßig auf etwaige Fäulnis. Zuletzt werden die kleinen Zwiebeln, die sich an der Basis der Teilstücke gebildet haben, abgetrennt und in eine Schale mit gut durchlässiger Topferde gelegt.

Winterfeste Arten werden abgehärtet und in den kalten Kasten gestellt, die Jungzwiebeln frostempfindlicher Pflanzen zieht man bei der empfohlenen Mindesttemperatur. So gewonnene Zwiebelgewächse erreichen meist nach zwei bis vier Jahren Blühreife.

Zwiebel- und Wurzelknollen teilen

Manche Zwiebelknollen, etwa von Montbretie *(Crocosmia)* und Gladiole *(Gladiolus)*, sowie die Wurzelknollen von Herbst-Alpenveilchen *(Cyclamen hederifolium)* und anderen Arten bilden auf der Oberfläche mehrere Triebspitzen, die sogenannten Augen. Solche Knollen können, sofern sie gesund sind, am

Wurzelknollen aus Teilstücken vermehren

1 *Teilen Sie eine gesunde Knolle (hier* Cyclamen hederifolium*) mit einem sauberen, scharfen Messer senkrecht in Stücke mit mindestens einer Triebspitze. Geben Sie Fungizid auf die Schnittflächen.*

2 *Legen Sie die Stücke zur Kallusbildung (kleines Bild) 48 Stunden an einen warmen, trockenen Platz. Danach pflanzen Sie sie in durchlässige Erde. Die gerade noch sichtbaren Triebspitzen werden mit Kies bedeckt.*

Ende der Ruheperiode geteilt werden, um relativ rasch neue Pflanzen zu erhalten.

Man schneidet große Knollen ohne Anzeichen von Schädlings- oder Krankheitsbefall in Stücke, die jeweils mindestens eine Triebspitze aufweisen müssen. Die Schnittflächen werden mit einem Fungizid bestäubt. Anschließend läßt man die Teilstücke mindestens 48 Stunden an einem warmen Platz abtrocknen. Wenn sich die Schnittflächen durch Kallus geschlossen haben, gibt man in 5–6 cm hohe Töpfe zunächst einige Scherben und füllt sie bis fast zum Rand mit gut durchlässigem Vermehrungssubstrat. Die Knollenstücke werden so eingesetzt, daß die Triebspitze nach oben weist und gerade noch aus der Erde ragt. Anschließend bedeckt man die Erde mit einer dünnen Schicht Kies. Mit Namen und Datum versehen, stellt man die Töpfe ins Kalthaus und gießt sie gerade soviel, daß die Knollen nicht austrocknen.

Sobald das Wachstum einsetzt, werden die Pflänzchen im kalten Kasten weiterkultiviert. Sie brauchen neben einer guten Belüftung viel Licht, zugleich aber auch Schutz vor praller Sonne. Während des Wachstums darf die Erde nicht austrocknen. Am Ende der ersten Vegetationsperiode sind die Knollen normalerweise so groß, daß sie ausgepflanzt werden können und im Folgejahr erstmals blühen.

Vermehrung durch Zwiebelteilung

1 *Nehmen Sie die Zwiebeln auf, wenn das Laub einzieht. Von einem großen, gesunden Exemplar trennen Sie Spitze und Wurzeln ab.*

2 *Legen Sie die Zwiebel (hier* Hippeastrum*) umgedreht auf eine saubere Fläche, und schneiden Sie sie senkrecht in zwei Hälften.*

3 *Jede Hälfte wird in 8 Teilstücke zerschnitten, wobei der Zwiebelboden gleichmäßig auf die Stücke verteilt sein sollte.*

4 *Legen Sie die Teile für 10–15 Minuten in ein Fungizid, und mischen Sie sie durch. Lassen Sie sie auf einem Rost abtropfen.*

5 *Einen Plastikbeutel halb mit feuchtem Vermiculit und einigen Stücken füllen, verschließen und an einen warmen, dunklen Ort legen.*

6 *Wenn am Zwiebelboden Brutzwiebeln erscheinen, legt man diese einzeln in kleine Töpfe mit gut durchlässigem Substrat.*

Aushöhlen und Einschneiden

Diese beiden gängigen Verfahren werden in der gewerblichen Vermehrung von Hyazinthen angewandt. Durch Einschneiden des Zwiebelbodens wird die Bildung von Brutzwiebeln angeregt. Ganz ähnlich reagieren Rhizome auf diese Behandlung mit der Bildung kleiner Rhizome an den Schnittflächen.

Das Einschneiden wird bei Hyazinthenzwiebeln am Ende der normalen Wachstumsperiode im Spätsommer vorgenommen. Man setzt zwei etwa 5 mm tiefe, V-förmige Schnitte im rechten Winkel zueinander in den Zwiebelboden. Danach werden die Schnittstellen mit einem Fungizid bestäubt und die Zwiebeln in einen Plastikbeutel mit feuchtem Perlit oder Vermiculit gefüllt. Man legt sie an einen warmen, dunklen Ort und prüft sie regelmäßig. Sobald sich an den Schnittstellen kleine Zwiebeln zeigen, setzt man die Mutterzwiebeln umgedreht in eine Schale mit stark durchlässigem Substrat aus gleichen Teilen Torf (oder einem gleichwertigen Ersatz) und Kies. Die Spitzen der neuen Zwiebeln sitzen gleich unter der Erde. Nach einem Jahr trennt man die Jungzwiebeln vorsichtig ab und pflanzt sie in Schalen. Sie werden im Kalthaus wie Brutzwiebeln weiterkultiviert (siehe S. 173–174).

Beim Aushöhlen, einer lohnenderen Abwandlung dieser Technik, wird der Zwiebelboden der Mutterzwiebel mit einem Spezialmesser oder einem scharfkantigen Löffel herausgelöst. Die Vertiefung darf höchstens ein Viertel der Zwiebelhöhe ausmachen, und der Zwiebelboden muß am Rand intakt bleiben. Durch den Eingriff wird die Sproßachse entfernt und so die Entwicklung von Brutzwiebeln entlang den Schnitten am Zwiebelboden angeregt. Nachdem die Wunde mit einem Fungizid bestäubt wurde, legt man die Zwiebel umgedreht an einen warmen, trockenen und dunklen Ort, bis sie durch Wundgewebe verschlossen ist. In einer Schale mit trockenem Sand, aus dem die Schnittflächen natürlich herausragen müssen, finden die Zwiebeln sicheren Halt. Nach 7 Tagen wässert man den Sand, damit die Zwiebeln nicht austrocknen. Innerhalb von 12–14 Wochen bilden sich zahlreiche kleine Zwiebeln, die abgetrennt und wie Brutzwiebeln weiterbehandelt werden.

HYAZINTHENVERMEHRUNG DURCH AUSHÖHLEN

1 *Mit einem sauberen, scharfkantigen Löffel löst man den inneren Teil des Zwiebelbodens so heraus, daß der Rand unversehrt bleibt.*

2 *Tauchen Sie die Wunde in Fungizid. Stellen Sie die Zwiebeln, umgedreht in ein Bett aus trockenem Sand gesteckt, an einen warmen, trockenen, dunklen Ort.*

3 *Halten Sie den Sand etwas feucht. Brutzwiebeln, die in der Höhlung sprießen, trennt man von der Mutterzwiebel und topft sie ein.*

Schädlinge, Krankheiten und Störungen

Die nachfolgenden Probleme treten bei Zwiebeln und Knollen besonders häufig auf.

TAUBE BLÜTENKNOSPEN Bei Blumenzwiebeln und Knollen kann dieses Problem, das oft mit deformierten Blättern einhergeht, durch zu dichte Bestände bedingt sein. Es läßt sich einfach beheben, indem man die dicken Klumpen ausgräbt, teilt und wieder in frischen Boden auspflanzt. Ist dagegen Trockenheit die Ursache – was im Freien in extrem heißen Sommern kaum zu vermeiden ist –, erholen sich die Pflanzen meist bis zum nächsten Jahr. Auch Zwiebeln und Knollen, die noch unreif gelegt wurden, zeigen mitunter mangelnde Blühfreude, werden das aber in den Folgejahren wettmachen.

ZWIEBELFLIEGEN Zwiebeln oder Knollen, die keine Blüten und schwaches Laub bilden, sollten aufgeschnitten und gründlich untersucht werden. Die bräunlichweißen, 2 cm langen Maden der Großen Narzissenfliege *(Merodon equestris)* befallen kräftige Knollen und Zwiebeln, die 8 mm langen Maden der Kleinen Narzissenfliege (*Eumerus*-Arten) dagegen schadhafte Exemplare. In Ermangelung einer wirksamen chemischen Behandlung sind die betroffenen Zwiebeln oder Knollen zu vernichten. Um den Schädlingen die Eiablage zu erschweren, sollten warme, trockene Standorte gemieden und das Erdreich am Zwiebelhals angedrückt werden, während das Laub einzieht.

ZWIEBELSCHALEN-MILBEN Die mikroskopisch kleine Milbe *Tarsonemus laticeps* ruft Mißbildungen, gekrümmte Blätter und gezähnte Narben an Blatträndern und Blütenstielen hervor. Da es keine wirksame chemische Bekämpfung gibt, müssen die Zwiebeln und Knollen vernichtet werden.

SCHWARZBEINIGKEIT Die Symptome – schwarze Flecken auf Blättern und Zwiebeln bzw. Knollen, gelbe Punkte oder schwarze Vertiefungen auf Zwiebelschuppen – werden durch Pilze verursacht. Betroffene Zwiebeln oder Knollen vernichten, gesunde Bestände in der Ruhephase mit Fungizid behandeln.

LAGERFÄULE Vor allem schadhafte Zwiebeln und Knollen werden befallen, was sich zunächst in bleichen, eingesunkenen Stellen äußert. Schließlich fault das gesamte Gewebe. Gesunde Bestände vor der Lagerung mit einem Fungizid bestäuben.

VIROSEN Ein Virusbefall zeigt sich in Flecken und Streifen auf Blättern und Blüten. Viren werden meist durch saugende Insekten wie Blattläuse übertragen. Eine Bekämpfung ist nicht möglich, Abhilfe schaffen nur die Vernichtung der befallenen Zwiebeln oder Knollen und die Bekämpfung der Blattläuse.

Narzissenkrankheiten

Älchen (Nematoden)

Sie rufen Mißbildungen hervor und bringen die Pflanze zum Absterben. Diese sollte mit dem gesamten Bestand im Umkreis von 1 m vernichtet werden. Alternativ die Zwiebeln in der Ruheperiode 3 Stunden in ein Wasserbad mit 44 °C einlegen.

Zwiebelbodenfäule

Ursache ist ein Pilz, der sich in feuchtem, warmem Boden ausbreitet. Von der Basis ausgehend, fault die gesamte Zwiebel. Befallene Exemplare vernichten, die übrigen säubern, mit Fungizid behandeln und kühl, trocken und luftig lagern.

Glossar der Fachbegriffe

Kursiv gedruckte Begriffe weisen auf das entsprechende Stichwort hin.

Achselbulbe – Siehe *Bulbe*.

Ähre – *Blütenstand*, bei dem die *Blüten* ungestielt an der Hauptachse sitzen.

Alkalisch (Boden) – Mit einem *pH-Wert* von über 7; der Boden ist kalkreich. Siehe auch *sauer* und *neutral*.

Alpinenhaus – Ungeheiztes Gewächshaus, in dem vor allem Alpen- und Zwiebelpflanzen kultiviert werden. Es bietet eine bessere Durchlüftung und meist mehr Licht als ein gewöhnliches Gewächshaus. Auch Alpinum genannt.

Art – Rangstufe unterhalb der *Gattung*; umfaßt nahverwandte, sehr ähnliche Pflanzen.

Auge – 1. Die Mitte einer *Blüte*, insbesondere wenn diese anders gefärbt ist als die *Kronblätter*. 2. Ein rudimentärer *Sproß* an Trieben oder Wurzeln, noch in der Ruhe befindlich und von Blattanlagen umgeben.

Basalfleck – Fleck am Grund eines *Kronblattes* oder einer *Blüte*.

Beetdahlien – Niedrige *Sorten*, die als Einjährige behandelt und somit jedes Jahr aus Samen neu herangezogen werden.

Bereift – Wachsartig blauweiß überzogen.

Blattachsel – Der Winkel zwischen Blattansatz und *Sproß*, Stengel und *Hochblatt*.

Blättchen – Bestandteil eines zusammengesetzten Blattes.

Blüte – Teil der Pflanze, der die Fortpflanzungsorgane trägt, gewöhnlich umschlossen von *Kelch-* und *Kronblättern*.

Blütenkörbchen – *Blütenstand*, bei dem die Spitze der Achse gestaucht, scheibenförmig verbreitert und von *Strahlenblüten* umgeben ist, zum Beispiel bei Dahlien.

Blütenscheide – Großes, farbiges *Hochblatt*, das dem Anlocken von Insekten dient. Auch Spatha genannt.

Blütenstand – Anordnung der *Blüten*, z. B. *Ähre*, *Dolde* oder *Traube*.

Brutknolle – Kleine Knolle, die sich an der Basis der Mutterknolle, gewöhnlich außerhalb der Hülle entwickelt. Bei den Gladiolen meist nur erbsengroß.

Brutzwiebel – Kleine Zwiebel, die sich unten an der Mutterzwiebel außerhalb der Zwiebelhülle bildet.

Bulbe – Kleines, knollenartiges Organ, das einer *Blattachsel*, einem Stengel oder einem *Blütenstand* entspringt und zur Vermehrung geeignet ist. Auch Bulbille genannt.

Bulbille – Siehe *Bulbe*.

Dolde – *Blütenstand*, bei dem die gleichlang gestielten *Blüten* am Ende der Hauptachse von einem einzigen Punkt entspringen.

Domblatt – Bei Iris die drei inneren Blütenblätter, die meist aufrecht stehen und sich domähnlich zusammenneigen.

Eiförmig (Blattform) – Mit eiförmigem Umriß; größte Breite im unteren Drittel des Blattes, zur Blattspitze etwas schmäler.

Familie – Anordnung von verwandten *Gattungen*.

Gattung – Rangstufe zwischen *Familie* und *Art;* umfaßt Pflanzen, die durch eine Reihe von Merkmalen verbunden sind.

Gegenständig (Blattstellung) – Mit je zwei gegenüberstehenden Blättern pro *Knoten*.

Griffel – Stielartiger Träger der *Narbe*.

Hals – Unmittelbar unter der Oberfläche liegender Pflanzenteil, aus dem neue *Sprosse* treiben und bis zu dem sie im Herbst einziehen.

Handförmig (Blattform) – Mit drei oder mehr Blättchen, die an einem Punkt sitzen.

Hängeblatt – Bei Iris die drei äußeren, hängenden Blütenblätter.

Hochblatt – Ein umgewandeltes Blatt. Hochblätter stehen oberhalb der Laubblätter und erfüllen je nach ihrer Ausbildung unterschiedliche Aufgaben. Auch Braktee oder Hüllblatt genannt.

Horst – Büschel dicht nebeneinander stehender, gleich stark von unten herauswachsender Triebe.

Hybride – Durch Kreuzung zwischen zwei genetisch verschiedenen Eltern entstandene Pflanze. Hybriden können zufällig oder künstlich in Kultur, gelegentlich auch wild entstehen.

Immergrün – Mit Blättern, die mehrere Vegetationsperioden erhalten bleiben.

Kalk – Kalziumverbindung; der Kalkgehalt entscheidet, ob ein Boden *alkalisch*, *neutral* oder *sauer* ist.

Kallus – Bei Pflanzen an Wunden gebildetes Gewebe.

Kalter Kasten – Rahmen aus Holz, Beton oder Drahtglas mit aufliegendem Fenster, der sich durch die Sonne erwärmt; zur Vorkultur verwendet.

Kalthaus – Unbeheiztes Gewächshaus zum Überwintern südländischer Pflanzen.

Kelchblatt – Teil des Blütenkelchs, für gewöhnlich klein, grün und unscheinbar, manchmal aber auch farbig und auffällig, ähnlich wie ein *Kronblatt*. Auch Sepalum genannt.

Knoten – Punkt eines Stengels, an dem ein Blatt, ein *Sproß* oder eine *Blüte* entspringt. Auch Nodium genannt.

Kolben – *Blütenstand*, bei dem die Einzelblüten meist zahlreich an einer fleischigen Achse angeordnet sind.

Krautig – Für nichtholzige Pflanzen verwendet, bei der die oberen Teile am Ende der Wachstumsperiode bis auf die Wurzeln absterben.

Kronblatt – Meist farbiges Blütenblatt, das Bestandteil der *Krone* ist. Auch Petalum genannt.

Krone – Innerer Teil der Blütenhülle, von den *Kronblättern* gebildet. Auch Corolla genannt.

Lanzettförmig (Blattform) – Schmal und an beiden Enden spitz zulaufend.

Lappen – Der hervorstehende, größere Bestandteil eines ungeteilten Blattes.

Laubkompost – Faseriges bis flockiges Material, das beim Zersetzen von Laub entsteht und als Bestandteil von Topferde, zur Bodenverbesserung und zum Mulchen verwendet wird.

Lehm – Gut strukturierter, nährstoffreicher Boden, der Feuchtigkeit speichert, doch durchlässig ist. Besteht aus Sand, Schluff und Ton.

Leicht (Boden) – Mit hohem Sand- und geringem Tongehalt.

Linealisch (Blattform) – Sehr schmal mit fast parallel laufenden Blatträndern.

Mehrjährig – Für Pflanzen verwendet, die mindestens drei Vegetationsperioden durchlaufen.

Mulch – Eine Schicht aus *organischem Material*, die auf den Boden aufgetragen wird, um ein Verdunsten der Bodenfeuchtigkeit zu verhindern, die Wurzeln vor Frost zu schützen, das Unkrautwachstum zu reduzieren und den Boden mit Nährstoffen anzureichern.

Narbe – Oberster Abschnitt des weiblichen Fortpflanzungsorgans bei Pflanzen, der den Blütenstaub auffängt.

Nebenknolle – Siehe *Nebenzwiebel.*

Nebenkrone – Zentraler, meist becherartiger Teil einer *Perigonblüte*, besonders typisch für Narzissen. Auch Trompete oder Schale genannt.

Nebenzwiebel – Von der Mutterzwiebel zur vegetativen Vermehrung entwickelt. Man spricht von *Tochterzwiebeln*, wenn nur 1–2 größere Exemplare gebildet werden, wie bei Tulpen und Narzissen der Fall. Sind sie dagegen zahlreicher, aber kleiner, werden sie häufig als *Brutzwiebeln* bezeichnet. Allerdings sind die Begriffe in der Literatur nicht eindeutig voneinander abgegrenzt. Entsprechend kennt man bei Knollenpflanzen *Nebenknollen* bzw. *Brutknollen.*

Neutral (Boden) – Mit einem *pH-Wert* von 7, d. h. weder *alkalisch* noch *sauer.*

Organisches Material – Hierunter versteht man in der Gärtnersprache Substanzen, die durch die Zersetzung pflanzlicher und tierischer Materie entstanden sind und als Kompost sowie zum Mulchen verwendet werden.

Perianth – Blütenhülle, bestehend aus Kelch und *Krone.*

Perigonblüte – Blüte, bei der *Kron-* und *Kelchblätter* gleich aussehen, wie etwa bei Narzissen und Tulpen.

pH-Wert – Maß für den Säurecharakter einer Lösung, in der Gärtnerei für den Säuregrad des Bodens. Die Skala reicht von 1 bis 14. pH 7 ist *neutral*, Werte darüber kennzeichnen einen *alkalischen* und Werte unter 7 einen *sauren* Boden.

Quirlständig (Blattstellung) – Anordnung, bei der mindestens 3 Blätter an jedem Knoten wachsen.

Rhizom – Unterirdischer, meist kriechender Wurzelstock, der als Speicherorgan wirkt und oberirdische Triebe hervorbringt.

Rispe – Eine mehrfach verzweigte *Traube*, bei der die *Blüten* an Stielen sitzen, die von der Hauptachse ausgehen.

Röhrenblüte – Röhrenförmige *Blüte* in einem *Blütenkörbchen*, auch Scheibenblüte genannt. Der Begriff wird auch allgemein für röhrenförmige Blüten verwendet.

Rosette – Eine Gruppe von Blättern, die – oft in Bodennähe – auf einem sehr kurzen Stengel sitzen und aus demselben Punkt entspringen.

Samenecht – *Arten* oder *Sorten*, die bei Samenvermehrung ihre typischen Merkmale behalten.

Sauer (Boden) – Mit einem *pH-Wert* von weniger als 7. Siehe auch *alkalisch* und *neutral.*

Schuppe – Ein reduziertes oder modifiziertes Blatt.

Schwer (Boden) – Mit einem hohen Anteil an Ton.

Selbstaussaat – Die Bildung von Sämlingen rund um die Mutterpflanze.

Sommergrün – Mit Blättern, die jedes Jahr zum Ende der Vegetationsperiode abfallen.

Sorte – Gruppe von Pflanzen, die sich durch ein oder mehrere Merkmale unterscheiden und diese Merkmale nach der Vermehrung beibehalten. Auch Kultivar genannt und mit einem Phantasienamen in einfachen Anführungszeichen versehen.

Sproß – Ein Stamm, Ast, Zweig, Stengel oder Schaft.

Staubbeutel – Pollenproduzierender Teil der *Blüte*; Teil des *Staubblattes*.

Staubblatt – Männliches Fortpflanzungsorgan einer Pflanze mit *Staubbeutel* und *Staubfaden*. Auch Staubgefäß genannt.

Staubfaden – Teil des Staubblattes, trägt den *Staubbeutel*.

Staude – Krautige oder überwiegend krautige Pflanze, die mindestens 3 Vegetationsperioden überdauert. Am Grund verholzende Stauden sterben im Herbst nur teilweise ab; an der Basis bleibt ein holziger Stengel zurück.

Stolon – Sich waagrecht ausbreitender, aber unterirdischer *Sproß*, der an den Enden wurzelt und neue Pflanzen bildet.

Strahlenblüte – *Blüte* im äußersten Ring eines *Blütenkörbchens*. Auch Zungenblüte genannt.

Teilung – Vermehrungsmethode, bei der man die Pflanze während der *Vegetationsruhe* in Stücke teilt, von denen jedes ein Wurzelsystem und mindestens einen *Sproß* hat. Bei Knollen und Rhizomen muß jedes Teilstück eine Triebknospe (Auge) aufweisen. Man kann auch größere Horste von Zwiebel- und Knollengewächsen teilen.

Tochterzwiebel – Siehe *Nebenzwiebel*.

Traube – Ein unverzweigter *Blütenstand* mit mehreren gestielten *Blüten*, die einzeln an einer Hauptachse stehen.

Treiberei – Künstliche Anregung der Blütenbildung während der eigentlichen Winterruhe.

Tunica – Hülle von *Zwiebeln* und *Zwiebelknollen*, von Fall zu Fall dünn und papierartig oder auch dick und ledrig.

Ungefüllt – mit nur einer Reihe Kronblätter. Auch einfach genannt.

Vegetationsruhe – Phase, meist in der kalten Jahreszeit, in der das Wachstum vorübergehend eingestellt wird und andere Vorgänge in der gesamten Pflanze sich verlangsamen.

Wechselständig (Blattstellung) – In verschiedener Höhe auf den entgegengesetzten Seiten eines Stengels wachsend.

Winterhart – Verträgt die Klimabedingungen ganzjährig ohne Schutz.

Wurzel – Der meist unterirdische Teil einer Pflanze, der sie im Boden verankert und mit Nährstoffen versorgt.

Wurzelknolle – Verdickter, fleischiger Wurzelstock, der ausschließlich zur Speicherung von Wasser und Nährstoffen dient; aus der Umwandlung von Wurzeln entstanden.

Zurückgeschlagen – Von *Blütenblättern*, die in einem Winkel von 90° und mehr zurückgebogen sind.

Zwiebel – Speicherorgan, bestehend aus fleischigen, getrennten, aber eng aneinanderliegenden schuppen- oder schalenförmig angeordneten Niederblättern (modifizierten Knospen), die einen stark gestauchten Sproß mit den Blatt- und Blütenanlagen schützend umgeben. Zwiebeln wachsen meist unterirdisch.

Zwiebelknolle – Unterirdisches, zwiebelartiges Speicherorgan, vornehmlich aus einer verdickten Sproßbasis bestehend und oft von einer trockenen Haut umgeben.

Register

Die Gattungsnamen sind fett gedruckt. Dahinter folgt eine Kurzbeschreibung. Arten, Unterarten und Varietäten sind kursiv, Sortennamen werden in einfache Anführungszeichen gesetzt. Die deutschen Namen erscheinen in Klammern.

A

H

I

J

K

O

P

R

U

V

W

Z

BILDNACHWEIS

Schlüssel: l = links, r = rechts, o = oben, m = Mitte, ü = über Mitte, u = unten, unter Mitte

Die Herausgeber danken folgenden Institutionen und Personen für die freundliche Genehmigung zur Verwendung der Photographien:

Alpine Garden Society 98ml, 122ur, 126l, 128mlü, **H. Baumann** 26mr, **Mike Ireland** 127ol; **John Amand** 134ol; **Ayletts Nurseries** 49mlu; **Gillian Beckett** 36ur, 65ol, 76or, 77ul, 79ur, 84u, 105ul, 109ur, 133or & ul, 135mrü & ul, 139ul, 141ol, 144or, 156or & ur, 157ur; **Pat Brindley** 24or, 66ol, 71ul & ur, 73ol & or, 126u, 127ur, 135ol; **Ray Cobb** 128ur; **Eric Crichton** 10, 13u, 21ul, 26or, 52mlü, 62mr, 101ol & or, 129mlü; **Philip Damp** 50or, 51ur, 55mr; **Alan Edwards** 123mlü; **Garden Picture Library/Howard Rice** 3; **John Glover** 42mru, 160ur; **Derek Gould** 19ur, 71mlü, 80, 90ol, 120or; **Hortico** 90ur; **International Flower Bulb Society** 135mlü; **Andrew Lawson** 11, 14, 15, 40ur, 41or, 44ol, 46ur; **Brian Matthew** 35or, 79ul, 95or & ur, 98ol, 105ur, 109ol, 110l, 113ul, 119ul; **Photos Horticultural** 72u, 83ul, 89u, 111ul; **Howard Rice** 89or; **Arthur Smith** 28ol, 29ml & ur; **Harry Smith Collection** Vorderer Buchdeckel mlü, 19or, 22m, 25mr & ur, 27or, 28ml, mr & ur, 29ul, 30mr & ur, 34ur, 35ur, 39ul & ur, 41ol , mrü, mru & ur, 45mlü, mru & ur, 47ul, 59ul, 64ol, 68or, 70ml, 74ol, 77ul, 79ol, 103ol, 107or, 108or, 109ul, 113ur, 114, 117or & ur, 118or & ur, 123or & u, 124ol, 125ul, 127or, 128ul, 129ol, 131ml, 133ol & ur, 137ur, 143ur, 144ur, 146or, 148ol, 149ul, 152ol & or, 155ul, 160ol, 161ul & ur.

Außerdem danken die Herausgeber den Mitarbeitern der Royal Horticultural Society Publications.

Verwendete Abkürzungen

°C	Grad Celsius	mm	Millimeter
cm	Zentimeter	S.	Seite
g	Gramm	ssp.	Unterart
m	Meter	var.	Varietät